제1회
은행FP 자산관리사 1부
실제유형 모의고사

www.sdedu.co.kr

문항 및 시험시간

평가영역	문항 수	시험시간	비 고
자산관리사(FP) 1부	100문항	100분	

※ 이 자료는 저작권법에 의해 보호를 받는 저작물이므로 동영상 제작 및 무단전재와 복제를 금합니다.

제1회 실제유형 모의고사

문 항 수 : 100문항
응시시간 : 100분

제1과목 자산관리 기본지식(40문항)

01 다음 〈보기〉에서 개인 재무설계의 필요성 중 소비자의식 변화에 해당하는 내용을 모두 고른 것은?
★★☆

─────────────〈보 기〉─────────────

ㄱ 저출산 및 고령화
ㄴ 개인주의적 사고방식
ㄷ 자산 및 부채의 증가
ㄹ 비재무적 요구의 증가
ㅁ 재무설계의 중요성 인식

① ㄱ, ㄴ, ㄷ
② ㄴ, ㄷ, ㄹ
③ ㄷ, ㄹ, ㅁ
④ ㄱ, ㄹ, ㅁ
⑤ ㄴ, ㄹ, ㅁ

02 고객 접촉 채널 중 하나인 SMS의 장점으로 옳지 않은 것은?
★★☆

① 심리적 부담을 줄여준다.
② 많은 고객의 효과적인 면담이 가능하다.
③ 통화가 되지 않아도 가능하다.
④ 상대적으로 비용이 저렴하다.
⑤ 동시에 많은 사람을 접촉할 수 있다.

03 다음 중 유망고객의 조건에 해당하지 않는 것은?
★★★

① 만남이 가능한 고객
② 금융상품에 가입할 경제적 능력이 있는 고객
③ 실행력이 있는 고객
④ 가족 구성원이 많은 고객
⑤ 재무목표가 있는 고객

04 ★★☆ 다음 중 시사 질문으로 옳은 것은?

① 노후에 대한 특별한 준비가 없다고 하셨는데, 노후에 대해 불안하지는 않으신지요?

② 저금리 시대에 저축으로만 노후자금을 마련하시면 고객님이 필요한 노후자금 준비가 가능할까요?

③ 금융상품은 주로 어떤 상품을 가입하십니까?

④ 어떤 상황에서도 가족들의 생활자금이 안전하게 제공될 수 있다면 어떠세요?

⑤ 사랑하는 자녀를 위해 필요한 교육비는 얼마 정도라고 생각하십니까?

05 ★☆☆ 다음 〈보기〉에 제시된 재무관심사에 해당하는 생애주기로 옳은 것은?

―――――― 〈보 기〉 ――――――
자녀들의 교육자금 마련, 주택자금 마련

① 가족형성기　　　　　　　　　② 자녀양육기

③ 자녀성장기　　　　　　　　　④ 가족축소기

⑤ 은퇴 및 노후기

06 ★★☆ 다음 중 고객의 재무상태 분석 및 진단에서 개인 재무제표에 대한 설명으로 옳지 않은 것은?

① 현금흐름표에서 총소득과 총지출의 규모를 통해 저축 및 투자금액을 알 수 있다.

② 자산부채상태표는 특정 시점에서 고객의 자산, 부채, 순자산 등을 한눈에 보여준다.

③ 전형적인 현금성자산에는 보통예금, 수시 입·출금 예금, CMA, MMF, MMDA 등이 있다.

④ 현금흐름표는 기준 기간에 발생한 고객의 모든 현금 유입과 유출을 나타낸 표이다.

⑤ 대표적인 금융투자자산에는 ELS, ELD, ELF, 단기 투자금융상품의 잔액 등이 있다.

07 ★☆☆ 다음 〈보기〉에서 변동지출을 모두 고른 것은?

―――――― 〈보 기〉 ――――――
㉠ 사교육비
㉡ 공교육비
㉢ 외식비
㉣ 건강의료비
㉤ 대출금 상환금
㉥ 교통통신비

① ㉠, ㉢, ㉣, ㉥　　　　　　　② ㉠, ㉢, ㉤, ㉥

③ ㉡, ㉢, ㉣, ㉥　　　　　　　④ ㉡, ㉣, ㉤, ㉥

⑤ ㉠, ㉢, ㉣, ㉤, ㉥

08 ★☆☆ 다음 중 자산관리사가 제안서 작성 시 유의할 점으로 옳지 않은 것은?

① 고객의 가치관이나 생활방식을 고려한 대안을 제시할 것

② 자신의 의견이 주관적이므로 다른 자산관리사에 의해 내용이 달라질 수 있음을 고려할 것

③ 고객의 재무목표에 적당한 가장 최선의 대안부터 제시할 것

④ 가능한 많은 대안을 제시할 것

⑤ 고객의 상황변화를 고려한 유연성 있는 대안을 제시할 것

09 ★★☆ 다음 중 효과적인 가입제안 및 체결의 자세에 대한 설명으로 옳지 않은 것은?

① 상품가입 시 고객이 알아야 할 사항에 대해 정확히 안내할 것

② 감성을 자극하는 스토리텔링은 자제할 것

③ 자산관리사가 금융상품 가입을 강요하는 사람이 아니라 고객의 재무목표 달성에 도움을 주는 전문가라는 신뢰감을 줄 것

④ 무형상품인 금융상품의 특성을 고려하여 가입을 미루거나 거절하는 고객을 설득할 수 있는 거절 처리 기법을 무장할 것

⑤ 고객의 이익에 반하는 결정을 하지 않을 것

10 ★☆☆ 다음 중 생산물시장에 재화와 용역을 공급하고 요소시장에서 생산요소를 수요하는 거시경제주체로 옳은 것은?

① 가계부문   ② 기업부문

③ 정부부문   ④ 해외부문

⑤ 중앙은행

11 ★★★ 다음 중 단기 총공급곡선의 우측 이동 요인으로 옳지 않은 것은?

① 총수요 증가 예상

② 경제활동인구의 증가

③ 환율 상승에 따른 생산요소가격 상승

④ 긍정적 공급충격

⑤ 투자를 통한 자본량 증가

12 ★★☆ 다음 중 총수요곡선의 이동 요인으로 옳지 않은 것은?

① 소비지출 변동　　　　　　　　　② 재정지출 변동

③ 순수출 변동　　　　　　　　　　④ 물가 변동

⑤ 총투자지출 변동

13 ★★☆ 다음 중 인플레이션의 문제점에 대한 설명으로 옳지 않은 것은?

① 수요와 공급에 관한 정보를 전달해 주는 가격기구의 기능을 저하시켜 효율적 자원배분을 어렵게 한다.

② 조세체계를 변화시켜 근로의욕과 저축, 투자에 관한 의사결정을 왜곡시키고 경제의 효율성과 경제성장을 저하시킨다.

③ 현금보유에 따른 기회비용을 줄이기 위한 비용을 발생시킨다.

④ 채권자로부터 채무자에게 또는 기업가로부터 노동자에게 부가 재분배된다.

⑤ 자국의 상대적 인플레이션율의 증가가 같은 크기의 환율 상승으로 상쇄되지 않을 경우 국제경쟁력을 약화시킬 수 있다.

14 ★★★ 전체인구가 1,000만명이고, 비노동가능인구 300만명, 비경제활동인구 200만명, 취업자는 400만명이라면 다음 중 실업률을 계산한 값으로 옳은 것은?

① 5%　　　　　　　　　　　　　② 10%

③ 15%　　　　　　　　　　　　　④ 20%

⑤ 25%

15 ★★☆ 다음 중 자연실업률과 잠재GDP에 대한 설명으로 옳지 않은 것은?

① 자연실업률 수준에서는 계절적 실업이나 경기적 실업 없이 마찰적 실업과 구조적 실업만 존재한다.

② 잠재GDP의 평균값은 실제GDP와 같다.

③ 자연실업률 이하로 실업률을 감소시키기 위한 정부의 정책은 단기적으로 유효할 수 있으나 장기적으로는 무용하다.

④ 실제GDP가 잠재GDP보다 크면 확장국면, 실제GDP가 잠재GDP보다 작으면 수축국면으로 판단한다.

⑤ 장기필립스곡선은 인플레이션율과 실업률의 평면에서 자연실업률 수준에서 수직의 형태를 갖는다.

16 ★☆☆ 다음 중 L_f(금융기관유동성)에 해당하지 않는 것은?

① 정기예·적금　　　　　　　　　　② 실적배당형금융상품

③ 회사채·CP　　　　　　　　　　④ 2년 이상 장기금융상품

⑤ 생명보험계약준비금

17 다음 중 통화승수에 대한 설명으로 옳지 않은 것은?
★☆☆
① 본원통화에 대해 증가한 통화량의 비율을 의미한다.
② 지급준비율의 역수이다.
③ 현금보유비율이 상승하면 통화승수는 감소한다.
④ 초과지급준비율이 상승하면 통화승수는 증가한다.
⑤ 준통화비율과 통화승수는 음(−)의 관계이다.

18 다음 중 환율에 대한 설명으로 옳지 않은 것은?
★☆☆
① 환율이란 자국통화로 표시한 다른 나라 통화의 가격을 의미한다.
② 미 달러 1단위를 기준으로 하여 외국통화의 교환비율을 표시하는 방법을 European Terms라고 한다.
③ 현물환율은 거래일로부터 2영업일 이내에 결제가 이루어지는 외환거래에 적용되는 환율이고, 선도환율은 2영업일을 초과하여 결제가 이루어지는 거래에 적용되는 환율이다.
④ 교차환율은 자국통화가 개입된 외국통화 간의 환율을 말한다.
⑤ 실질환율은 명목환율을 자국의 상대물가지수로 나눈 환율로, 두 나라 간의 물가변동을 고려하여 구매력을 반영한 환율이다.

19 다음 중 환율 상승이 경제에 미치는 영향에 대한 설명으로 옳지 않은 것은?
★★☆
① 수출 증가
② 수입상품가격 하락
③ 물가 상승
④ 수출채산성 호전
⑤ 외화표시외채 원리금상환 부담 증가

20 다음 중 재정지출 축소로 인해 나타나는 현상으로 옳은 것은?
★☆☆
① 환율이 상승하여 순수출이 증가한다.
② 물가가 상승하고 실질GDP와 명목GDP가 증가한다.
③ 실업률은 낮아지고 고용률은 높아진다.
④ 실질이자율과 명목이자율이 모두 상승한다.
⑤ 자본・금융수지가 증가한다.

21
★☆☆

다음 중 확장적 통화정책에 따른 거시경제 변수의 변동에 대한 설명으로 옳지 않은 것은?

① 명목임금과 실질임금이 상승하지만 실질임금상승률은 물가상승률보다 낮다.

② 대부자금시장에서 대부자금 공급이 증가하여 실질이자율이 하락한다.

③ 국가 간 자본이동성과 관계없이 균형 명목환율은 하락한다.

④ 국내 민간총투자는 증가한다.

⑤ 경상수지는 순증가한다.

22
★★☆

다음 중 선행종합지수에 해당하지 않는 것은?

① 재고순환지표　　　　　　　　　　② 내수출하지수

③ 경제심리지수　　　　　　　　　　④ 코스피

⑤ 건설수주액

23
★☆☆

다음 중 경기종합지수를 이용한 경기예측의 특징에 대한 설명으로 옳지 않은 것은?

① 경기변동의 단기예측이 가능하다.

② 월간의 미세한 변동까지는 파악이 불가능하다.

③ 경기종합지수의 증감률 크기에 의해 경기변동의 진폭까지도 알 수 있다.

④ 경기변동의 방향, 경기국면 및 경기전환점뿐만 아니라 그 속도까지도 분석할 수 있다.

⑤ 비교적 정확한 경기상태를 반영한다.

24
★☆☆

다음 중 경제지표를 이용한 경기예측의 문제점에 대한 설명으로 옳지 않은 것은?

① 서로 다른 경제지표들이 경기에 대해 서로 다르거나 상반된 신호를 나타낼 수 있다.

② 경제지표의 증감은 실제 발생한 경기변동의 진폭과는 관련성이 낮다.

③ 경제지표가 경기전환을 예측한 시점부터 실제로 경기전환이 발생하는 시점까지의 기간이 일정하지 않다.

④ 지표가 1개월 하락하였다고 해서 경기전환점이 가까워졌다고 해석하기에는 무리가 있다.

⑤ 경제구조가 빠르게 변화할 경우에는 구성지표나 합성방법 등의 적절한 변경시기를 파악하기 어려워 경제지표 개편을 보류해야 한다.

25
★★★

전체 100개의 기업 중 80개 기업은 긍정적 응답을, 20개 기업은 부정적 응답을 하였다면, 기업실사지수를 계산한 값으로 다음 중 옳은 것은?

① 80　　　　　　　　　　　　　　② 100

③ 120　　　　　　　　　　　　　　④ 140

⑤ 160

26
★★★

다음 중 계량모형을 이용한 경기예측에 대한 설명으로 옳지 않은 것은?

① 시계열모형은 종속변수를 예측하기 위해 특정한 설명변수를 사용하지 않고 예측하는 모형이다.

② 시계열모형은 과거 행태가 반복되고 경제의 외부충격이 없는 경우 단기예측에 유용한 예측 방법이다.

③ 거시계량경제모형은 이론적 근거가 취약하기 때문에 정책효과를 정교하게 측정하는 데는 제약이 있다.

④ 거시계량경제모형은 현실경제에 작용하는 모든 요인을 변수화할 수 없으므로 오차발생은 필연적이다.

⑤ 거시계량경제모형은 모형의 작성 및 유지에 막대한 시간과 노력이 소요된다.

27
★☆☆

다음 중 용익물권에 대한 설명으로 옳지 않은 것은?

① 용익물권에는 지상권, 지역권, 전세권이 있다.

② 용익물권은 다른 사람의 물권을 일정한 범위 안에서 사용·수익할 수 있는 권리이다.

③ 지상권은 소유를 목적으로 하지 않는다.

④ 전세금을 지급하지 않거나 지급하지 않는다고 특약을 하면 전세권은 성립하지 않는다.

⑤ 전세권설정자가 전세금의 반환을 지체할 경우, 전세권자는 목적부동산의 경매를 청구할 수 있고 후순위권리자, 기타 채권자보다 전세금의 우선변제를 받을 수 있다.

28
★★☆

다음 중 지명채권 양도 시 채무자 대항요건으로 옳은 것은?

① 법원의 명령

② 양도인의 채무자에 대한 통지

③ 양도인의 승낙

④ 증권에 배서

⑤ 증서의 교부

29
★★☆

다음 중 현금입금의 경우 예금계약의 성립시기로 옳은 것은?

① 예금자의 예금표시가 된 때

② 예금원장에 입금의 기록이 된 때

③ 지급제시기간 안에 사고신고가 없으면 결제될 것이 틀림없음을 은행이 확인하고 예금원장에 입금기장을 마친 때

④ 예금자의 예금표시와 함께 제공한 금전을 은행직원이 예금자가 청약한 금액과 일치함을 확인한 때

⑤ 거래 지시된 금액의 정보에 대하여 수취인의 계좌가 개설되어 있는 금융회사의 계좌원장에 입금기록이 끝난 때

30 ★★☆ 다음 중 상계의 요건에 대한 설명으로 옳지 않은 것은?

① 이종의 채권이 서로 대립하고 있을 것

② 상계를 하는 자의 채권인 자동채권과 상계를 당하는 자의 채권인 수동채권 모두 변제기에 있을 것

③ 최소한 자동채권은 변제기에 있을 것

④ 채권의 성질상 상계가 허용될 것

⑤ 서면에 의한 상계 통지를 할 것

31 ★★☆ 다음 중 신탁에 대한 설명으로 옳지 않은 것은?

① 신탁계약은 계약당사자인 위탁자와 수탁자뿐만 아니라 신탁계약에 의해 수익자로 지정된 자에게까지도 신탁계약의 효력이 미친다는 점에서 다른 계약과 차이가 있다.

② 수탁자는 신탁재산의 명의인이 됨과 동시에 신탁재산에 관하여 관리 또는 처분할 수 있는 권한이 있다.

③ 수탁자가 사망하는 경우 신탁재산은 명의인인 수탁자의 상속재산에 귀속된다.

④ 신탁재산에 속하는 채권과 신탁재산에 속하지 아니하는 채무와는 상계하지 못한다.

⑤ 수탁자는 자신의 고유한 재산과 신탁재산을 구분하여 관리하여야 한다.

32 ★★☆ 다음 〈보기〉에서 설명하는 부동산신탁의 종류로 옳은 것은?

─〈보 기〉─

부동산의 소유자가 자신 또는 타인의 채무이행을 담보하기 위하여 자기소유의 부동산을 부동산신탁회사에게 이전하는 것

① 부동산투자신탁   ② 부동산관리신탁

③ 부동산처분신탁   ④ 부동산담보신탁

⑤ 토지신탁

33 ★★☆ 다음 〈보기〉에서 설명하는 금융소비자보호법상 6대 판매원칙으로 옳은 것은?

─〈보 기〉─

금융소비자가 자발적으로 구매하려는 상품이 해당 소비자의 재산상황 등에 비추어 적정하지 않을 경우 고지 의무

① 적합성 원칙   ② 적정성 원칙

③ 설명의무   ④ 불공정영업행위금지

⑤ 부당권유금지

34 다음 중 금융소비자보호법의 주요내용에 대한 설명으로 옳지 않은 것은?
★★★

① 금융소비자보호법은 금융상품을 보장성 상품, 투자성 상품, 예금성 상품, 대출성 상품의 4가지로 분류한다.

② 과징금은 금융상품직접판매업자 및 금융상품자문업자를 대상으로 금전적 제재의 필요성이 있는 규제위반에 대해 해당 위반행위로 인해 발생한 수입의 30% 범위에서 부과된다.

③ 적합성의 원칙은 보장성 상품, 투자성 상품, 대출성 상품을 대상으로 적용되지만, 설명의무는 보장성 상품, 투자성 상품, 예금성 상품, 대출성 상품 모두를 대상으로 이행해야 한다.

④ 금융회사가 5대 판매규제를 위반한 경우, 금융소비자는 금융상품 계약을 체결한 날부터 최대 5년 이내, 위법사실을 안 날로부터 1년 이내에 계약해지를 요구할 수 있다.

⑤ 금융소비자가 자발적으로 구매하려는 금융상품이 소비자의 재산 등에 비추어 부적절할 경우 이를 고지하고 확인을 받은 것은 적정성의 원칙이다.

35 다음 중 신용카드에 대한 설명으로 옳지 않은 것은? (단, 일반적인 통설에 따른다.)
★★★

① 신용카드는 권리 또는 재산권을 표창하는 증권이다.

② 신용카드는 길거리 모집은 금지되고, 본인의 신청에 의해서만 발급된다.

③ 가맹점 모집을 위해서는 신용카드사가 실사업장을 방문하여 개별적인 가맹점계약을 체결해야 한다.

④ 가맹점은 신용카드를 이용한 대금결제를 이유로 물품의 판매 또는 용역의 제공을 거절하거나 차별할 수 없다.

⑤ 가맹점은 신용카드 가맹점수수료를 신용카드회원에게 전가할 수 없다.

36 다음 중 질병·장애·노령·그 밖의 사유로 인한 정신적 제약으로 사무를 처리할 능력이 부족한 때에 활용할 수 있는
★☆☆ 제도로 옳은 것은?

① 미성년후견

② 특정후견

③ 한정후견

④ 임의후견

⑤ 성년후견

37 다음 중 상속인의 제1순위에 해당하는 사람으로 옳은 것은?
★☆☆

① 자 녀

② 부 모

③ 형 제

④ 조부모

⑤ 사실혼의 배우자

38 다음 중 회사분할의 효력이 발생하는 요건으로 옳은 것은?
★★☆

① 이사회 결의

② 분할계획서 공시

③ 분할계약서 승인 결의

④ 보고총회

⑤ 등 기

39 다음 중 개인회생제도에 대한 설명으로 옳지 않은 것은?
★☆☆

① 개인회생절차는 채무자만 신청할 수 있고 채무자 중에서도 법인이 아닌 개인소득자 또는 영업소득자만이 신청할 수 있다.

② 파산의 원인이 있거나 그러한 사실이 생길 염려가 있는 자가 신청할 수 있다.

③ 유치권·질권·저당권·양도담보권·가등기담보권·전세권 또는 우선특권으로 담보된 개인회생채권은 15억, 그 밖의 무담보 개인회생채권은 10억원 이하여야 한다.

④ 법원은 신청일로부터 1월 이내에 개인회생절차의 개시 여부를 결정해야 한다.

⑤ 변제계획안은 채무자만이 신청할 수 있고, 개인회생절차 개시신청일로부터 7일 이내에 제출하여야 한다.

40 다음 중 고객확인제도에 대한 설명으로 옳지 않은 것은?
★☆☆

① 일회성 금융거래는 금융기관 등에 개설된 계좌에 의하지 아니하는 금융거래로서, 기준금액은 단일거래뿐만 아니라 연결된 거래를 포함한 금액을 기준으로 산정한다.

② 실제 소유자 확인방법으로는 개인과 법인으로 구분되는데, 법인의 경우에는 의결권 있는 발행주식 총수익 25% 이상을 소유한 최대주주, 실질적으로 지배하는 자, 대표자로 파악한다.

③ 금융기관 등은 당해 금융거래가 완료되기 전까지 고객확인의무를 이행해야 한다.

④ 강화된 고객확인제도를 통해 금융회사는 고객과 거래유형에 따른 자금세탁 위험도를 평가하고, 위험도에 따라 차등화된 고객확인을 실시할 수 있다.

⑤ 전신송금의 경우 15백만원 이상 또는 그에 상당하는 다른 통화로 표시된 금액 이상은 고객확인대상이 되는 일회성금융거래에 해당한다.

제2과목 세무설계(40문항)

41
★★☆

다음 중 소득세법상 종합소득에 해당하지 않는 것은?

① 사업소득　　　　　　　　　② 연금소득

③ 기타소득　　　　　　　　　④ 퇴직소득

⑤ 근로소득

42
★☆☆

다음 괄호 안에 들어갈 금액으로 옳게 짝지은 것은?

> 거주자인 개인사업자 남편의 소득금액 합계액이 2억 5,000만원일 때 배우자공제를 받기 위한 배우자의 해당 과세기간의
> 소득금액 합계액은 (　㉠　) 이하, 근로소득만 있는 경우 총급여액 (　㉡　) 이하여야 한다.

	㉠	㉡
①	50만원	100만원
②	100만원	500만원
③	150만원	300만원
④	200만원	600만원
⑤	250만원	900만원

43
★★☆

다음 괄호 안에 들어갈 세율로 옳게 짝지은 것은?

> 종합소득세의 세율은 최저 (　㉠　)에서 최고 (　㉡　)의 8단계 초과누진세율 구조로 되어 있다.

	㉠	㉡
①	4%	42%
②	5%	43%
③	6%	45%
④	7%	47%
⑤	8%	48%

44
★★☆

다음 중 연금소득의 과세와 원천징수에 대한 설명으로 옳지 않은 것은?

① 납입단계와 운용단계에서는 과세하지 않고 수령단계에서 과세한다.

② 공적연금 관련법에 따라 받는 연금소득 중 유족연금 등은 비과세된다.

③ 공적연금소득만 있는 경우 과세표준확정신고를 하지 않을 수 있다.

④ 퇴직소득을 연금수령하는 연금소득의 연금 실제 수령연차가 10년 이하인 경우 원천징수세율은 60%이다.

⑤ 종신연금의 원천징수세율은 4%이다.

45
★★★
다음 중 금융소득종합과세에 대한 설명으로 옳지 않은 것은?

① 금융소득종합과세 대상이 되는 것은 이자소득과 배당소득이다.

② 금융소득 합계액이 2천만원 이하인 경우 원천징수로 납세의무가 종결된다.

③ 부부의 금융소득은 합산하지 않고 별도로 계산한다.

④ 세금우대종합저축, 개인종합자산관리계좌의 이자소득은 2천만원 초과여부를 따질 때에 포함한다.

⑤ 원천징수당한 세액은 종합소득 신고 시 기납부세액으로 공제한다.

46
★★☆
다음 자료에 의하여 종합과세 대상 금융소득을 구한 것으로 옳은 것은?

• 은행예금 이자	30,000,000원	• 회사채 이자	30,000,000원
• 세금우대종합저축의 이자	5,000,000원	• 상품매입에누리액	5,000,000원

① 25,000,000원   ② 30,000,000원

③ 35,000,000원   ④ 60,000,000원

⑤ 65,000,000원

47
★★☆
다음 중 이자소득이 아닌 것은?

① 채권 또는 증권의 환매조건부 매매차익

② 저축성보험의 보험차익

③ 직장공제회 초과반환금

④ 비영업대금의 이익

⑤ 집합투자기구로부터의 이익

48
★★☆
다음 자료에 의하여 그로스업 금액을 구한 것으로 옳은 것은?

• 은행예금 이자	20,000,000원	• 비영업대금 이익	10,000,000원
• 비상장내국법인 배당	30,000,000원	• 사업소득금액	50,000,000원

① 2,700,000원   ② 3,000,000원

③ 3,300,000원   ④ 4,000,000원

⑤ 6,000,000원

49 ★★☆ 다음 중 개인종합자산관리계좌에 대한 설명으로 옳지 않은 것은?

① 가입일 기준 15세 이상인 자가 가입일이 속하는 과세기간의 직전 과세기간에 비과세소득만 있는 경우는 가입이 불가능하다.

② 과세특례를 적용받기 위해서는 1명당 1개의 계좌만 보유하고 계약기간이 3년 이상이어야 한다.

③ 직전 과세기간의 종합소득금액이 3,800만원을 초과하는 농어민은 개인종합자산관리계좌에서 발생하는 이자·배당소득에 대해서 200만원까지 비과세된다.

④ 비과세 한도금액을 초과하는 금액에 대해서는 11%의 세율로 원천징수한다.

⑤ 총 납입한도는 1억원이다.

50 ★☆☆ 다음 중 채권이자 과세에 대한 설명으로 옳지 않은 것은?

① 채권의 만기상환 전에 중도매매가 있는 경우에는 발생이자를 각각의 중도보유자별로 보유기간에 비례하여 안분계산한 금액을 각자의 이자소득으로 귀속시키도록 하고 있다.

② 소득세가 면제된 채권도 중도매매하는 경우 보유기간 이자상당액을 계산하여 보유자의 소득으로 귀속시킨다.

③ 채권을 중도매매하는 경우 원천징수의무자는 중도매수 또는 중도매도하는 법인이다.

④ 채권 거래 시 원천징수세율은 14%이며 실지명의가 확인되지 않은 자에게 금융회사가 지급하는 경우 원천징수세율은 90%이다.

⑤ 채권을 금융회사에 개설된 계좌에 의하여 거래하는 경우 보유기간은 해당 금융회사의 전산처리체계 또는 통장원장으로 확인한다.

51 ★★☆ 다음 괄호 안에 들어갈 세율로 옳은 것은?

> 조세조약을 체결하지 않은 국가의 거주자에게 지급하는 이자에 대한 소득세 원천징수세율은 ( )이다.

① 10%　　　　　　　　　② 14%

③ 20%　　　　　　　　　④ 25%

⑤ 45%

52 ★★★ 다음 중 금융소득종합과세 절세전략으로 옳지 않은 것은?

① 금융자산을 부부 간에 증여하면 증여세가 추가로 발생하므로 분산을 고려하지 않는다.

② 중도해지 이자소득 감액분에 대한 처리는 세부담이 적은 방법을 선택한다.

③ 타익신탁을 활용하여 금융소득을 분산시킨다.

④ 장기간 자금을 투자할 여유가 있는 경우 장기저축성보험 상품에 가입한다.

⑤ 거래목적에 맞는 주거래 은행을 선정한다.

53 ★★★ 다음 중 양도소득세 과세대상이 아닌 것은?

① 부동산을 취득할 수 있는 권리의 양도로 발생하는 소득
② 지상권의 양도로 발생하는 소득
③ 전세권과 등기된 부동산임차권의 양도로 발생하는 소득
④ 골프 회원권의 양도로 발생하는 소득
⑤ 농지의 교환 또는 분합으로 발생하는 소득

54 ★★☆ 다음 중 양도 또는 취득시기에 대한 설명으로 옳지 않은 것은?

① 원칙적인 경우 : 해당 자산의 양도대금을 청산한 날
② 대금 청산일이 불분명한 경우 : 등기·등록접수일 또는 명의개서일
③ 대금 청산 전에 등기 등을 한 경우 : 등기부·등록부 또는 명부 등에 기재된 등기 등의 접수일
④ 건축허가를 받지 않고 자기가 건축하는 건축물의 경우 : 임시사용승인일
⑤ 상속·증여의 경우 : 상속은 상속개시일, 증여는 자산을 증여받은 날

55 ★☆☆ 다음 중 미등기양도자산이 받는 불이익으로 옳지 않은 것은?

① 필요경비 불인정
② 양도소득 기본공제 적용 배제
③ 장기보유 특별공제 적용 배제
④ 양도소득세율 70% 적용
⑤ 각종 비과세 및 감면제도 적용 배제

56 ★☆☆ 다음 자료를 참고하여 계산한 양도차익으로 옳은 것은?

> • 1년 2개월 전 3억원에 취득한 상가건물을 4억원에 양도하였다.
> • 양도 시 상가건물에 엘리베이터 설치비용으로 1,000만원을 별도로 지급하였다.
> • 양도 시 공증비용 200만원을 별도로 지급하였다.
> • 양도소득 기본공제는 250만원이다.

① 85,500,000원
② 88,000,000원
③ 90,000,000원
④ 98,000,000원
⑤ 100,000,000원

57
★★★
금번 양도하는 상가건물의 취득계약서를 분실하여 실지거래가액을 확인할 수 없게 되어 취득가액을 환산하고자 한다. 다음 자료를 참고하여 환산취득가액을 구한 것으로 옳은 것은?

• 실지양도가액	390,000,000원
• 양도 당시 기준시가	130,000,000원
• 취득 당시 기준시가	80,000,000원

① 130,000,000원
② 210,000,000원
③ 240,000,000원
④ 260,000,000원
⑤ 310,000,000원

58
★☆☆
다음 중 양도소득세 신고납부 시 경우에 따른 가산세로 옳게 짝지은 것은?

① 과세표준 신고를 하지 않은 경우로서 부정행위인 경우 : 납부할 세액 × 20%
② 과세표준 신고를 하지 않은 경우로서 부정행위가 아닌 경우 : 납부할 세액 × 10%
③ 과소신고한 경우로서 부정행위가 아닌 경우 : 과소신고납부세액 × 10%
④ 납부를 하지 않은 경우 : 미납세액 × 40%
⑤ 초과환급받은 경우 : 초과환급받은 세액 × 20%

59
★☆☆
1세대 1주택에 해당하는 고가주택을 양도할 경우 다음 자료를 참고하여 계산한 고가주택의 양도차익으로 옳은 것은?

• 취득 당시 실지거래가액	6억원	• 양도 당시 실지거래가액	15억원
• 기타의 필요경비	2억원	• 취득일	2019.12.31
• 양도일	2024.1.1	• 거주기간	3년

① 1억 4,000만원
② 2억 2,500만원
③ 7억원
④ 9억원
⑤ 11억원

60
★★★
다음 괄호 안에 들어갈 기간으로 옳은 것은?

농지소재지에 거주하면서 (   ) 이상 자경한 농지를 양도하는 경우에는 양도소득세를 감면받을 수 있다.

① 5년
② 6년
③ 7년
④ 8년
⑤ 9년

61
★★★
다음 중 상속세에 대한 설명으로 옳지 않은 것은?

① 상속의 개시일은 피상속인이 사망한 날을 말한다. 단, 피상속인의 실종선고로 인하여 상속이 개시되는 경우에는 실종선고일을 말한다.

② 상속의 순위에서 동순위의 상속인이 수인인 때에는 최근친을 선순위로 하고 동친 등의 상속인이 수인인 때에는 공동상속인이 된다.

③ 피상속인의 배우자는 피상속인의 직계비속 또는 직계존속이 상속인으로 있는 경우 그 상속인과 동순위 공동상속인이 되고 직계비속 또는 직계존속이 없는 때에는 단독상속인이 된다.

④ 상속인이 될 직계비속 또는 형제·자매가 상속개시일 전에 사망하거나 결격자가 된 경우에는 그 직계비속이 사망하거나 결격된 자의 순위에 갈음하여 상속인이 된다.

⑤ 태아는 상속순위에 관하여는 존재하지 않는 것으로 본다.

62
★★☆
다음 괄호 안에 들어갈 기간으로 옳게 짝지은 것은?

> 상속개시일 전 (㉠) 이내에 피상속인이 상속인에게 증여한 재산가액과 상속개시일 전 (㉡) 이내에 피상속인이 상속인이 아닌 자에게 증여한 재산가액은 상속세 과세가액에 합산한다.

	㉠	㉡
①	10년	10년
②	10년	5년
③	5년	10년
④	5년	5년
⑤	5년	3년

63
★★☆
피상속인인 김시대 씨의 가족관계는 다음과 같다. 김시대 씨의 상속재산이 15억원인 경우 김이남 씨에게 해당되는 법적 상속분은 얼마인가? (단, 김시대 씨의 배우자는 상속개시일 현재 없다.)

성 명	피상속인과의 관계	비 고
김일남	아 들	해당 상속개시일 2년 전에 사망한 상태이다.
김이남	아 들	김시대 씨를 사망 전까지 10년 넘게 봉양하며 살았다.
김일녀	딸	상속개시일 현재 결혼한 상태이다.
박사랑	며느리	사망한 김일남의 처로 김기쁨을 홀로 키우고 있다.
김기쁨	손 자	사망한 김일남 씨의 아들로 미성년자이다.

① 15억원

② 10억원

③ 5억원

④ 3억원

⑤ 2억원

64
★★★

다음 중 상속공제에 대한 설명으로 옳지 않은 것은?

① 배우자상속공제는 최대 30억원까지 적용된다.

② 배우자가 실제 상속받은 금액이 없거나 상속받은 금액이 5억원 미만이면 5억원을 배우자상속공제한다.

③ 자녀공제는 태아를 포함한 자녀 1인당 5천만원이며, 법률상 입양된 자녀는 친생자가 아니므로 제외된다.

④ 배우자는 연로자공제와 미성년자공제 대상자에서 제외된다.

⑤ 피상속인이 비거주자인 경우에는 상속세 과세가액에서 기초공제 2억원만 공제된다.

65
★★☆

피상속인인 나사망 씨의 상속재산 중 금융재산이 다음과 같은 경우 금융재산상속공제액은 얼마인가? (단, 나사망 씨는 거주자이며 보유 주식에 대해 최대주주가 아니다.)

> • 은행예금 　　1억원
> • 은행차입금 　5천만원
> • 주식 　　　　2천만원

① 2천만원

② 3천만원

③ 5천만원

④ 7천만원

⑤ 1억원

66
★★★

상속인이 피상속인의 자녀를 제외한 직계비속이면서, 미성년자인 경우 세대생략 할증과세율은 얼마인가? (단, 해당 상속인이 받을 상속재산가액은 10억원이며, 대습상속에 해당하지 않는다.)

① 10%

② 20%

③ 30%

④ 40%

⑤ 50%

67
★★☆

상속세 납부의무가 있는 상속인은 언제까지 상속세의 과세가액 및 과세표준을 신고하여야 하는가? (단, 피상속인 및 상속인 모두 국내에 주소를 두고 있다.)

① 상속개시일로부터 6개월 이내

② 상속개시일로부터 3개월 이내

③ 상속개시일이 속하는 달의 말일까지

④ 상속개시일이 속하는 달의 말일부터 6개월 이내

⑤ 상속개시일이 속하는 달의 말일부터 3개월 이내

68 다음 중 상속세 분납에 대한 설명으로 옳지 않은 것은?
★★☆
① 납부할 세액이 1천만원을 초과하는 경우에 신청할 수 있다.
② 신고납부기한이 지난 후 2개월 이내에 그 세액을 분할하여 납부할 수 있다.
③ 납부세액이 2천만원 이하인 경우에는 1천만원을 초과하는 금액을 분할하여 납부할 수 있다.
④ 납부세액이 2천만원을 초과하는 경우에는 그 세액의 50% 이하의 금액을 분할하여 납부할 수 있다.
⑤ 분납과 연부연납은 동시에 적용할 수 있다.

69 다음 중 증여에 대한 설명으로 옳지 않은 것은?
★★☆
① 증여는 당사자 일방이 무상으로 재산을 상대방에게 수여하는 의사를 표시하면 상대방의 동의가 없더라도 그 효력이 생긴다.
② 증여의 의사가 서면으로 표시되지 아니한 경우에는 각 당사자는 이를 해제할 수 있다.
③ 수증자가 증여자 또는 그 배우자나 직계혈족에 대한 범죄행위가 있는 때에는 증여자는 그 증여를 해제할 수 있다.
④ 수증자가 증여자에 대하여 부양의무가 있는 경우에 이를 이행하지 아니하는 때에는 증여자는 그 증여를 해제할 수 있다.
⑤ 증여계약 후에 증여자의 재산상태가 현저히 변경되고 그 이행으로 인하여 생계에 중대한 영향을 미칠 경우에는 증여자는 증여를 해제할 수 있다.

70 증여자의 사망으로 인하여 효력이 생기는 증여로 증여자가 생전에 체결한 증여계약을 무엇이라 하는가?
★★☆
① 사인증여　　　　　　　　　② 재차증여
③ 합산배제　　　　　　　　　④ 부담부증여
⑤ 증여의제

71 다음 중 증여재산의 취득시기에 대한 설명으로 옳지 않은 것은?
★☆☆
① 권리의 이전이나 그 행사에 등기·등록을 요하는 재산에 대하여는 등기·등록접수일을 증여재산의 취득시기로 본다.
② 건물을 신축하여 증여할 목적으로 수증자의 명의로 건축허가를 받거나 신고를 하여 해당 건물을 완성한 경우에는 그 건물의 사용승인서 교부일을 증여재산의 취득시기로 본다.
③ 행정청의 개발사업 시행에 의하여 재산가치가 증가한 경우 그 개발사업이 완료된 날을 취득시기로 본다.
④ 증여받는 재산이 주식등인 경우에는 수증자가 배당금의 지급이나 주주권의 행사등에 의하여 해당 주식등을 인도받은 사실이 객관적으로 확인되는 날을 증여재산의 취득시기로 본다.
⑤ 증여받은 재산이 무기명채권인 경우에는 해당 채권에 대한 이자지급사실등에 의하여 취득사실이 객관적으로 확인되는 날을 증여재산의 취득시기로 본다.

72
★★☆

다음은 이시대 씨의 증여 관련 내역이다. 이시대 씨의 증여세 과세가액은 얼마인가? (단, 그 외의 증여는 존재하지 않는다.)

- 할머니로부터 현금 3백만원을 10년 전에 증여받았다.
- 아버지로부터 현금 5백만원을 7년 전에 증여받았다.
- 할아버지의 사망으로 현금 2천만원을 3년 전에 사인증여받았다.
- 어머니로부터 1천만원 상당의 토지를 올해 증여받았다.

① 3,800만원

② 3,500만원

③ 3,000만원

④ 2,000만원

⑤ 1,500만원

73
★★☆

아버지로부터 시가 15억원(취득가 10억원)의 토지를 5억원에 양수한 경우 증여재산가액은 얼마인가?

① 15억원

② 10억원

③ 7억원

④ 5억 5천만원

⑤ 5억원

74
★☆☆

다음은 우회양도 시 증여추정에 대한 설명이다. 괄호 안에 들어갈 기간으로 옳은 것은?

특수관계인에게 양도한 재산을 그 특수관계인이 양수일부터 (   )에 당초 양도자의 배우자 등에게 다시 양도한 경우에는 양수자가 그 재산을 양도한 당시의 재산가액을 그 배우자 등이 증여받은 것으로 추정하여 이를 배우자 등의 증여재산가액으로 한다.

① 1년 이내

② 2년 이내

③ 3년 이내

④ 4년 이내

⑤ 5년 이내

75 다음 중 각 상황별 증여재산 공제한도로 옳지 않은 것은?
★★★

① 배우자로부터 증여를 받은 경우 : 6억원

② 성년자가 직계존속으로부터 증여를 받은 경우 : 5천만원

③ 미성년자가 직계존속으로부터 증여를 받은 경우 : 2천만원

④ 성년자가 직계비속으로부터 증여를 받은 경우 : 5천만원

⑤ 미성년자가 직계비속으로부터 증여를 받은 경우 : 2천만원

76 다음 중 상속 및 증여재산의 보충적 평가방법으로 옳게 짝지어지지 않은 것은?
★☆☆

① 토지 – 개별공시지가

② 공동주택 – 공동주택가격

③ 단독주택 – 개별주택가격

④ 판매용이 아닌 서화·공동품 – 2 이상의 감정가액의 평균액과 감정평가심의회의 감정가액 중 큰 금액

⑤ 상장주식 – 평가기준일 전후 2개월간 공표된 매일의 한국거래소 최고시세가액의 평균액

77 다음 중 취득세 과세대상에 속하지 않는 것은?
★★★

① 토 지

② 차 량

③ 건축물

④ 광업권

⑤ 공사현장사무소

78
★☆☆

다음은 재산세 세부담 상한선에 대한 설명이다. 괄호 안에 들어갈 것으로 옳은 것은?

> 해당 재산에 대한 재산세 산출세액이 직전연도의 해당 재산에 대한 재산세액의 최대 (　　　)까지의 금액을 해당 연도에 징수할 세액으로 한다. 단, 주택의 경우에는 다음에 의한 금액을 해당 연도에 징수할 세액으로 한다.
> 1. 주택공시가격이 3억원 이하인 주택의 경우 : 직전연도 재산세액의 최대 105%
> 2. 주택공시가격이 3억원 초과 6억원 이하인 주택의 경우 : 직전연도 재산세액의 최대 110%
> 3. 주택공시가격이 6억원 초과인 주택의 경우 : 직전연도 재산세액의 최대 130%

① 110%

② 120%

③ 130%

④ 150%

⑤ 200%

79
★★★

종합부동산세의 과세기준일은 언제인가?

① 1월 1일

② 4월 1일

③ 6월 1일

④ 9월 1일

⑤ 12월 1일

80
★★☆

다음은 종합부동산세의 분납에 대한 내용이다. 괄호 안에 들어갈 것으로 옳게 짝지은 것은?

> 관할세무서장은 종합부동산세로 납부하여야 할 세액이 (㉠)을 초과하는 경우에는 그 세액의 일부를 납부기한이 지난 날부터 (㉡) 이내에 분납하게 할 수 있다.

	㉠	㉡
①	200만원	3개월
②	200만원	6개월
③	250만원	6개월
④	500만원	3개월
⑤	500만원	6개월

제3과목 보험 및 은퇴설계(20문항)

81
★★★
위험관리기법 선택 시 위험이 자주 발생하지는 않지만 발생 시 치명적 위험이 나타는 경우의 위험관리에 대한 설명으로 옳은 것은?

① 위험 그 자체를 회피하는 위험회피기법이 바람직하다.

② 발생빈도를 낮추거나 손해강도를 낮추는 손해통제기법이 바람직하다.

③ 자체조달보다는 외부조달이 바람직하다.

④ 경상비를 활용하여 손해를 복구하는 것이 바람직하다.

⑤ 위험을 보유하는 위험보유기법이 가장 바람직하다.

82
★★★
다음 중 보험료 구성 원리에 대한 설명으로 옳은 것은?

① 보험회사가 보험계약을 체결·유지·관리하기 위한 비용을 영업보험료라고 한다.

② 예정이율이 낮아지면 보험료도 낮아진다.

③ 예정사망률이 낮아지면 사망보험료는 낮아진다.

④ 피보험자의 사망·장해·만기 등 보험금 지급사유 발생 시에 보험금으로 충당할 수 있도록 계산된 보험료는 부가보험료이다.

⑤ 순보험료는 위험보험료와 부가보험료로 구성된다.

83
★☆☆
다음 〈보기〉의 경우로 인해 계약자가 보험계약을 취소하고자 할 때 그 내용으로 옳은 것은?

─────〈보 기〉─────
• 약관 및 계약자 보관용 청약서를 계약자에게 전달하지 않았을 때
• 약관의 중요한 내용을 설명하지 않은 때
• 계약자가 청약서에 자필서명을 하지 않은 때

① 계약성립일로부터 6개월 이내에 계약을 취소할 수 있으며, 보험회사는 이미 납부한 보험료와 보험료를 받은 기간에 대해 보험계약대출이율을 연단위 복리로 계산한 금액을 가산하여 지급한다.

② 계약성립일로부터 3개월 이내에 계약을 취소할 수 있으며, 보험회사는 이미 납부한 보험료와 보험료를 받은 기간에 대해 보험계약대출이율을 연단위 복리로 계산한 금액을 가산하여 지급한다.

③ 계약성립일로부터 6개월 이내에 계약을 취소할 수 있으며, 보험회사는 이미 납부한 보험료와 보험료를 받은 기간에 대해 평균공시이율+1%를 연단위 복리로 계산한 금액을 가산하여 지급한다.

④ 계약성립일로부터 3개월 이내에 계약을 취소할 수 있으며, 보험회사는 이미 납부한 보험료와 보험료를 받은 기간에 대해 평균공시이율+1%를 연단위 복리로 계산한 금액을 가산하여 지급한다.

⑤ 계약성립일로부터 1개월 이내에 계약을 취소할 수 있으며, 보험회사는 이미 납부한 보험료와 보험료를 받은 기간에 대해 보험계약대출이율을 연단위 복리로 계산한 금액을 가산하여 지급한다.

84 다음 중 유니버설보험의 장점으로 옳지 않은 것은?
★☆☆

① 인플레이션에 대응이 가능하므로 보험금의 미래가치를 높일 수 있다.

② 보험계약자가 마음대로 보험금액을 증액하거나 감액할 수 있다.

③ 보험료를 자유롭게 추가로 내거나 줄여서 낼 수 있다.

④ 보험료의 자유납입으로 경제사정이 좋지 않을 경우 보험해약률이 낮아진다.

⑤ 적립금액을 중도인출할 수 있으며, 부분 해지가 가능하다.

85 다음 중 간병보험에 대한 설명으로 옳지 않은 것은?
★★☆

① 보험기간은 대부분 종신형이다.

② 수발필요상태(180일 또는 90일)의 정의에 따라 보험료 차이가 발생한다.

③ 위험률 산출을 위한 경험적 자료가 충분하지 않아 위험률 변동제도를 채택하기도 한다.

④ 일상생활장해상태에 대한 보장개시일은 180일이다.

⑤ 치매상태에 대한 보장개시일은 2년의 면책기간이 설정되어 있다.

86 다음 중 주택화재보험에서 사고현장의 보험목적물 제거를 위한 비용 등으로 보험가입금액의 범위 내에서 재산손해액
★☆☆ 의 10%를 한도로 보상하는 비용은 무엇인가?

① 손해방지 비용

② 대위권 보전비용

③ 잔존물 보전비용

④ 잔존물 제거비용

⑤ 기타 협력비용

87 다음 중 가족운전자 한정특약 범위에 대한 설명으로 옳지 않은 것은?
★☆☆

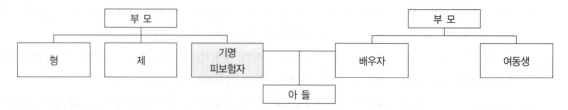

① 기명피보험자의 사실혼관계 배우자는 가족운전자 한정특약의 대상이 된다.

② 기명피보험자의 사실혼관계에서 출생한 자녀는 가족운전자 한정특약의 대상이 된다.

③ 기명피보험자의 법률상 배우자는 가족운전자 한정특약의 대상이 된다.

④ 기명피보험자의 형제는 가족운전자 한정특약의 대상이 된다.

⑤ 기명피보험자의 부모는 가족운전자 한정특약의 대상이 된다.

88 ★★★ 다음 중 산업재해보상 보험급여에 대한 설명으로 옳지 않은 것은?

① 산업재해보상 보험급여는 원칙적으로 사업주가 전액 부담한다.
② 휴업급여의 1일당 지급액은 평균임금의 70%에 상당하는 금액이다.
③ 요양급여는 현물급여가 원칙이다.
④ 유족급여는 연금지급이 원칙이다.
⑤ 장의비로서 지급되는 금액은 평균임금의 90일분에 상당하는 금액이다.

89 ★☆☆ 만기보험금 보험차익에 대한 과세 내용이다. 괄호 안에 공통으로 들어갈 기간으로 옳은 것은?

> 만기 (   ) 이상인 저축성보험은 이자소득세를 비과세한다. 이 경우 (   ) 이내에 원금의 일부를 중도인출하더라도 원 계약이 (   ) 이상 유지되면 이자소득세는 비과세된다.

① 3년
② 5년
③ 7년
④ 10년
⑤ 15년

90 ★★☆ 다음 중 보험금의 증여에 대한 설명으로 옳지 않은 것은?

① 보험사고 발생일에 증여한 것으로 본다.
② 보험사고 발생일은 저축성보험에서는 사망일이다.
③ 중도해지는 보험사고의 발생으로 볼 수 없다.
④ 보험금수령인(수익자)과 보험료납부자(계약자)가 다른 경우 보험금 상당액을 보험금 수령인의 증여재산가액으로 한다.
⑤ 보험사고 발생일 현재 계약자와 수익자가 다르면 계약자가 수익자에게 보험금을 증여한 것으로 간주하여 증여세를 과세한다.

91 ★★★ 다음 중 은퇴설계의 필요성에 대한 설명으로 옳지 않은 것은?

① 기대수명의 급속한 증가
② 개인의 의식과 노후준비 정도의 부족
③ 짧은 연금제도의 역사로 적은 연금 수급자의 수와 낮은 연금수령액
④ 과거 비재무적 부분에서 현재 재무적 요소로의 치중
⑤ 급속한 고령화에 대한 사회경제시스템의 불완전 대응

92
★★☆

다음 괄호 안에 들어갈 말로 옳게 짝지은 것은?

> (㉠)은 성별·연령별 사망률이 현재 수준으로 유지된다고 가정했을 때 0세 출생자가 향후 몇 년을 더 생존할 것인가를 통계적으로 추정한 기대치를 말한다. (㉡)은 현재 특정 연령에 있는 사람이 향후 얼마나 더 생존할 것인가 기대되는 연수를 말한다.

	㉠	㉡
①	기대수명	기대여명
②	기대수명	건강수명
③	기대여명	기대수명
④	기대여명	건강수명
⑤	건강수명	기대수명

93
★★★

다음 중 기초연금제도에 대한 설명으로 옳지 않은 것은?

① 한국 국적을 갖고 국내에 거주하는 만 65세 이상 고령자가 대상이 된다.
② 소득과 재산을 합한 금액이 해당 연도 선정기준액 이하여야 한다.
③ 부부가 모두 기초연금을 받을 경우에는 각각 산정된 기초연금액의 20%를 감액한다.
④ 소득인정액을 계산할 때 금융재산은 2,000만원이 공제된다.
⑤ 소득인정액을 계산할 때 재산의 소득환산율은 연 2%로 적용된다.

94
★★☆

부부의 월수입이 다음 자료와 같을 때 기초연금 소득인정액 산정 시 부부의 월 소득평가액은?

> 본인은 매달 200만원의 근로소득이 있고 국민연금 30만원을 수급하고 있다. 배우자는 매달 150만원의 근로소득이 있다.

① 111만원
② 121만원
③ 131만원
④ 141만원
⑤ 151만원

95 다음은 퇴직연금에 대한 설명이다. 괄호 안에 들어갈 금액으로 옳게 짝지은 것은?
★★☆

> DC형과 IRP의 경우 연간 (㉠)까지 추가납입이 가능하며, 연금저축과 합산하여 최대 (㉡)까지 세액공제를 받을 수 있다.

	㉠	㉡
①	1,500만원	400만원
②	1,500만원	900만원
③	1,800만원	400만원
④	1,800만원	900만원
⑤	1,800만원	300만원

96 공무원연금에서 장기급여 중 퇴직급여에 속하지 않는 것은?
★★★

① 퇴직연금
② 퇴직수당
③ 퇴직연금일시금
④ 퇴직연금공제일시금
⑤ 퇴직일시금

97 다음 중 주택연금의 신청 자격에 충족되지 않는 경우는?
★★★

① 다주택자의 보유주택 합산 공시가격이 12억원 이하이다.
② 공시가격이 12억원을 초과하는 2주택자가 3년 이내에 1주택을 팔 예정이다.
③ 주상복합건물에서 등기사항 증명서상 주택이 차지하는 면적이 1/3 이상이다.
④ 노인복지법상의 노인복지주택에 거주하고 있다.
⑤ 보증금 없이 주택의 일부를 월세 50만원에 주고 있으면서 부부 중 한 명이 그 건물에 거주하고 있다.

98 은퇴설계 프로세스 1단계 고객과 관계정립 및 정보수집과 관련된 내용 중 고객 정보의 수집에 해당하는 것은?
★★☆
① 고객의 은퇴생활 목표를 명확히 한다.

② 현재 현금흐름표와 노후자금 준비 현황을 작성하고 문제점을 분석한다.

③ 가계 대차대조표를 작성해 문제점을 분석한다.

④ 보험상품의 가입현황을 분석한다.

⑤ 금융자산의 포트폴리오를 분석한다.

99 고객 현황 분석 중 은퇴 이후 어떤 리스크가 예측되며 현재 어느 정도의 보장을 보험으로 커버하고 있는지 검토하는
★★☆ 것은 무엇인가?

① 현금흐름표 분석

② 가계 대차대조표 분석

③ 보장 분석

④ 금융자산의 포트폴리오 분석

⑤ 세금 분석

100 은퇴설계 프로세스 3단계 실행 지원 및 사후 관리에 대한 설명으로 옳지 않은 것은?
★★☆
① 자산관리사는 필요하면 고객에게 세무사나 변호사 등 전문가를 소개해 줄 수 있다.

② 자산관리사는 고객에게 상품을 추천할 때 고객의 이익을 최우선으로 해야 한다.

③ 자산관리사는 직접 보험상품이나 연금상품을 선택해 고객이 가입하는 것을 도울 수 있다.

④ 자산관리사는 부동산 매각 및 구입 등의 계약을 대행해 줄 수 있다.

⑤ 은퇴설계 제안서는 중장기적 지표가 되므로 한 번 작성하면 수정하지 않아도 된다.

제2회
은행FP 자산관리사 1부
실제유형 모의고사

x

www.sdedu.co.kr

문항 및 시험시간

평가영역	문항 수	시험시간	비 고
자산관리사(FP) 1부	100문항	100분	

※ 이 자료는 저작권법에 의해 보호를 받는 저작물이므로 동영상 제작 및 무단전재와 복제를 금합니다.

제2회 실제유형 모의고사

문 항 수 : 100문항
응시시간 : 100분

제1과목 자산관리 기본지식(40문항)

01
★★☆
다음 중 개인 재무설계의 의미에 대한 설명으로 옳지 않은 것은?

① 개인이나 가계의 현재 재정상태를 검토하고 개인이나 가계가 설정한 재무목표를 달성하기 위해 개인 및 가계의 재무적·비재무적 자원을 적절하게 관리하는 과정이다.
② 개인의 재무적 복지를 증진시킨다는 점에서는 재무설계와 재무상담은 상호 관련성이 깊다.
③ 재무설계는 고객의 문제평가에서 시작한다면, 재무상담은 고객의 목표로부터 시작한다.
④ 개인 재무설계는 재무상담을 통한 단기적 문제해결 능력을 포함한 중장기적 목표달성을 포함한다.
⑤ 재무설계는 개인적 상황의 변화, 경제환경의 변화, 생애 주기상의 변화 등을 고려하여 평생에 걸쳐 지속해서 이루어져야 한다.

02
★★★
개인 재무설계의 필요성 중 사회 경제적 배경으로 옳지 않은 것은?

① 금융시장 개방 및 국제화
② 금융상품 다양화
③ 금융 관련 법규 강화
④ 자산 및 부채의 증가
⑤ 비재무적 요구의 증가

03
★★☆
다음 〈보기〉에서 개인 재무설계의 필요성 중 인구 통계적 배경을 모두 고른 것은?

─── 〈보 기〉 ───
㉠ 1인 가구의 증가
㉡ 저출산 및 고령화
㉢ 개인주의적 사고방식과 개별성 추구
㉣ 재무설계의 중요성 인식
㉤ 노동환경의 변화

① ㉠, ㉡, ㉢
② ㉠, ㉢, ㉣
③ ㉠, ㉡, ㉤
④ ㉡, ㉢, ㉣
⑤ ㉡, ㉣, ㉤

04 ★★★ 다음 중 좋은 유망고객의 조건으로 옳지 않은 것은?

① 금융상품에 가입할 경제적 능력이 있는 사람

② 본인 및 가족에 대한 강한 책임감 및 재무목표가 있는 사람

③ 실행력이 있는 사람

④ 자발적인 참여가 낮은 사람

⑤ 만남이 가능한 사람

05 ★★☆ 다음 중 DM의 장점으로 옳지 않은 것은?

① 일반적 DM발송을 통해 비용을 절약할 수 있다.

② 심리적 부담을 줄여준다.

③ 고객과의 친밀한 관계를 만들 수 있다.

④ 면담을 매끄럽게 진행 가능하게 해준다.

⑤ 동시에 많은 사람을 접촉할 수 있다.

06 ★★☆ 다음 중 문제 인식 질문으로 옳지 않은 것은?

① 거래하는 자산관리사가 있으신가요?

② 고객님은 어떤 노후를 보내고 싶으신가요?

③ 자녀분의 대학 학자금은 준비되어 있습니까?

④ 사랑하는 자녀를 위해 필요한 교육비는 얼마 정도라고 생각하십니까?

⑤ 노후에 대한 특별한 준비가 없다고 말씀하셨는데 노후에 대해 불안하지는 않으신지요?

07 ★★☆ 다음 〈보기〉에서 문제 해결 질문에 해당하는 것을 모두 고르면?

──── 〈보 기〉 ────

㉠ 100세 시대에 준비 없는 노후를 맞이하면 고객님의 노후 모습은 어떨까요?

㉡ 노후에도 월급처럼 생활비가 지급되는 상품이 있다면 가입하시겠습니까?

㉢ 가족 보장 및 필요할 때마다 자금을 찾는 기능이 부가된 상품이면 어떨까요?

㉣ 사장님에게 무슨 일이 닥치면 회사의 종업원과 가족들은 어떻게 될까요?

㉤ 금융상품은 주로 어떤 상품을 가입하십니까?

① ㉠, ㉡

② ㉠, ㉡, ㉢

③ ㉡, ㉢

④ ㉡, ㉢, ㉣

⑤ ㉠, ㉣, ㉤

08 다음 중 자산관리사가 최초 면담 시 고객에게 설명해야 할 사항으로 옳지 않은 것은?
★☆☆

① 정보수집의 중요성을 설명한다.
② 자산관리사의 생각과 의견에 대해 설명한다.
③ 재무설계의 개념 및 절차에 대해 설명한다.
④ 자산관리사의 서비스 분야에 대해 설명한다.
⑤ 자산관리사의 경력에 대해 설명한다.

09 다음 중 고객 정보수집 방법에 대한 설명으로 옳지 않은 것은?
★★☆

① 직접면담은 많은 자료를 수집할 수 있어 고객을 잘 이해할 수 있다.
② 인터넷은 고객과의 재무설계 업무 진행과정의 쌍방향 의사소통을 극대화할 수 있는 장점이 있다.
③ 전화로 정보를 수집하는 방법은 간단한 질문 또는 일부 답변의 확인이 필요한 경우 유용하게 사용할 수 있다.
④ 인터넷을 통해 정보를 수집하는 방법은 시간과 비용이 절약된다.
⑤ 설문서는 빠른 정보수집이 가능하므로 시간이 절약되지만 고객의 생각이 잘 반영되지 못한다는 단점이 있다.

10 다음 중 자산부채상태표에 대한 설명으로 옳지 않은 것은?
★★☆

① 자산부채상태표는 특정시점을 기준으로 개인 또는 가족 단위의 자산, 부채, 순자산의 현황을 보여주는 표이다.
② 금융투자자산은 금융자산 중에서 투자 목적이 6개월 이상인 금융상품의 잔액, 주식, 채권, 뮤추얼펀드 등을 지칭하는 것이다.
③ 현금성자산은 현금으로 전환가능성이 높아 유동성이 큰 자산을 말한다.
④ 부동산자산은 투자 목적의 부동산을 제외한 거주 목적의 부동산만을 포함한다.
⑤ 자산관리사는 자산부채상태표를 통해 개인 자산의 구성, 부채의 규모, 유동성 등을 파악할 수 있다.

11 다음 〈보기〉에 제시된 내용에 해당하는 계약 체결 기법으로 옳은 것은?
★☆☆

───────〈보 기〉───────
○○기업 김 과장님도 지난달에 이 상품에 가입하셨습니다.

① 예화법
② 묵시적 동의법
③ 양자택일법
④ 손해암시법
⑤ 거절방지법

12 다음 중 거시경제에서의 장·단기 가정에 대한 설명으로 옳지 않은 것은?
★☆☆

① 가격과 임금의 경직성이 단기 경기변동을 설명하는 데 중요한 요소이다.

② 최장기에는 경제성장이 주요 연구대상이다.

③ 장기에는 완전고용이 달성된다.

④ 단기에는 생산요소가 불완전 고용될 수 있다.

⑤ 장기에는 기술의 변화가 없고 생산요소 총량은 가변적이다.

13 다음 중 거시경제의 4시장에 대한 설명으로 옳지 않은 것은?
★☆☆

① 개방경제하의 거시경제 모형은 생산물시장, 요소시장, 대부자금시장, 외환시장 등 4개의 시장으로 구성되어 있다.

② 외환시장에서 균형 환율과 외환거래량이 결정된다.

③ 요소시장에서 기업가에 대해서는 이윤 또는 손실의 형태로 요소소득이 분배된다.

④ 생산물시장에서 균형 실질임금과 고용량이 결정된다.

⑤ 대부자금시장에서 한 나라의 균형 이자율과 대부자금거래량이 결정된다.

14 다음 중 개방경제하에서 거시경제 모형의 가정에 대한 설명으로 옳지 않은 것은?
★★☆

① 다르게 정의하지 않는 한 환율은 가격표시방법으로 표시한다.

② 물가변동을 고려할 경우 명목변수와 실질변수를 구별한다.

③ 모형의 구성요소들은 모형에서 언급되지 않을 때에는 없다고 가정하며, 모형을 확대하면서 새로운 변수나 구성요소가 추가될 때에만 그 변수나 구성요소를 모형에서 고려한다.

④ 거시경제 변수와 변수의 관계를 설명할 때 설명되는 변수 이외의 다른 변수 등은 일정한 것으로 가정한다.

⑤ 단기에 실물과 화폐의 교환비율은 1:1이라고 가정하고, 실물의 흐름과 동일방향으로 동액의 화폐흐름이 있다.

15 다음 중 단기 총공급의 증가 요인으로 옳지 않은 것은?
★★★

① 기대 인플레이션 상승에 따른 임금 상승

② 총수요 증가 예상

③ 기술 향상 또는 혁신에 의한 요소생산성 향상

④ 투자를 통한 자본량 증가

⑤ 경제활동인구의 증가

16 다음 중 총수요 증가 요인으로 옳은 것은?
★★☆

① 실질소득의 증가
② 상대물가의 상승
③ 실질이자율 상승
④ 가계의 부채 증가
⑤ 조세부담 증가 기대

17 다음 중 총수요곡선에서 물가가 하락하면 총수요량이 증가하는 이유(총수요곡선이 우하향하는 이유)로 옳지 않은 것은?
★★☆

① 실질소득 증가
② 실질통화 공급 증가
③ 실질이자율 상승
④ 부의 실질구매력 증가
⑤ 순수출 효과

18 다음 중 자연실업률에 대한 설명으로 옳지 않은 것은?
★★☆

① 자연실업률 수준에서는 정부의 총수요관리정책 등 어떤 정책적 시도도 물가상승만을 가져오게 된다.
② 노동시장의 신축성과 효율성의 개선을 가져오는 구조적 정책에 의해서만 변화될 수 있는 실업률이다.
③ 자연실업률 수준에서는 계절적 실업이나 경기적 실업이 없이 마찰적 실업과 구조적 실업만 존재한다.
④ 완전고용하에서의 실업률이다.
⑤ 단기필립스곡선은 인플레이션율과 실업률의 평면에서 자연실업률 수준에서 수직의 형태를 갖는다.

19 전체인구 100만명, 비노동가능인구 20만명, 비경제활동인구 30만명, 취업자는 40만명이라면 경제활동참가율과 실업
★★★ 률은 각각 얼마인가?

	경제활동참가율	실업률
①	50%	10%
②	52.5%	10%
③	62.5%	20%
④	65%	20%
⑤	65%	25%

20 다음 〈보기〉의 괄호 안에 들어갈 말로 옳은 것은?

── 〈 보 기 〉──

정부가 재정적자 발생 시 국채를 공개시장에서 매각하여 자금을 조달할 경우 대부자금시장에서 이자율이 상승하여 민간 부문의 소비지출과 투자지출이 감소하는 (   )가 발생한다.

① 구축효과   ② 소비의 평활화
③ 재정흑자   ④ 피드백효과
⑤ 자동안정화장치

21 다음 중 재정지출 확대를 위한 재원조달에 대한 설명으로 옳지 않은 것은?

① 재정지출 확대의 재원을 조세를 통해 조달할 경우 가계의 가처분소득이 감소하므로 소비가 감소하게 된다.
② 공개시장에서 정부가 자금을 조달할 경우 이자율이 상승하고 그에 따라 민간지출이 감소하게 된다.
③ 국채의 만기가 도래할 경우 원금과 이자를 지급해야 하므로 민간 경제주체들은 미래에 조세부담이 증가할 것을 예상하여 현재 소비를 줄이고 저축을 늘리게 된다.
④ 국채를 중앙은행이 인수할 경우에는 통화공급에 변동이 없다.
⑤ 조세는 일부 소비감소를 통하여 그리고 일부는 저축감소를 통하여 납부하게 되기 때문에 소비감소는 재정지출 확대 효과를 완전히 상쇄하지 않는다.

22 다음 중 재정정책의 시차에 대한 설명으로 옳지 않은 것은?

① 재정정책의 시차는 길 뿐만 아니라 시차 길이의 변동성도 크다.
② 첫 번째 시차는 재정정책 담당자가 경제의 기조가 변동했다는 것을 인식하는 데 걸리는 시간을 말한다.
③ 두 번째 시차는 경제 기조 변동에 반응해서 재정정책을 변경하는 데 소요되는 시간을 말하는데, 이 시차는 통화정책에 비해 긴 편이다.
④ 세 번째 시차는 재정정책이 변경되어 그 효과가 완전하게 나타나는 데 걸리는 시간을 말한다.
⑤ 첫 번째 시차와 두 번째 시차를 합하여 내부시차라 하고, 세 번째 시차를 외부시차라 하는데, 통상 재정정책의 내부시차는 짧은 편이나 외부시차는 긴 편이다.

23 다음 중 한 나라의 경제가 침체국면에 있고, 국가 간 자본이동성은 매우 높은 편이라고 가정하였을 때 현재 경제상태를 분석한 설명으로 옳지 않은 것은?

① 생산물시장에서는 가용 유휴 생산요소가 많은 편이므로 총공급의 물가에 대한 탄력성이 큰 편이다.
② 노동시장에서 노동공급곡선은 비교적 가파른 기울기를 가지고 있어 기업은 실질임금 상승 압력 없이 고용량을 늘릴 수 있다.
③ 국가 간의 자본이동성이 매우 높아서 실질이자율 변동에 대해 해외부문으로부터의 자금이동이 민감하게 반응하므로 대부자금시장에서 대부자금 공급은 실질이자율 변동에 대해 탄력적이다.
④ 실업률이 높고 설비이용률은 낮으며, 실질GDP 성장률이 낮다.
⑤ 총수요가 증가할 경우 실질GDP 증가율이 물가상승률보다 크다.

24
★★☆
다음 중 경기 선행종합지수에 속하는 것은?

① 건설수주액
② 건설기성액
③ 소매판매액지수
④ 취업자수
⑤ 소비자물가지수변화율

25
★★★
100개의 기업 중 긍정적 응답을 한 기업은 60개, 부정적 응답을 한 기업은 40개이다. 다음 중 기업실사지수를 계산한 값으로 옳은 것은?

① 80
② 100
③ 120
④ 140
⑤ 160

26
★★★
다음 중 시계열모형을 이용한 경기예측에 대한 설명으로 옳지 않은 것은?

① 시계열모형은 종속변수를 예측하기 위해 특정한 설명변수를 사용하지 않고 시간변수나 당해 시계열의 과거 행태를 이용한다.
② 경제이론보다는 자기시차 또는 일부 관심 경제변수 간의 상관관계에 바탕을 두고 작성된다.
③ 비교적 간단하고 시간과 노력 측면에서 비용이 적게 든다.
④ 과거 행태가 반복되고 경제의 외부충격이 없는 경우 장기예측에 유용한 예측방법이다.
⑤ 지표에 영향을 미치는 경제 환경의 영향은 설명할 수 없다는 단점이 있다.

27
★☆☆
다음 〈보기〉에서 설명하는 근대민법의 기본원리로 옳은 것은?

─── 〈보 기〉 ───

개인이 법질서의 한계 내에서 자기의 의사에 기하여 법률관계를 형성할 수 있는 원칙으로, 그 내용으로는 계약의 자유, 단체 결성의 자유, 유언의 자유, 권리행사의 자유 등이 있다.

① 사유재산권 존중의 원칙
② 사적자치의 원칙
③ 과실책임의 원칙
④ 신의성실의 원칙
⑤ 권리남용금지의 원칙

28 다음 중 담보물권으로 옳지 않은 것은?
★☆☆

① 유치권　　　　　　　　　② 전세권
③ 질 권　　　　　　　　　④ 저당권
⑤ 근저당권

29 다음 괄호 안에 들어갈 것으로 옳게 짝지은 것은?
★★☆

> 특별결의는 출석한 주주의 의결권의 (㉠) 이상이며, 발행주식총수의 (㉡) 이상인 수로써 하는 결의이다.

	㉠	㉡
①	2분의 1	3분의 1
②	3분의 1	2분의 1
③	3분의 1	3분의 2
④	3분의 2	3분의 1
⑤	3분의 2	2분의 1

30 다음 중 예금계약의 성립시기에 대한 설명으로 옳지 않은 것은?
★★☆

① 현금입금에 의한 예금계약은 예금자가 예금의 의사표시와 함께 제공한 금전을 은행직원이 예금자가 청약한 금액과 일치함을 확인한 때 성립한다.
② 유가증권으로 입금하거나 계좌송금한 경우는 은행이 그 증권을 교환에 돌려 부도반환시한이 지나고 결제를 확인한 때 예금계약이 성립한다.
③ 전자자금이체를 통한 지급의 효력 발생시기는 거래 지시된 금액의 정보에 대하여 수취인의 계좌가 개설되어 있는 금융회사의 계좌원장에 입금기록이 끝난 때이다.
④ 현금으로 계좌송금하거나 계좌이체하는 경우에는 예금원장에 입금의 기록이 된 때에 예금계약이 성립한다.
⑤ 수취은행은 원칙적으로 수취인의 계좌에 입금된 금원이 송금의뢰인의 착오로 자금이체의 원인관계 없이 입금된 것인지 여부에 관하여 조사할 의무가 있다.

31 다음 중 대출계약의 성립시기로 옳은 것은?
★☆☆

① 거래처의 차입신청서를 제출한 때
② 은행이 융자결정 통지를 한 때
③ 거래처의 소비대차약정서 및 근저당권설정계약서를 작성하여 제출한 때
④ 근저당권설정등기를 한 때
⑤ 차주가 금전소비대차약정서를 작성하여 은행에 제출하고 은행이 이를 이의 없이 수리한 때

32 다음 중 상계의 요건으로 옳지 않은 것은?
★★☆
① 동종의 채권이 서로 대립하고 있지 않을 것
② 채권의 성질상 상계가 허용될 것
③ 최소한 자동채권은 변제기에 있을 것
④ 서면에 의한 상계 통지를 할 것
⑤ 자동채권과 수동채권 모두 변제기에 있을 것

33 다음 중 약관의 계약편입에 대한 설명으로 옳지 않은 것은?
★☆☆
① 약관의 편입합의 시 고객의 승낙은 묵시적인 승낙도 무방하며, 고객이 승낙한 이상 그 약관내용을 자세히 살펴보지 아니하거나 약관내용을 알지 못하더라도 편입합의는 인정된다.
② 은행은 고객이 요구할 때에는 당해 약관의 사본을 고객에게 교부하여 이를 알 수 있도록 하여야 하며, 보험약관의 경우는 교부의무가 다른 약관에 비해 완화되어 있다.
③ 은행이 약관내용 명시의무 및 사본교부의무에 위반하여 계약을 체결한 때에는 당해 약관을 계약의 내용으로 주장할 수 없다.
④ 은행은 약관에 정해져 있는 중요한 내용을 고객이 이해할 수 있도록 직접 구두로 설명하는 것이 원칙이나, 부득이한 경우 약관 외에 별도의 설명문에 의해 성실하고 정확하게 고객에게 설명한 경우에는 설명의무를 다한 것으로 볼 수 있다.
⑤ 약관의 모든 내용을 설명해야 하는 것은 아니고, 중요한 내용만을 설명하면 된다.

34 다음 중 신탁재산에 대한 설명으로 옳지 않은 것은?
★★☆
① 신탁재산은 수탁자로의 이전 및 수탁자의 관리, 처분 등의 집행을 위해 반드시 특정되어야 한다.
② 신탁이 성립하기 위해서는 신탁재산이 위탁자로부터 수탁자에게 이전되어야 하므로 신탁재산은 이전 가능한 것이어야 한다.
③ 수탁자가 여러 개의 신탁을 관리하는 경우에는 각 신탁의 신탁재산을 다른 신탁재산과도 구분하여 관리해야 한다.
④ 신탁재산에서 손실이 발생한 경우 이는 모두 수익자에게 귀속되며 수탁자는 이것을 보전해 주어야 한다.
⑤ 신탁재산에 법인격은 없지만 실질적으로는 수탁자를 관리기관으로 하는 독립된 재산의 성격을 가진다.

35 다음 중 금융소비자보호법에서 규정한 6대 판매원칙에 해당하지 않는 것은?
★★☆

① 적합성 원칙

② 적정성 원칙

③ 보장성 원칙

④ 광고규제

⑤ 설명의무

36 다음 중 신용카드에 대한 설명으로 옳지 않은 것은?
★★★

① 신용카드는 이를 제시함으로써 반복하여 신용카드가맹점에서 물품의 구입 또는 용역의 제공을 받을 수 있는 증표로서 신용카드업자가 발행한 것을 말한다.

② 신용카드는 본인의 신청에 의해서만 발급되며 길거리 모집은 금지된다.

③ 가맹점은 신용카드 가맹점수수료를 신용카드회원에게 전가할 수 없다.

④ 신용카드는 권리 또는 재산권을 표창하는 유가증권이다.

⑤ 분실·도난된 신용카드의 부정사용으로 인해 발생한 손해를 누가 부담할 것인가에 대하여 여신전문금융업법은 분실·도난의 통지를 받은 날부터 60일 전까지 발생한 신용카드의 사용에 대해서도 신용카드업자가 책임을 지도록 하여 발행인 책임부담주의를 따르고 있다.

37 다음 중 혼인 및 재산의 귀속·관리에 대한 설명으로 옳지 않은 것은?
★☆☆

① 민법은 부부재산의 귀속에 관하여 별산제를 채용하고 있다.

② 부인이 상속 또는 증여받은 재산, 의족이나 장신구는 부인의 특유재산으로 된다.

③ 부부 중 누구에게 속하는 것인지 분명하지 않은 재산은 부부의 공유로 추정한다.

④ 혼인은 민법상 계약에 해당하므로 혼인이 성립하기 위해서는 당사자의 합의와 가족관계의 등록 등에 관한 법률에 정한 바에 의하여 신고하여야 한다.

⑤ 부부의 일방이 일상의 가사에 관하여 제3자와 법률행위를 한 때에는 다른 일방은 이로 인한 채무에 대하여 연대책임이 없다.

38 다음 중 주식회사의 합병의 효력이 발생하는 시기로 옳은 것은?
★★☆
① 합병계약서를 작성한 때
② 신설회사의 본점소재지에서 설립등기를 한 때
③ 주주총회 합병승인결의를 한 때
④ 이사회결의를 한 때
⑤ 합병대차대조표를 공시한 때

39 다음 중 자금세탁방지제도에 대한 설명으로 옳지 않은 것은?
★☆☆
① 금융회사가 금융거래의 상대방과 공모하여 의심거래보고를 하지 않거나 허위보고를 하면 6개월의 범위 내에서 영업 정지처분이 가능하다.
② 의심거래보고를 허위로 하는 경우에는 1년 이하의 징역 또는 1천만원 이하의 벌금에 처할 수 있다.
③ 의심거래보고를 하지 않는 경우에는 3년 이하의 징역 또는 3천만원 이하의 벌금에 처할 수 있다.
④ 1일 거래일 동안 1천만원 이상의 현금을 입금하거나 출금한 경우 거래자의 신원과 거래일시, 거래금액 등 객관적 사실을 전산으로 자동 보고하도록 하고 있다.
⑤ 금융회사는 금융거래의 상대방이 자금세탁행위나 공중협박자금조달행위를 하고 있다고 의심되는 합당한 근거가 있는 경우에는 금융거래의 금액에 상관없이 의심거래보고를 해야 한다.

40 다음 중 정보주체의 동의 없이 수집이 가능한 정보로 옳지 않은 것은?
★☆☆
① 계좌이체거래를 위해 수신자의 계좌번호를 수집하는 경우
② 보험계약체결을 위해 고객의 성명 · 연락처 등 개인정보를 수집하는 경우
③ 계약의 특성상 거래상대방의 신용도를 판단하는 경우
④ 계약의 특성상 거래상대방의 신용거래능력 등 판단이 필요한 금융거래의 경우
⑤ 당초 수집 목적 외로 이용하는 경우

제2과목 세무설계(40문항)

41 다음 중 소득세법상 거주자와 거주자에 대한 과세방법에 대한 설명으로 옳지 않은 것은?
★★★

① 거주자 판단기준과 국적은 아무 관계가 없다.
② 국내에 본사를 둔 직장을 가진 경우 국내에 주소를 가진 것으로 본다.
③ 거주자는 국외에서 발생한 소득에 대해서도 납세의무가 있다.
④ 거주자가 종합과세하는 경우 거주자 본인의 소득에 대한 모든 소득공제가 가능하다.
⑤ 거주자가 사망하는 경우 1월 1일부터 사망한 날까지의 소득금액에 대하여 과세한다.

42 다음 중 소득세법상 종합소득산출세액 계산과정에 대한 설명으로 옳지 않은 것은?
★☆☆

① 분리과세되는 소득만 있는 자에 대해서는 종합소득공제를 적용하지 아니한다.
② 주택임차자금 차입금에 대한 원리금 상환액도 공제가 가능하다.
③ 장기주택저당 차입금에 대한 원리금 상환액도 공제가 가능하다.
④ 주택청약종합저축에 납입한 금액도 공제가 가능하다.
⑤ 특별소득공제는 근로소득이 있는 거주자에게만 적용된다.

43 다음 중 소득세법상 기타소득에 해당하지 않는 것은?
★☆☆

① 원고료, 인세
② 계약의 위약 또는 해약으로 받는 위약금·해약금
③ 고용관계 없이 다수인에게 강연을 하고 받는 강연료
④ 변호사·공인회계사·세무사 등이 일시적으로 전문적 지식을 제공하고 받는 대가
⑤ 퇴직 전 부여받은 주식매수선택권을 해당 법인에서 근무기간 중 행사함으로써 얻은 이익

44 소득세법상 인적공제 중 기본공제에 대한 설명으로 옳지 않은 것은?
★☆☆

① 배우자의 연간 소득금액이 100만원을 초과하는 경우 공제대상에서 제외된다.
② 연간 소득금액에는 일시적으로 발생한 퇴직소득 및 양도소득도 포함된다.
③ 부양가족이 장애인인 경우에는 연간 소득금액에 대한 제한이 없다.
④ 기본공제 대상임을 증명하는 서류를 제출하지 않는 경우에도 기본공제 중 거주자 본인에 대한 분은 공제가 가능하다.
⑤ 기본공제 대상인 부양가족에는 배우자의 직계존속이 포함된다.

45 ★★★ 다음 중 금융소득종합과세에 대한 설명으로 옳지 않은 것은?

① 2천만원 이하의 금융소득은 14%의 세율로 원천징수된다.

② 배당소득이 2천만원을 초과하여 종합과세되면 이중과세된다.

③ 비과세·분리과세 금융소득은 종합과세 기준금액을 따질 때에 제외된다.

④ 금융소득은 이자소득과 배당소득을 말하며 필요경비가 인정되지 않는다.

⑤ 법원에 납부한 보증금 및 경락대금에서 발생하는 이자소득은 14%의 세율로 원천징수된다.

46 ★★☆ 다음 괄호 안에 들어갈 세율을 옳게 짝지은 것은?

법인에게 이자소득을 지급하는 경우의 원천징수세율은 다음과 같다.

구 분	세 율
비영업대금의 이익	(㉠)
기타 이자소득	(㉡)

	㉠	㉡
①	25%	14%
②	25%	25%
③	14%	14%
④	14%	25%
⑤	45%	14%

47 ★★★ 다음 〈보기〉에서 설명하는 것은 무엇인가?

〈보 기〉

형식으로는 실지배당과 같이 주주총회나 사원총회의 결의에 의하여 이익이나 잉여금을 배당하는 방법을 취하지는 않았지만, 실질적으로는 주주·사원·기타 출자자에게 배당을 한 것과 동일한 경제적 이익을 주는 경우 그 경제적 이익을 배당으로 간주하는 것

① 분리과세배당   ② 수입배당

③ 배당세액공제   ④ 배당가산

⑤ 의제배당

48 ★★☆ 이자소득과 배당소득이 혼재한 경우 그로스업 대상 금액 산정 시 다음 중 가장 먼저 종합과세 기준금액에 합산해야 하는 것은?

① 분리과세 이자소득

② 이자소득

③ 분리과세 배당소득

④ 그로스업 대상 배당소득

⑤ 그로스업 대상이 아닌 배당소득

49 다음 중 분리과세되는 금융소득이 아닌 것은?
★☆☆

① 법원에 납부한 보증금 및 경락대금에서 발생하는 이자소득

② 금융회사가 실지명의가 확인되지 않은 자에게 지급하는 금융소득

③ 비금융회사가 실지명의가 확인되지 않은 자에게 지급하는 금융소득

④ 연금계좌 세액공제를 받은 연금계좌 납입액을 연금외수령한 소득

⑤ 직장공제회 초과반환금

50 다음 중 비거주자에 대한 과세방법으로 옳지 않은 것은?
★★★

① 국내사업장이 있는 비거주자의 금융소득이 해당 국내사업장과 실질적으로 관련되는 경우 2천만원을 초과하지 않더라도 종합과세한다.

② 부동산소득이 있는 비거주자의 금융소득이 해당 부동산에 귀속되는 경우 2천만원을 초과하지 않더라도 종합과세한다.

③ 국내사업장과 부동산소득이 없는 비거주자의 금융소득은 원천징수로 납세의무가 종결된다.

④ 국내사업장이 있거나 부동산소득이 있는 비거주자의 금융소득도 해당 국내사업장이나 부동산에 관련되지 않거나 귀속되지 않는 경우에는 원천징수로 납세의무가 종결된다.

⑤ 국내사업장 또는 부동산소득과 관련 없는 금융소득이 분리과세되는 경우 14%의 세율로 원천징수된다.

51 다음 중 금융소득종합과세 절세방안으로 옳지 않은 것은?
★★★

① 거래 목적에 맞는 주거래 금융회사를 정해두고 전문가에 의한 서비스를 제공받는다.

② 비과세저축과 분리과세저축은 종합과세 기준금액 초과 여부를 따질 때에 포함되지 않으므로 최대한 활용한다.

③ 이자수령조건을 조절하여 연간 금융소득을 평준화한다.

④ 증권회사 등의 주식형펀드에 가입한 경우 펀드의 수익 중 주식매매차익 및 장내파생상품의 이익 등은 과세되지 않으므로 관련 상품을 활용한다.

⑤ 채권은 보유기간 이자상당액을 해당 기간의 보유자에게 과세하므로 절세방안으로 활용할 수 없다.

52 다음 괄호 안에 들어갈 것으로 옳게 짝지은 것은?
★☆☆

다음 어느 하나에 해당하는 저축성 보험의 보험차익은 비과세된다.
• 최초납입일부터 만기일·중도해지일까지의 기간이 (㉠) 이상인 일시납보험
• 보험료 납입 계약기간 만료 후 (㉡) 이후부터 연금을 받는 종신형 연금보험

	㉠	㉡
①	10년	55세
②	10년	60세
③	20년	55세
④	20년	60세
⑤	30년	60세

53 다음 중 양도소득세 과세대상이 아닌 것은?
★★★

① 부동산에 관한 권리의 양도로 발생하는 소득

② 대주주가 양도하는 주권상장법인의 주식

③ 소액주주가 장외매매거래에 의하여 양도하는 주권상장법인의 주식

④ 소액주주가 장외매매거래에 의하여 양도하는 중소기업인 주권비상장법인의 주식

⑤ 외국법인이 발행하였거나 외국에 있는 시장에 상장된 주식

54 보유기간이 1년 미만인 상가를 양도하는 경우의 원천징수세율은 몇 %인가?
★★☆

① 기본세율

② 10%

③ 20%

④ 40%

⑤ 50%

55 다음 중 양도소득 기본공제에 대한 설명으로 옳지 않은 것은?
★☆☆

① 양도소득 과세표준은 양도소득금액에서 양도소득 기본공제를 한 금액으로 한다.

② 미등기양도자산은 양도소득 기본공제 적용에서 배제한다.

③ 양도소득이 있는 거주자에 대해서는 해당 과세기간의 양도금액에서 각각 연 250만원을 공제한다.

④ 1세대 1주택에 해당하는 고가주택의 양도로 발생하는 소득은 양도소득 기본공제 적용에서 배제한다.

⑤ 양도소득금액에 소득세법이나 그 밖의 법률에 따른 감면소득금액이 있는 경우에는 그 감면소득금액 외의 양도소득금액에서 먼저 공제한다.

56 다음은 양도소득세의 예정신고납부기한에 대한 설명이다. 괄호 안에 들어갈 기간으로 옳게 짝지은 것은?
★★☆

구 분	예정신고 및 납부기한
일반적인 양도자산	양도일이 속하는 달의 말일부터 (㉠) 이내
부담부증여	수증일이 속하는 달의 말일부터 (㉡) 이내

	㉠	㉡
①	1개월	2개월
②	1개월	3개월
③	2개월	3개월
④	3개월	3개월
⑤	5개월	6개월

57
★☆☆

피상속인이 상속개시 당시 2 이상의 주택을 소유한 경우 1세대 1주택의 특례에 해당하여 양도소득세가 비과세되는 가장 우선순위의 주택은?

① 피상속인이 사망 당시 거주한 1주택

② 피상속인이 소유한 기간이 가장 긴 1주택

③ 피상속인이 거주한 기간이 가장 긴 1주택

④ 피상속인이 상속개시 당시 거주한 1주택

⑤ 실지거래가액이 가장 높은 1주택

58
★★★

다음은 자경농지의 양도소득세 감면에 관한 설명이다. 괄호 안에 들어갈 것으로 옳게 짝지은 것은?

자경이라 함은 농작업에 상시 종사하거나 농작업의 (㉠) 이상을 자기의 노동력에 의해 경작 또는 재배하는 것을 말한다. 사업소득금액과 총급여액 합계액이 (㉡) 이상인 과세기간은 자경기간에서 제외한다.

	㉠	㉡
①	1/2	3,000만원
②	1/2	3,700만원
③	1/3	3,300만원
④	1/3	3,700만원
⑤	1/4	3,800만원

59
★☆☆

다음 중 양도소득세 절세방안이 될 수 없는 것은?

① 7월 ~ 8월 정부에서 발표하는 세법의 개정초안을 확인한 후 유리한 양도시기를 판단한다.

② 두 건의 부동산 양도 중 한 건이 손실이 예상된다면 해를 넘겨 분산 양도한다.

③ 부동산을 증여할 때 그 부동산에 딸린 부채를 함께 증여하는 경우 부채 상당액 만큼은 증여로 보지 않으므로 증여세 절세가 가능하다.

④ 재건축·재개발주택의 조합원입주권의 양도를 활용한다.

⑤ 오래 보유한 부동산은 배우자 우회양도를 고려하여 양도한다.

60
★★☆

다음 괄호 안에 공통으로 들어갈 것으로 옳은 것은?

양도 또는 취득의 시기는 당해 자산의 양도대금을 ( )한 날로 한다. 여기에서 ( )일은 매매계약서상 기재된 잔금 ( )약정일이 아니라, 실지로 잔금을 수수한 날을 말한다. 따라서 매매계약서 등에 기재된 잔금 ( )약정일보다 잔금을 앞당기거나 늦추는 경우에는 실지로 대금을 수수한 날이 잔금 ( )일이 된다.

① 청 산   ② 인 도

③ 접 수   ④ 증 여

⑤ 상 속

61 다음 중 상속세에 대한 설명으로 옳지 않은 것은?
★★☆

① 민법상 계모자, 적모서자와 같이 친생자가 아닌 관계는 혈족관계를 부정하고 인척관계로만 인정하여 상속권이 발생하지 않는다.

② 상속인이 되는 피상속인의 배우자는 법적인 배우자만을 말하므로, 사실혼 관계 또는 이혼한 배우자는 상속인이 될 수 없다.

③ 법정상속분의 경우 모든 상속인 간에 균등하게 나누어진다.

④ 피상속인이 지정상속을 통해 상속인 외의 자에게 전 재산을 유증했다고 하더라도 상속인은 유류분 제도를 통해 일정비율까지는 재산을 승계받을 수 있다.

⑤ 상속인은 상속에 대하여 단순승인, 한정승인 또는 상속포기를 할 수 있다.

62 다음 중 상속세 과세가액에 포함되지 않는 경우는?
★★★

① 피상속인이 사망 10년 이내에 상속인에게 증여한 재산

② 피상속인이 부담하고 피상속인의 사망으로 인하여 받는 생명보험의 보험금

③ 피상속인에게 지급되어야 하나 피상속인의 사망으로 상속인에게 지급되는 피상속인의 퇴직금

④ 피상속인이 위탁한 신탁재산

⑤ 상속개시 2년 전에 피상속인이 은행에서 인출하였으나 그 용도가 객관적으로 명백하지 않은 예금 3억원

63 피상속인 김고시 씨의 상속개시일 현재 재산상황 등이 다음과 같은 경우 상속세 과세가액은 얼마인가? (단, 상속인과
★★☆ 피상속인 모두 거주자이다.)

• 재산상황
 – 토지 : 6억원(대출금 등 토지 관련 채무 없음)
 – 생명보험금 : 2억원(생명보험료의 50%만 김고시 씨가 납부)
 – 신탁재산 : 1억원(1억원 전액 신탁법에 규정한 공익신탁을 통해 공익법인에 출연함)
• 추가사항
 김고시 씨는 사망 6개월 전에 보유하고 있던 예금 1억원을 인출하였으며, 상속개시일 현재까지 그 용도는 불분명하다.

---

① 10억원

② 9억원

③ 8억원

④ 7억원

⑤ 6억원

64 다음 중 상속세 과세표준이 얼마 미만이면 상속세를 부과하지 않는가?
★★★

① 10만원

② 20만원

③ 30만원

④ 40만원

⑤ 50만원

65 피상속인인 나사망 씨의 사망일 현재 가족관계 및 재산상황은 다음과 같다. 나사망 씨가 비거주자인 경우 받을 수 있는
★★☆ 상속공제액은 얼마인가?

• 가족현황

이 름	관 계	나 이	비 고
이시대	친 모	75세	나사망 씨와 함께 거주하고 있다.
김후회	전 처	45세	2년 전 나사망 씨와 이혼하였다.
나백수	아 들	20세	5년 전 입양하였다.
나막내	아 들	18세	

• 재산상황
 – 토지 : 10억원
 – 순금융재산가액 : 1천만원

① 2억원

② 3억 6천만원

③ 3억 7천만원

④ 5억원

⑤ 5억 1천만원

66 김대박 군은 할아버지의 사망으로 상속인이 되었다. 김대박 군의 상황이 다음과 같은 경우 김대박 군에게 적용되는
★★☆ 세대생략 할증과세율은 몇 %인가? (단, 피상속인의 아들이자 김대박 군의 친부는 3년 전 사망하였다.)

• 성명 : 김대박
• 나이 : 10세
• 피상속인과의 관계 : 조손
• 상속재산가액 : 30억원

① 40%

② 30%

③ 20%

④ 10%

⑤ 할증과세 미적용

실제유형 모의고사

67 다음 중 상속세에 대한 설명으로 가장 옳지 않은 것은?
★★☆

① 상속개시 전 10년 이내에 상속인에게 증여한 재산은 상속세 과세가액에 가산하지만 해당 증여재산에 대한 증여세가 과세되었으므로 이중과세를 방지하기 위하여 상속세액에서 해당 증여세액을 공제한다.

② 피상속인의 상속재산에 문화재자료, 박물관자료, 미술관자료 등이 포함된 경우에는 상속세액 중 해당 재산가액에 상당하는 상속세액의 징수를 유예한다.

③ 거주자인 피상속인의 외국에 있는 상속재산에 대하여 외국의 법령에 따라 상속세를 부과받은 경우에는 그 부과받은 상속세에 상당하는 금액을 상속세 산출세액에서 공제한다.

④ 상속개시 후 3년 이내에 상속인이나 수유자의 사망으로 다시 상속이 개시되는 경우에는 전(前)의 상속세가 부과된 상속재산 중 재상속되는 상속재산에 대한 전의 상속세 상당액을 상속세 산출세액에서 공제한다.

⑤ 상속세 과세표준을 신고기한까지 신고한 경우에는 적법하게 신고된 산출세액에서 공제세액 등을 차감한 금액에 3%를 곱하여 계산한 금액을 공제한다.

68 다음 중 상속세의 과세표준 신고기한으로 옳은 것은? (단, 상속인 모두 외국에 주소를 두고 있다.)
★★☆

① 상속개시일로부터 9개월 이내

② 상속개시일로부터 6개월 이내

③ 상속개시일로부터 3개월 이내

④ 상속개시일이 속하는 달의 말일부터 9개월 이내

⑤ 상속개시일이 속하는 달의 말일부터 3개월 이내

69 수증자가 증여를 받음과 동시에 증여자 또는 제3자에게 어떠한 급부를 부담으로 하는 부관(附款)을 갖는 증여는 무엇
★★☆ 이라 하는가?

① 사인증여   ② 재차증여

③ 합산배제   ④ 부담부증여

⑤ 증여의제

70 다음 중 증여세 납부의무에 대한 설명으로 옳지 않은 것은? (단, 법인은 모두 본점이 국내에 위치한다.)
★★★

① 수증자가 거주자인 경우 증여세 과세대상이 되는 모든 증여재산에 대하여 증여세를 납부할 의무가 있다.

② 수증자가 비영리법인인 경우 증여세 과세대상이 되는 모든 증여재산에 대하여 증여세를 납부할 의무가 있다.

③ 수증자가 비거주자인 경우 증여세 과세대상이 되는 국내에 있는 모든 증여재산에 대하여 증여세를 납부할 의무가 있다.

④ 영리법인이 증여받은 재산 또는 이익에 대하여 법인세가 부과되는 경우 특별한 경우를 제외하고 증여세를 부과하지 아니한다.

⑤ 거주자가 비거주자에게 국외에 있는 재산을 증여하는 경우 증여세는 부과하지 않는다.

71 다음 중 타인의 기여에 의하여 재산가치가 증가한 경우와 그 증여재산의 취득시기가 옳게 짝지어지지 않은 것은?
★☆☆

① 개발사업의 시행 : 개발구역으로 지정되어 고시된 날
② 형질변경 : 해당 형질변경허가일
③ 공유물(共有物)의 분할 : 공유물 분할등기일
④ 사업의 인가·허가 또는 지하수개발·이용의 허가 등 : 해당 인가·허가일
⑤ 생명보험 또는 손해보험의 보험금 지급 : 실제 보험금이 지급된 날

72 이시대 씨의 증여 관련 내역이 다음과 같을 경우 증여세 과세가액은 얼마인가? (단, 그 외의 증여는 존재하지 않는다.)
★★☆

> • 최대주주인 할머니로부터 비상장주식 3백만원을 10년 전에 증여받았다.
> • 아버지로부터 현금 5백만원을 7년 전에 증여받았다.
> • 어머니로부터 1천만원 상당의 토지를 올해 증여받았다.
> ※ 할머니로부터 증여받은 주식이 상장되어 올해 5천만원이 되었다.

① 6,800만원
② 3,500만원
③ 3,000만원
④ 1,800만원
⑤ 1,500만원

73 다음은 특수관계가 없는 자 간의 저가양수·고가양도 시의 증여에 대한 설명이다. 괄호 안에 들어갈 것으로 옳게 짝지은 것은?
★☆☆

> 특수관계인이 아닌 자 간에 거래의 관행상 정당한 사유 없이 재산을 시가보다 현저히 낮은 가액으로 양수하거나 시가보다 현저히 높은 가액으로 양도한 경우로서 그 대가와 시가의 차액이 양도 또는 양수한 재산의 (㉠)에 상당하는 가액 이상인 경우에는 해당 재산의 양수일 또는 양도일을 증여일로 하여 그 대가와 시가의 차액에서 (㉡)을 뺀 금액을 그 이익을 얻은 자의 증여재산가액으로 한다.

	㉠	㉡
①	대가의 30%	3억원
②	대가의 30%	5억원
③	시가의 30%	3억원
④	시가의 30%	5억원
⑤	취득가의 30%	5억원

74 다음 중 비과세되는 증여재산이 아닌 것은 무엇인가?
★★☆

① 국가나 지방자치단체로부터 증여받은 재산의 가액

② 사내근로복지기금 등으로 증여받은 재산의 가액

③ 사회통념상 인정되는 이재구호금품, 치료비, 피부양자의 생활비, 교육비 등

④ 특수관계자의 상가를 무상으로 사용하여 그 경제적 이익이 1억원 이상인 경우

⑤ 장애인을 보험금 수령인으로 하는 보험금(연간 4천만원 한도)

75 할아버지에게 5년 전에 2천만원을 증여받고 올해 아버지에게 6천만원을 증여받은 경우 아버지에게 받은 증여액 중
★★★ 직계존속공제를 받을 수 있는 금액은 얼마인가? (단, 수증자는 올해 만 30세 성년자이다.)

① 6천만원

② 5천만원

③ 4천만원

④ 3천만원

⑤ 2천만원

76 증여세 납부의무가 있는 자가 증여받은 날이 속하는 달의 말일부터 3개월 이내에 증여세의 과세가액 및 과세표준을
★☆☆ 납세지 관할 세무서장에게 신고한 경우 받을 수 있는 신고세액공제는 증여세 산출세액의 몇 %인가?

① 1%

② 2%

③ 3%

④ 4%

⑤ 5%

77 다음 중 취득세에 대한 설명으로 옳지 않은 것은?
★★☆

① 취득세의 납세의무자는 취득세 과세대상 재산의 취득자이다.

② 국가 또는 지방자치단체 등의 취득에 대해서는 취득세를 부과하지 아니한다.

③ 취득세의 과세표준은 취득 당시의 가액으로 하는 것이 원칙이나 연부로 취득하는 경우에는 연부금액으로 한다.

④ 일반적으로 과세물건의 취득일이 속한 달의 말일부터 60일 이내에 취득세를 신고·납부하여야 한다.

⑤ 생애 최초로 주택(12억원 이하)을 취득한 경우 200만원 한도에서 취득세 감면 혜택을 받을 수 있다.

78 다음 중 재산세 과세대상에 해당하지 않는 것은?
★★★

① 토 지
② 건축물
③ 주 택
④ 항공기
⑤ 자동차

79 재산세의 과세기준일은 언제인가?
★★★

① 1월 1일
② 4월 1일
③ 6월 1일
④ 9월 1일
⑤ 12월 1일

80 주택의 재산세 부과세액이 얼마 이하인 경우에 재산세를 한꺼번에 부과·징수할 수 있는가?
★★☆

① 10만원
② 20만원
③ 30만원
④ 50만원
⑤ 주택에 대한 재산세는 그 부과세액의 크기와 상관없이 모두 한꺼번에 부과·징수한다.

제3과목 보험 및 은퇴설계(20문항)

81 보험의 원리 중 손해의 보상에 목적이 있으므로 피보험자가 자신이 입은 손해만큼 보상받는 원칙은 무엇인가?
★★☆

① 수지상등의 원칙   ② 순보험료의 원칙

③ 대수의 법칙   ④ 실손보상의 원칙

⑤ 급부반대급부 균등의 원칙

82 다음 중 예정기초율 변화에 따른 보험료 변동에 대한 설명으로 옳지 않은 것은?
★★★

① 예정사망률이 낮아지면 생존보험료는 높아진다.

② 예정이율이 낮아지면 보험료는 높아진다.

③ 보험기간이 길수록, 납입기간이 짧을수록 보험료 변동폭이 크다.

④ 예정사업비율이 낮아지면 보험료는 높아진다.

⑤ 예정이율에서 순수보장형보다 만기환급형의 보험료 변동폭이 크다.

83 다음 〈보기〉의 사례를 바탕으로 보험금 청구권에 대한 설명으로 옳은 것은?
★★☆

─────── 〈보 기〉 ───────

K씨는 2018년에 보험계약자와 피보험자를 본인으로, 보험수익자를 아내로 하여 보험에 가입하였다. 2020년 K씨는 운전 중에 사고가 나서 병원에 입원, 수술 및 치료를 받았으나 회사 일로 바빠서 1년 동안 보험료를 청구하지 못했다. K씨는 시간이 많이 경과되어 보험료를 받을 수 있을지 걱정이 되었다.

① K씨는 사고 발생일을 기준으로 2년 안에 보험료를 청구할 수 있다.

② K씨의 아내는 사고 발생일을 기준으로 2년 안에 보험료를 청구할 수 있다.

③ K씨는 사고 발생일을 기준으로 3년 안에 보험료를 청구할 수 있다.

④ K씨의 아내는 사고 발생일을 기준으로 3년 안에 보험료를 청구할 수 있다.

⑤ K씨는 입원일을 기준으로 3년 안에 보험료를 청구할 수 있다.

84 다음 중 생명보험상품에 대한 설명으로 옳지 않은 것은?
★★☆

① 변액보험은 대표적인 실적배당형보험이다.

② 연생보험은 피보험자가 2인 이상인 보험이다.

③ 배당보험은 주로 주식회사에서, 무배당보험은 상호회사에서 판매된다.

④ 확정금리형보험은 최초 가입 시 정한 이율로 만기까지 이자를 적립하는 보험이다.

⑤ 자산연계형보험은 특정자산의 운용실적에 연계하여 투자성과가 지급되는 보험이다.

85 다음 중 제3보험에 대한 설명으로 옳은 것은?
★★★

① 우리나라 보험업법은 보험업을 생명보험업과 손해보험업으로 구분하고 있다.

② 생명보험, 손해보험의 고유영역을 포함한 상해보험, 질병보험, 간병보험으로 구분할 수 있다.

③ 생명보험의 실손보상적 특성과 손해보험의 정액보상적 특성을 동시에 가진다.

④ 제3보험업을 영위하기 위해서는 별도로 독립된 제3보험회사를 설립하여 운영하거나, 생명보험회사 및 손해보험회사로서 해당 보험업의 모든 보험종목에 대해 허가를 받아야 한다.

⑤ 제3보험업에 대해서도 겸영은 금지된다.

86 다음 중 주택화재보험에서 보상하지 않는 손해로 옳게 짝지은 것은?
★☆☆

> ㄱ. 윗집의 화재사고로 주택 내 가재도구가 불에 타서 파손되었다.
> ㄴ. 갑작스러운 추위로 수도관이 파열되어 가재도구가 침수되었다.
> ㄷ. 피보험자의 채무자가 악의를 품고 방화하여 건물의 일부가 소실되었다.
> ㄹ. 벼락으로 인해 냉장고가 파손되었다.
> ㅁ. 화재가 나서 가재도구를 집 앞에 내놓았으나 밤중에 도난을 당했다.

① ㄱ, ㄴ   ② ㄱ, ㄹ

③ ㄴ, ㄷ   ④ ㄴ, ㅁ

⑤ ㄷ, ㄹ

87 다음 중 국민건강보험제도에 대한 설명으로 옳지 않은 것은?
★★☆

① 일정한 자격이 충족되면 본인의 의사와 상관없이 강제로 가입된다.

② 소득수준 등 보험료 부담능력에 따라 차등적으로 부담한다.

③ 보험료 부담수준과 관계없이 관계법령에 의해 균등하게 보험급여가 이루어진다.

④ 국외체류 시, 현역병, 교도소 수감자는 건강보험료가 면제된다.

⑤ 직장가입자 보수월액보험료는 가입자의 소득월액에 보험료율을 곱하여 보험료를 산정한 후, 경감률 등을 적용하여 가입자 단위로 부과한다.

88 다음 중 산업재해보상 보험급여에 대한 설명으로 옳은 것은?
★★★

① 유족급여는 일시금 지급이 원칙이다.

② 휴업급여의 1일 지급액은 평균임금의 60%에 상당하는 금액으로 한다.

③ 장해급여는 장해등급 제1급부터 제3급까지는 일시금과 연금 중에 선택할 수 있다.

④ 간병급여는 요양급여를 받은 자 중 치유 후 의학적으로 상시 또는 수시로 간병이 필요하여 실제로 간병을 받는 자에게 지급한다.

⑤ 근로자가 업무상의 사유로 사망한 경우, 평균임금의 90일분에 상당하는 금액을 장제를 지낸 유족에게 지급한다.

89
★★☆
보험상담 프로세스 3단계 정보수집 및 분석법에 대한 내용이다. 다음 〈보기〉는 어떤 질문에 의한 정보수집인가?

───────────── 〈 보 기 〉 ─────────────

거울처럼 감정의 개입 없이 느낀 그대로를 상대에게 표출하는 것이다. 이는 의견에 대한 동의 혹은 거절을 요구하는
것이 아니라 상대가 느끼는 감정을 읽고 알아차렸다는 것을 확인하는 말이다. 이를 통해 대화 중에 느끼는 혼란, 실망,
당혹감 등의 불편한 감정을 드러내고 제거할 수 있다.

① 개방형 질문   ② 공감화법
③ 현상파악 질문   ④ 투사화법
⑤ 요점화법

90
★★☆
보험상담 프로세스 중 계약체결 시 고객의 저항심리 및 고객의 거절을 대하는 자세로 옳지 않은 것은?

① 고객의 거절에는 더 많은 정보를 얻거나 한 번 더 확인하려는 의도가 있다.
② 거절의 이유를 알기 위해서 고객의 의도를 정확히 파악하는 것이 중요하다.
③ 고객은 일반적으로 의사결정을 미루려 하는 경향이 있다.
④ 고객의 질문에 모르는 것은 솔직하게 시인하고 최대한 빠른 시간 내에 응대해야 한다.
⑤ 고객이 거절에 대한 이유를 말할 때 지나친 공감은 고객의 마음을 얻는 데 도움이 된다.

91
★★★
다음 중 기초연금에 대한 설명으로 옳지 않은 것은?

① 한국 국적을 가지고 국내에 거주하는 만 65세 이상 고령자 중 가구의 소득인정액이 선정기준액 이하인 자에게
지급된다.
② 부부가 모두 기초연금을 받는 경우에는 각각에 대하여 산정된 기초연금액의 20%를 감액한다.
③ 기초연금 수급자격 평가에서 자녀의 소득과 재산이 일정 기준 이상일 경우 부모의 소득인정액에 영향을 미친다.
④ 공무원연금, 사립학교 교직원연금, 군인연금, 별정우체국 연금 수급권자와 그 배우자는 원칙적으로 기초연금 수급대
상에서 제외된다.
⑤ 기초연금은 보험료를 납부하지 않기 때문에 중앙정부와 지방자치단체가 각각 재원을 분담한다.

92
★★★
다음 중 국민연금에 대한 설명으로 옳지 않은 것은?

① 수급권자에게 지급된 급여가 월 185만원 이하인 경우 압류가 불가능하다.
② 국민연금은 사적연금과 달리 중도해지가 불가능하다.
③ 매년 물가변동액을 반영하여 연금액을 지급받는다.
④ 국내에 거주하는 외국인도 국민연금에 가입할 수 있다.
⑤ 연금보험료 추후 납부제도에서 보험료 납부에 적용되는 기준소득월액은 과거 소득 기준이다.

93 ★★★ 공무원연금의 유족급여 중 퇴직연금수급권자가 퇴직 후 3년 이내에 사망한 때 받는 연금은?

① 퇴직연금일시금 ② 퇴직연금공제일시금
③ 유족연금 ④ 유족연금부가금
⑤ 유족연금특별부가금

94 ★☆☆ 다음 중 공적연금 연계제도에 대한 설명으로 옳지 않은 것은?

① 국민연금 또는 특수직역연금의 어느 한쪽이나 또는 양쪽 모두 수급권자가 아니면서 합산한 가입기간이 25년 이상일 경우 연계연금을 신청할 수 있다.
② 국민연금과 특수직역연금 모두 최소 가입기간을 넘어 각각 수급권을 갖고 있다면 연계연금을 신청할 수 없다.
③ 연계제도 신청은 강제사항은 아니며 본인이 희망할 경우 각 연금관리기간에 신청하여 연계연금을 받을 수 있다.
④ 연계신청을 하고 난 후 국민연금 수급개시연령이 되면 본인이 납부한 국민연금에 대해서는 국민연금공단에서, 공무원연금에 대해서는 공무원연금공단에서 각각 지급받는다.
⑤ 연계제도를 통해 지급되는 급여는 연계노령연금, 연계퇴직연금, 연계노령유족연금, 연계퇴직유족연금의 4종류가 있다.

95 ★★☆ 퇴직연금 중 확정기여형(DC형)에 대한 설명으로 옳은 것은?

① 퇴직 시 지급할 급여의 수준을 노사합의를 통해 사전에 확정한다.
② 사용자가 적립금을 운용한다.
③ 기업부담금은 가입자 연간 임금총액의 1/12에 해당하는 금액 이상이다.
④ 근로자 퇴직 시 사용자는 사전에 약정된 퇴직급여를 지급한다.
⑤ 퇴직연금사업자는 매년 재정건전성 검증을 실시해야 한다.

96 ★★☆ 다음 중 연금저축계좌에 대한 설명으로 옳지 않은 것은?

① 납입기간은 5년 이상이어야 한다.
② 보험료 납입은 IRP와 합산해 연간 1,800만원까지 가능하다.
③ 세액공제한도는 연간 600만원이다.
④ 근로소득이 있는 경우 총급여액이 5,500만원 이하는 납입액의 13.2%를 세액공제를 받는다.
⑤ 연금 수령 시에는 연금소득세 3.3%~5.5%가 부과된다.

97 ★★★ 다음 중 주택연금제도에 대한 설명으로 옳은 것은?

① 부부 중 1명이 만 60세 이상이어야 가입이 가능하다.
② 다주택 보유자일 경우 신청이 불가하다.
③ 부부 중 한 명이 사망해도 배우자가 동일한 금액을 그대로 받는다.
④ 부부 두 사람 모두가 사망했을 때 연금 수령액이 집값을 초과하면 상속인에게 초과분을 추가로 청구한다.
⑤ 부부 두 사람 모두가 사망했을 때 집값이 연금 수령액을 초과하여 잔금이 있으면 국가에 귀속된다.

98 다음 중 성년후견인제도에 대한 설명으로 옳은 것은?
★☆☆

① 특정후견의 경우 본인의 정신상태에 대한 의사의 감정이 필요하다.
② 특정후견의 경우 후견인은 법원이 정한 범위에서 대리권을 행사할 수 있다.
③ 한정후견의 경우 감정 대신 의사나 전문지식이 있는 사람의 의견을 들어야 한다.
④ 성년후견의 경우 본인이 정신적 제약으로 사무처리능력이 부족한 경우 가능하다.
⑤ 후견인은 1인만 가능하다.

99 다음 중 고객의 니즈를 정확히 파악하기 위해 주의해야 할 점으로 옳지 않은 것은?
★★☆

① 고객의 문제나 희망사항 등을 진지하게 경청하는 것이 필요하다.
② 다양한 질문을 통해 문제를 정리하고 명확히 해야 한다.
③ 고객 중에는 이미 자기 스스로 마음속에 답을 가지고 있는 경우가 있다.
④ 일반적으로 고객은 처음부터 문제의 핵심을 말하고 싶어 한다.
⑤ 고객의 말이나 표정, 행동 등을 통해 느끼는 것도 중요하므로 잘 관찰한다.

100 은퇴설계 프로세스 중 〈보기〉에서 설명하고 있는 단계로 옳은 것은?
★★☆

> ─────────〈보 기〉─────────
> • 고객과 FP의 책임에 대한 사항
> • 컨설팅 보수와 관련된 사항

① 고객과의 관계정립
② 고객 분석
③ 은퇴설계 제안
④ 실행 지원
⑤ 사후 관리

제3회
은행FP 자산관리사 1부
실제유형 모의고사

문항 및 시험시간

평가영역	문항 수	시험시간	비 고
자산관리사(FP) 1부	100문항	100분	

제3회 실제유형 모의고사

문 항 수 : 100문항
응시시간 : 100분

제1과목 자산관리 기본지식(40문항)

01 다음 중 개인 재무설계의 의미에 대한 설명으로 옳지 않은 것은?
★★☆

① 재무설계는 개인적 상황의 변화, 경제환경의 변화, 생애주기상의 변화 등을 고려하여 평생에 걸쳐 지속해서 이루어져야 한다.

② 개인 재무설계는 개인 및 가계의 재무적 및 비재무적 자원을 적절하게 관리하는 과정이다.

③ 재무설계와 재무상담은 개인의 재무적 복지를 증진시킨다는 점에서는 상호관련성이 깊다.

④ 개인 재무설계는 단기적 문제해결 능력을 제외한 중장기적 목표달성을 포함한다.

⑤ 재무상담이 고객의 문제 평가에서 시작한다면 재무설계는 고객의 목표로부터 시작한다.

02 개인 재무설계의 필요성 중 사회 경제적 배경에 해당하지 않는 것은?
★★★

① 금융 관련 법규 강화

② 저출산 및 고령화

③ 금융시장 개방 및 국제화

④ 금융상품의 다양화

⑤ 자산 및 부채의 증가

03 다음 중 유망고객의 조건으로 가장 옳지 않은 것은?
★★★

① 만남이 가능한 사람

② 금융상품에 가입할 경제적 능력이 있는 사람

③ 친분이 있는 사람

④ 재무목표가 있는 사람

⑤ 실행력이 있는 사람

04 고객 접촉 채널 중 SMS에 대한 설명으로 가장 옳지 않은 것은?
★★☆

① 통화가 되지 않아도 가능하다.

② 상대적으로 비용이 저렴하다.

③ 심리적 부담을 줄여준다.

④ 동시에 많은 사람을 접촉할 수 있다.

⑤ 늦은 밤이나 새벽에도 발송이 용이하다.

05 다음 중 재무설계 2단계에서 고객 정보수집에 대한 설명으로 가장 옳지 않은 것은?
★☆☆

① 고객정보를 수집하기 위해서는 정보 프로파일에 의해 수집하는 것이 효율적이다.

② 면담을 진행하면서 설문서를 이용하여 고객의 정보를 받는 방법은 고객의 정보를 정확하게 점검하면서 받을 수 있어 자산관리사들이 많이 사용하는 방법이다.

③ 자산관리사는 취득한 고객정보에 대해서는 비밀유지를 철저하게 이행할 것을 고객에게 약속해야 한다.

④ 전화로 정보를 수집하는 방법은 자료수집 과정을 빠르게 진행할 수 있고 고객의 생각 반영도가 높다는 장점이 있다.

⑤ 고객과의 직접면담을 통해 고객의 재무적 정보뿐만 아니라 비재무적 정보를 수집하면서 고객을 더 잘 이해할 수 있다.

06 다음 〈보기〉에서 정량적 정보를 모두 고른 것은?
★☆☆

─────── 〈보 기〉 ───────

㉠ 예상수명
㉡ 위험수용성향
㉢ 지출자료
㉣ 사회적 지지
㉤ 세금 관련 자료
㉥ 소득자료

① ㉠, ㉡, ㉣, ㉤　　　　　　② ㉡, ㉢, ㉤, ㉥

③ ㉢, ㉤, ㉥　　　　　　　　④ ㉠, ㉡, ㉣

⑤ ㉠, ㉡, ㉢, ㉤, ㉥

07 다음 중 재무설계 5단계에서 효과적인 가입제안 및 체결의 자세에 대한 설명으로 가장 옳지 않은 것은?
★★☆

① 무형상품인 금융상품의 특성을 고려하여 가입을 미루거나 거절하는 고객은 무리하게 설득하지 말 것

② 상품 가입 시 고객이 알아야 할 사항에 대해 정확히 안내할 것

③ 고객이 가입해야 하는 이유에 대해 논리적으로 설명하되 감성을 자극하는 스토리텔링을 제공할 것

④ 자산관리사가 고객의 재무목표 달성에 도움을 주는 전문가라는 신뢰감을 줄 것

⑤ 고객의 이익에 반하는 결정을 하지 않을 것

08 거시경제의 주체 중 가계부문의 기능으로 옳지 않은 것은?
★★☆
① 정부부문에 조세의 납부
② 대부자금시장에서 대부자금의 공급
③ 요소시장에서 생산요소의 공급
④ 생산물시장에 재화와 용역의 수요
⑤ 생산물시장에서 자본재의 수요

09 다음 중 총공급과 총공급곡선에 대한 설명으로 옳지 않은 것은?
★☆☆
① 총공급은 노동시장에서 결정되는 고용량과 자본스톡, 생산기술에 의해 그 크기가 결정된다.
② 단기에 물가가 상승할 경우 실질임금이 하락하여 고용량이 증가한다.
③ 경기침체기에 단기 총공급곡선은 물가와 실질GDP 평면에서 가파른 형태로 물가 변동에 대해 단기 총공급이 민감하게 변동하지 않는다.
④ 장기 총공급곡선은 잠재GDP에 상응하는 총공급곡선으로 노동과 자본 등의 생산요소를 완전히 고용하여 달성할 수 있는 최대GDP를 말한다.
⑤ 장기에는 명목임금이 탄력적이기 때문에 물가가 상승하면 명목임금도 물가상승률과 비례적으로 상승하여 실질임금은 변동이 없게 된다.

10 다음 중 단기 총공급곡선이 오른쪽으로 이동하는 요인으로 옳지 않은 것은?
★★★
① 기대 인플레이션 상승에 따른 임금 상승
② 기술향상에 의한 요소생산성 향상
③ 경제활동인구의 증가
④ 투자를 통한 자본량의 증가
⑤ 신기술 개발

11 다음 중 노동시장에 대한 설명으로 옳지 않은 것은?
★☆☆
① 단기에 노동 고용량을 증가시킬 경우 노동의 한계생산량이 체감하므로 총생산량은 체감적으로 증가한다.
② 낮은 임금수준에서는 노동공급곡선이 완만한 형태를 갖고, 임금이 높아질수록 점차 수직에 가까워진다.
③ 실질임금이 변동하면 각각의 실질임금 수준에서 노동공급이 변동하여 노동공급곡선이 움직이게 된다.
④ 노동수요곡선은 고용량과 실질임금의 평면에서 우하향하는 형태를 갖는다.
⑤ 노동시장에서 완전고용이 달성되어 생산하는 총생산을 잠재GDP라 한다.

12 다음 중 인플레이션의 문제점에 대한 설명으로 옳지 않은 것은?
★★☆

① 예기치 못한 인플레이션의 경우 채권자로부터 채무자에게 또는 노동자로부터 기업가에게 부가 재분배된다.

② 현금외자산 보유에 따른 기회비용을 줄이기 위한 비용을 발생시킨다.

③ 조세체계를 변화시켜 근로의욕과 저축 그리고 투자에 관한 의사결정을 왜곡시킨다.

④ 수요와 공급에 관한 정보를 전달해 주는 가격기구의 기능을 저하시켜 효율적 자원배분을 어렵게 한다.

⑤ 자국의 상대적 인플레이션율의 증가와 같은 크기의 환율상승으로 상쇄되지 않을 경우 국제경쟁력을 약화시킬 수 있다.

13 다음 〈보기〉에 제시된 수치를 통해 실업률을 계산한 값으로 옳은 것은?
★★★

〈보 기〉
• 전체인구　　　　 100만명 • 노동가능인구　　 60만명 • 비경제활동인구　 10만명 • 취업자　　　　　 45만명

① 5%　　　　　　　　　　　　　② 10%

③ 15%　　　　　　　　　　　　④ 20%

⑤ 25%

14 다음 중 재정정책에 대한 설명으로 옳지 않은 것은?
★☆☆

① 재정정책은 경제안정화, 소득재분배, 시장가격기구에 의한 자원배분의 결점을 보완하는 자원배분 기능을 한다.

② 재정흑자가 발생하면 가계 소비와 기업 투자가 증가하여 총수요가 증가하는 피드백효과로 인해 전체적인 총수요도 증가한다.

③ 재정적자 발생 시 국채를 중앙은행이 인수하는 방법을 통해 자금을 조달할 경우 구축효과는 발생하지 않으나 통화공급이 증가하여 인플레이션을 유발할 수 있다.

④ 재정지출 확대의 재원을 조세를 통해 조달할 경우 소비가 감소하게 된다.

⑤ 재정정책의 시차는 길고, 시차 길이의 변동성도 크기 때문에 재량적 재정정책의 유효성에 대해서는 부정적인 견해가 존재한다.

15 다음 중 중앙은행의 본원통화 감소정책으로 옳지 않은 것은?
★☆☆

① 재화와 용역의 매도

② 국채의 매도

③ 주식의 매도

④ 외환의 매도

⑤ 은행 등 금융기관에 대한 대출

16 다음 중 통화정책에 대한 설명으로 옳지 않은 것은?
★☆☆

① 지급준비율을 올리면 은행의 대출여력이 증가하여 통화량이 증가하고, 지급준비율을 낮추면 통화량이 감소한다.

② 중앙은행이 본원통화를 공급하면 예금은행은 예금과 대출과정을 통해 예금통화를 창조하여 통화량이 증가한다.

③ 예금자의 현금보유비율이 높아지면 통화공급이 감소한다.

④ 통상 통화정책은 내부시차는 짧은 편이나, 외부시차는 길고 그 길이의 변화도 큰 편이다.

⑤ 한국은행의 경우 설정된 물가안정목표를 달성하기 위해 단기금리인 RP 금리를 운용목표로 하고 있다.

17 다음 중 대부자금에 대한 실질이자율의 결정에 대한 설명으로 옳지 않은 것은?
★☆☆

① 실질이자율이 상승하면 대부자금 공급량이 대부자금 공급곡선을 따라 증가한다.

② 가계의 저축이 증가하면 대부자금 공급이 증가한다.

③ 정치·사회·경제에 대한 미래 기대가 낙관적이거나 물가가 상승할 것으로 기대되는 경우 기업의 대부자금 공급은 감소한다.

④ 실질GDP가 증가할 경우 정부의 대부자금 수요는 증가한다.

⑤ 국내의 물가와 이자율 상승 또는 매출수익 및 이익 증가가 기대될 경우 해외부문으로부터 국내 대부자금에 대한 수요가 증가한다.

18 다음 중 환율이 상승하는 요인으로 옳은 것은?
★★☆

① 국내물가 하락

② 국내 실질이자율 상승

③ 민간수지 흑자

④ 국내 생산성 증가

⑤ 중앙은행의 외환 매입

19 원화로 엔화를 구매할 경우 다음 자료에 제시된 환율을 이용하여 교차환율을 계산한 값으로 옳은 것은?
★☆☆

> • 원달러 환율　1,200원
> • 엔달러 환율　　150엔
> • 환전금액　　100만원

① 110,000엔

② 115,000엔

③ 120,000엔

④ 125,000엔

⑤ 130,000엔

20 다음 중 경기수축국면에 나타나는 현상으로 옳지 않은 것은?
★☆☆

① 실업 증가

② 재고 누증

③ 물가상승 둔화

④ 총수요 감소

⑤ 소득분배 불균형 확대

21 다음 중 경기변동의 일반적 특징에 대한 설명으로 옳지 않은 것은?
★☆☆

① 경기변동은 반복적으로 나타나지만 그 주기는 일정하지 않다.

② 경기변동 변수들은 같은 시기에 다른 방향으로 움직이고, 변동의 크기도 각기 다르며 불규칙한 시차를 두고 변동한다.

③ 내구재 산업의 생산과 고용의 진폭은 크고 상대적으로 가격변화는 작으며, 비내구재 산업의 생산과 고용의 진폭은 작은 편이나 상대적으로 가격변화가 크다.

④ 생산성의 변동성은 GDP 변동성과 비슷하며 경기변동에 선행하는 경향이 있다.

⑤ 실업률의 변동성은 GDP 변동성보다 작고 경기역행적이며 경기변동에 후행한다.

22 다음 중 경제지표를 이용한 경기예측에 대한 설명으로 옳지 않은 것은?
★☆☆

① 경제지표를 활용하는 방법은 경기변동의 원인-결과 관계에서 원인에 해당하는 요소를 찾아 결과를 예측하고자 하는 것이다.

② 개별경제지표를 이용하는 방법은 부문별 경기동향을 파악하는 데는 유용하나 전체 경기의 움직임을 포괄적으로 파악하기는 어렵다.

③ 종합경기지표를 이용하는 방법 중 대표적인 경기종합지수는 경기변동에 민감하여 경제의 각 부문의 경기를 나타내는 대표적인 경기지수를 선정하여 이들의 움직임을 지수형태로 나타낸 것이다.

④ 경기종합지수의 구성지표는 예측하고자 하는 경제변수와의 관계가 일정해야 하며, 발표된 지표는 차후에 크게 수정되거나 변경되지 않아야 한다.

⑤ 경제지표의 증감은 실제 발생한 경기변동의 진폭과 관련성이 높다는 장점이 있다.

23 전체 100개의 업체 중 긍정적 응답을 한 업체 수는 70개, 부정적 응답을 한 업체 수는 30개라고 할 때, 기업실사지수
★★★ (BSI)를 산출한 값으로 옳은 것은?

① 80　　　　　　　　　　　　　② 100

③ 120　　　　　　　　　　　　 ④ 140

⑤ 160

24 다음 중 시계열모형을 이용한 경기예측에 대한 설명으로 옳지 않은 것은?
★★★

① 시계열모형은 관심 경제변수 간의 상관관계보다는 경제이론에 바탕을 두고 작성된다.

② 비교적 간단하고 시간과 노력 측면에서 비용이 적게 든다.

③ 지표에 영향을 미치는 경제 환경의 영향을 설명할 수 없다.

④ 종속변수를 예측하기 위해 특정한 설명변수를 사용하지 않는다.

⑤ 과거 행태가 반복되고 경제의 외부충격이 없는 경우 단기예측에 유용한 예측 방법이다.

25 다음 중 부동산물권과 동산물권의 공시방법을 옳게 짝지은 것은?
★☆☆

① 부동산 - 등기, 동산 - 등기

② 부동산 - 등기, 동산 - 점유

③ 부동산 - 점유, 동산 - 등기

④ 부동산 - 점유, 동산 - 점유

⑤ 부동산 - 소유, 동산 - 점유

26 다음 중 물권의 소멸에 대한 설명으로 옳지 않은 것은?
★☆☆

① 채권 및 소유권 이외의 재산권은 10년간 행사하지 아니하면 소멸시효가 완성된다.

② 소멸시효의 대상이 되는 물권은 지상권, 지역권, 전세권뿐이다.

③ 물권의 포기는 물권자가 자기의 물권을 포기한다는 의사표시를 하는 물권적 단독행위이다.

④ 부동산물권의 포기는 등기를 하여야 효력이 발생한다.

⑤ 후순위저당권이 있는 상태에서 선순위저당권자가 소유권을 취득한 경우에는 혼동으로 저당권이 소멸하지 않는다.

27 다음 괄호 안에 들어갈 말로 옳게 짝지은 것은?
★★☆

> (㉠)란 채권자와 채무자가 서로 같은 종류를 목적으로 하는 채권·채무를 가지고 있는 경우에 그 채무들을 대등액에서 소멸하게 하는 단독행위이고, (㉡)란 채무의 중요한 부분을 변경함으로써 신채무를 성립시키는 동시에 구채무를 소멸시키는 계약이다.

	㉠	㉡
①	변제	면제
②	상계	경개
③	경개	면제
④	상계	변제
⑤	경개	상계

28 다음 중 회사의 종류에 대한 설명으로 옳지 않은 것은?
★☆☆

① 합명회사는 회사채무에 대해서 무한·직접·연대책임을 부담하며 회사의 업무집행권과 대표권을 가지는 무한책임 사원만으로 구성된 회사형태이다.

② 합자회사는 무한책임사원과 유한책임사원으로 구성된 회사로, 무한책임사원과 유한책임사원 모두 업무집행권과 대표권을 가진다.

③ 유한책임회사는 내부적으로는 정관자치가 보장되는 조합의 실질을 갖추고 외부적으로는 투자액의 범위 내에서 유한 책임을 부담하는 주식회사의 장점을 결합하여 만들어진 회사제도이다.

④ 유한회사의 업무집행권 및 대표권은 이사에게 있고, 사원은 회사의 업무집행 및 대표에 참여할 수 없다.

⑤ 주식회사는 사원의 출자에 의한 자본금을 가진 영리법인이며, 주주는 회사채권자에 대하여 아무런 책임을 지지 않는 전형적인 물적회사이다.

29 다음 중 주식회사의 설립에 대한 설명으로 옳지 않은 것은?
★☆☆

① 설립 중의 회사는 권리능력 없는 사단이며, 그 성립시기는 정관이 작성되고 발기인이 1주 이상의 주식을 인수한 때이다.

② 주식회사의 정관은 1인 이상의 발기인이 작성해야 하며, 원시정관은 공증인의 인증을 효력발생요건으로 하고 있다.

③ 발기인이 금전출자를 하는 경우, 발기인은 주식총수를 인수하고 지체 없이 각 주식에 대하여 그 인수가액의 전액을 은행, 기타 금융기관에 납입하여야 한다.

④ 모집설립의 경우에는 출자이행절차가 완료된 때, 발기인은 창립총회를 소집하여 출석한 주식인수인의 의결권의 3분의 2 이상이며, 인수된 주식 총수의 과반수에 해당하는 다수로 이사와 감사를 선임한다.

⑤ 발기설립의 경우 주식회사의 설립등기는 검사인에 의한 변태설립사항의 조사보고 후 또는 법원의 변태설립사항의 변경처분 후 1주간 내에 하여야 한다.

30 다음 중 주식회사의 자본조달방법에 대한 설명으로 옳지 않은 것은?
★☆☆

① 신주발행은 상환주식이 아닌 자기자본이므로 일정 기간이 지나면 상환하여야 하는 부담이 없다.

② 신주인수권은 의무이므로 신주인수권자가 반드시 신주인수권을 행사하여 출자해야 한다.

③ 신주의 인수인은 납기기일에 그 인수가액의 전액을 납입하고, 현물출자를 하는 자는 납입기일에 지체 없이 목적재산을 인도 및 등기·등록에 필요한 서류를 교부하여야 한다.

④ 정관에서 신주발행을 주주총회의 권한사항으로 정하지 않는 한 이사회의 권한사항이므로 이사회의 결정만으로 자본을 증가시킬 수 있다.

⑤ 신주가 발행되면 발행주식총수 및 주식의 종류와 수의 변경이 생기고 자본의 총액이 증가하므로 변경등기를 하여야 한다.

31 다음 중 대출금 채권을 회수하는 방법인 변제와 상계에 대한 설명으로 옳지 않은 것은?
★★☆

① 연대보증인, 신용보증서 등으로 담보되는 대출을 채무자가 변제한 후 변제를 취소할 경우에는 반드시 연대보증인 또는 신용보증기금의 동의를 받아야 한다.

② 채권의 압류나 가압류 등과 같은 지급금지명령을 받은 후에 취득한 대출채권으로는 압류채권자인 제3자에게 대항할 수 없다.

③ 상계란 채권자와 채무자가 서로 같은 종류를 목적으로 하는 채권·채무를 가지고 있는 경우에 그 채무들을 대등액에서 소멸하게 하는 단독행위이다.

④ 은행여신거래기본약관은 은행이 상계를 실행하는 경우에 채권·채무의 이자 등과 자연배상금의 계산기간은 은행의 상계통지가 채무자에게 도달한 다음 날로 하도록 규정하고 있다.

⑤ 유효한 상계가 있으면 자동채권과 수동채권은 그 상계적상 서로 소급하여 대등액에 관하여 소멸한다.

32 다음 중 약관의 해석원칙에 대한 설명으로 옳지 않은 것은?
★★☆

① 약관과 개별약정이 충돌할 때에는 충돌부분에 대해서는 약관이 우선한다.

② 약관은 대중을 상대로 한 대량거래에 이용되는 것이므로 그 해석에 있어서는 직접적인 당사자들의 이해관계 외에 공공이익도 고려되어야 한다.

③ 약관은 고객에 따라 다르게 해석되어서는 안 되며 모든 고객에게 통일적으로 해석되어야 한다.

④ 약관의 뜻이 명백하지 아니하여 둘 이상의 해석이 가능한 경우에는 고객에게 유리하게, 은행에게 불리하게 해석되어야 한다.

⑤ 고객의 법률상의 지위에 중대한 영향을 미치는 약관 조항은 더욱 엄격하게 해석하여야 한다.

33 다음 중 신탁에 대한 설명으로 옳지 않은 것은?
★★☆

① 수탁자란 위탁자로부터 재산권의 이전, 기타 처분을 받아 특정의 목적에 따라 그 재산의 관리 또는 처분을 하는 자를 말한다.

② 수탁자가 신탁행위로 인하여 수익자에게 부담하는 채무는 신탁재산의 한도로 제한된다.

③ 신탁행위에 의하여 수익자로 지정된 자는 별도의 수익의 의사표시가 있어야 수익권이 발생된 시점에 수익권을 취득할 수 있다.

④ 신탁법은 수익증권을 발행하는 수탁자의 자격에 관하여 아무런 제한을 두고 있지 않다.

⑤ 신탁은 수탁자가 수익자를 위하여 신탁재산을 관리·운용할 뿐 신탁을 통해 발생하는 이익을 보장하여 주거나 원금을 보장하여 주지 않는다.

34 다음 괄호 안에 들어갈 수치로 옳게 짝지은 것은?
★☆☆

> 은행법에 따라 산업자본은 은행의 의결권 있는 주식의 (㉠)를 초과 소유할 수 없으며, 의결권이 없는 경우에도 (㉡)를 초과하여 은행의 주식을 소유할 수 없다.

	㉠	㉡
①	2%	4%
②	2%	10%
③	4%	10%
④	10%	20%
⑤	10%	25%

35 다음 중 금융투자업과 투자권유의 규제에 대한 설명으로 옳지 않은 것은?
★☆☆

① 금융투자업은 이익을 얻을 목적으로 영업활동을 하는 경우에 한하여 인정된다.

② 자본시장법에서는 금융투자업 간의 겸영을 허용하고 있어 이러한 겸영을 통해 투자은행 업무에 필요한 모든 업무를 동일회사 내에서 수행하여 시너지 효과를 창출할 수 있다.

③ 금융투자업자는 투자권유를 함에 있어서 금융투자업자의 임직원이 준수해야 할 구체적인 기준 및 절차를 정하여야 한다.

④ 파생상품 등에 대해서는 일반투자자의 투자목적, 재산상황 및 투자경험 등을 고려하여 투자자 등급별로 차등화된 투자권유준칙을 마련해야 한다.

⑤ 금융투자업자는 금융소비자보호법에서 규정하고 있는 설명의무를 위반함에 따라 발생한 일반투자자의 손해는 배상할 책임이 없다.

36 다음 중 신용카드업에 대한 설명으로 옳지 않은 것은?
★★☆

① 신용카드사는 매 분기 말 대환매출채권을 제외한 현금대출채권의 분기평균잔액이 신용판매채권의 분기평균잔액을 초과할 수 없도록 부대업무의 비중이 제한된다.

② 도난·분실된 신용카드의 부정사용으로 인해 발생한 손해는 분실·도난 등의 통지를 받은 날로부터 30일 전까지 발생한 신용카드의 사용에 대해서도 신용카드업자가 책임을 지도록 하고 있다.

③ 가맹점은 신용카드 가맹점수수료를 신용카드회원에게 전가할 수 없다.

④ 신용카드는 본인의 신청에 의해서만 발급되며 길거리 모집은 금지된다.

⑤ 가맹점 모집을 위해서는 신용카드사가 실사업장을 방문하여 개별적인 가맹점계약을 체결해야 한다.

37 다음 중 합병의 효과가 발생하는 시기로 옳은 것은?
★★☆

① 합병등기를 한 때
② 이사회결의를 한 때
③ 합병계약서를 작성한 때
④ 합병대차대조표를 공시한 때
⑤ 채권자보호절차를 진행한 때

38 다음 중 자금세탁방지제도에 대한 설명으로 옳지 않은 것은?
★☆☆

① 1일 거래일 동안 1천만원 이상의 현금을 입금하거나 출금한 경우 거래자의 신원과 거래일시, 거래금액 등 객관적 사실을 전산으로 자동 보고하도록 하고 있다.
② 의심거래보고제도는 금융거래와 관련하여 수수한 재산이 불법재산이라고 의심되는 합당한 근거가 있는 경우 이를 금융감독원장에게 보고하도록 한 제도이다.
③ 금융기관 등은 당해 금융거래가 완료되기 전까지 고객확인의무를 이행하여야 한다.
④ 실제 소유자 확인방법으로는 개인과 법인으로 구분되는데, 법인의 경우에는 의결권 있는 발행주식 총수익 25% 이상을 소유한 최대주주, 실질적으로 지배하는 자, 대표자로 파악한다.
⑤ 금융기관 등은 고객확인 및 검증을 위한 고객의 정보와 이를 검증하기 위한 문서, 자료 등이 필요하다는 것을 고객에게 공지하여야 한다.

39 다음 중 투자권유 시 금지사항에 대한 설명으로 옳지 않은 것은?
★☆☆

① 투자권유를 받은 투자자가 이를 거부하는 취지의 의사표시를 한 후 1개월이 지난 후에 다시 투자권유를 하는 행위
② 불확실한 사항에 대하여 단정적 판단을 제공하거나 확실하다고 오인하게 할 소지가 있는 내용을 알리는 행위
③ 거짓의 내용을 알리는 행위
④ 투자자로부터 금전의 대여나 그 중개·주선 또는 대리를 요청받지 아니하고 이를 조건으로 투자를 권유하는 행위
⑤ 관계법령 및 회사가 정한 절차에 따르지 아니하고 금전·물품·편익 등의 재산상의 이익을 제공하거나 제공받는 행위

40 다음 중 민감정보에 해당하지 않는 것은?
★☆☆

① 범죄경력자료
② 정치적 견해
③ 유전정보
④ 국 적
⑤ 사상·신념

제2과목 세무설계(40문항)

41
★★★
다음은 거주자에 대한 설명이다. 괄호 안에 공통으로 들어갈 기간으로 옳은 것은?

> 국내에 주소를 두거나 (   ) 이상 거소를 둔 개인을 거주자라 한다. 세법상 거주자는 국적의 유무와는 관계가 없다. 비록 외국인이라고 하더라도 국내에 주소를 두거나 (   ) 이상 거소를 두면 거주자가 된다.

① 30일
② 60일
③ 73일
④ 120일
⑤ 183일

42
★★☆
다음 중 2024년 귀속 종합소득에 대한 최고세율로 옳은 것은?

① 35%
② 38%
③ 42%
④ 45%
⑤ 50%

43
★☆☆
다음 중 종합소득이 있는 거주자의 중간예납에 대한 설명이다. 괄호 안에 들어갈 날짜로 옳은 것은?

> 종합소득이 있는 거주자는 1월 1일부터 6월 30일까지의 기간을 중간예납기간으로 하여 전년도의 종합소득에 대한 소득세의 1/2에 해당하는 금액을 (   )까지 납부하여야 한다.

① 6월 30일
② 7월 31일
③ 8월 31일
④ 9월 30일
⑤ 11월 30일

44
★★☆
다음 중 연금소득과 연금소득의 과세방법에 대한 설명으로 옳지 않은 것은?

① 연금소득은 공적연금과 사적연금으로 구분된다.
② 연금소득금액은 총연금액에서 연금소득공제액을 제외한 금액으로 한다.
③ 공적연금소득은 10% 세율로 원천징수한다.
④ 사적연금 중 종신연금은 4%의 세율로 원천징수한다.
⑤ 연금소득공제는 900만원을 한도로 한다.

45 다음 중 금융소득종합과세에 대한 설명으로 옳지 않은 것은?
★★★

① 금융소득종합과세는 가구별 금융소득 합계액이 2천만원을 초과하는 경우 그 초과금액을 다른 종합소득과 합산하여 누진세율로 과세하는 제도이다.

② 종합소득 신고 시 당초 원천징수당한 세액은 기납부세액으로 공제하기 때문에 이중과세가 되지 않는다.

③ 채권이자의 경우 보유기간별 이자상당액을 계산하여 과세한다.

④ 이자소득과 배당소득은 총수입금액이 바로 소득금액이 된다.

⑤ 금융소득의 원천징수시기는 원천징수의무자가 금융소득을 지급할 때를 원칙으로 한다.

46 다음 중 배당소득이 아닌 것은?
★★☆

① 외국법인으로부터 받는 이익이나 잉여금의 배당

② 상장법인으로부터 받는 이익이나 잉여금의 배당

③ 비상장법인으로부터 받는 이익이나 잉여금의 배당

④ 출자공동사업자의 손익분배비율에 해당하는 금액

⑤ 채권 또는 증권의 환매조건부 매매차익

47 다음 중 그로스업 대상 배당소득에 대한 가산율로 옳은 것은?
★★☆

① 7%

② 9%

③ 10%

④ 11%

⑤ 14%

48 거주자 A씨가 거래은행으로부터 예금이자 1,000만원을 수령하였을 때 그 외 다른 금융소득이 없을 경우 적용되는 세율은?
★★☆

① 6%

② 8%

③ 11%

④ 13%

⑤ 14%

49 ★☆☆ 다음은 수입시기에 대한 설명이다. 괄호 안에 들어갈 말로 옳은 것은?

> 수입시기란 이자·배당소득의 (   )(을)를 결정하는 시기를 말한다. 소득세는 1년 단위 과세를 하기 때문에 같은 연도의 수입시기에 속하는 것들을 모아서 소득세 신고를 하는 것이다. 따라서 수입시기가 언제인가를 따지는 것은 당해 연도의 소득금액과 세액을 결정짓는 역할을 하기 때문에 매우 중요하다.

① 지급시기
② 귀속연도
③ 납부시기
④ 원천징수시기
⑤ 공급시기

50 ★★☆ 거주자인 A씨는 2021년 7월 1일 3년 만기 정기적금에 가입하여 2024년 6월 30일 이자 4,000만원을 수령하였다. 해당 이자소득의 귀속연도와 과세방법에 대한 설명으로 옳은 것은?

① 해당 이자소득은 2021년 귀속이다.
② 해당 이자소득은 2022년 귀속이다.
③ 해당 이자소득은 2023년 귀속이다.
④ 해당 이자소득은 2024년 귀속이다.
⑤ 다른 종합소득과 분리하여 14%의 세율로 원천징수한다.

51 ★★★ 비거주자인 B씨는 국내에서 부동산임대업과 관련하여 받은 임대보증금을 국내은행에 예금하여 금융소득 1,500만원이 발생하였다. 해당 금융소득에 대한 과세방법으로 옳은 것은?

① 부동산임대업과 관련하여 발생한 금융소득이므로 금액의 크기에 관계없이 종합과세한다.
② 부동산임대업과 관련하여 발생한 금융소득이므로 금액의 크기에 관계없이 분리과세한다.
③ 원천징수로 납세의무가 종결된다.
④ B씨가 조세조약 체결국가의 거주자라면 제한세율을 적용한다.
⑤ B씨가 조세조약 비체결국가의 거주자라면 20%를 적용한다.

52 ★☆☆ 다음은 보험차익이 비과세되는 장기저축성보험의 요건에 대한 설명이다. 괄호 안에 들어갈 금액으로 옳은 것은?

> 계약자 1명당 납입할 보험료 합계액이 (   ) 이하인 일시납 보험으로서 최초납입일부터 만기일 또는 중도해지일까지의 기간이 10년 이상인 것

① 1억원
② 2억원
③ 3억원
④ 4억원
⑤ 5억원

53
★★☆

2024년 2월 1일 부담부증여를 하였을 경우 양도소득세 예정신고기한으로 옳은 것은?

① 2024년 2월 28일

② 2024년 3월 31일

③ 2024년 4월 30일

④ 2024년 5월 31일

⑤ 2024년 6월 30일

54
★★☆

1980년 10월 1일 취득한 토지를 2020년 11월 1일에 양도하였을 경우 토지의 취득시기로 옳은 것은?

① 1981년 1월 1일

② 1982년 1월 1일

③ 1983년 1월 1일

④ 1984년 1월 1일

⑤ 1985년 1월 1일

55
★★☆

다음은 양도차익 산정에 관한 내용이다. 괄호 안에 들어갈 말로 옳은 것은?

> 아들이 아버지로부터 증여받은 상가를 10년 이내에 양도하는 경우 취득가액은 아버지의 (   ) 실지거래가액, 매매사
> 례가액, 감정가액, 환산취득가액을 순차적으로 적용한 금액으로 한다.
> ※ 이월과세 적용 대상 자산이 아닌 것으로 가정

① 상속 당시

② 증여 당시

③ 등기접수일 당시

④ 취득 당시

⑤ 양도 당시

56
★☆☆

다음은 A씨의 2023년과 2024년의 부동산 양도 내역이다. 모든 내역에 대하여 예정신고를 적절히 하였을 경우 2024년 양도소득 과세표준 확정신고 시 양도소득금액은?

> • 2023년 2월 14일 : 양도차익 2억원
> • 2023년 5월 15일 : 양도차손 1억 2천만원
> • 2024년 1월 25일 : 양도차익 4억원
> • 2024년 4월 13일 : 양도차손 3억 5천만원
> ※ 장기보유 특별공제액은 없다고 가정

① 5천만원   ② 8천만원

③ 1억 3천만원   ④ 2억원

⑤ 6억원

57 다음 중 양도소득세 과세대상이 아닌 것은?
★★★

① 조합원입주권의 양도로 발생하는 소득

② 분양권의 양도로 발생하는 소득

③ 건설기계의 양도로 발생하는 소득

④ 지상권의 양도로 발생하는 소득

⑤ 전세권의 양도로 발생하는 소득

58 다음 중 장기보유 특별공제에 대한 설명으로 옳지 않은 것은?
★★★

① 보유기간이 3년 이상인 토지, 건물, 조합원입주권에 대하여 적용이 가능하다.

② 미등기양도자산은 장기보유 특별공제를 적용받을 수 없다.

③ 1세대 1주택이 아닌 자산에 대해선 보유기간에 대한 공제율만 적용한다.

④ 1세대 1주택인 자산에 대해선 보유기간에 대한 공제율과 거주기간에 대한 공제율을 모두 적용한다.

⑤ 장기보유 특별공제를 적용할 때 보유기간은 그 자산의 취득일이 속하는 과세기간의 시작일부터 양도일이 속하는 과세기간의 종료일까지로 한다.

59 다음은 양도소득세가 비과세되는 1세대 1주택에 대한 설명이다. 괄호 안에 들어갈 금액으로 옳은 것은?
★★☆

다음 어느 하나에 해당하는 주택과 이에 딸린 토지로서 건물이 정착된 면적에 지역별로 대통령령으로 정하는 배율을 곱하여 산정한 면적 이내의 토지의 양도로 발생하는 소득. 단, 주택과 이에 딸린 토지의 양도 당시 실지거래가액의 합계액이 ( )을 초과하는 고가주택은 제외

• 1세대가 1주택을 보유하는 경우로서 대통령령으로 정하는 요건을 충족하는 주택

• 1세대가 1주택을 양도하기 전에 다른 주택을 대체취득하거나 상속, 동거봉양, 혼인 등으로 인하여 2주택 이상을 보유하는 경우로서 대통령령으로 정하는 주택

① 9억원

② 10억원

③ 11억원

④ 12억원

⑤ 15억원

60 ★★★ 다음 중 자경농지에 대한 양도소득세 감면에 대한 설명으로 옳지 않은 것은?

① 매 5년간 2억원, 과세기간별 1억원을 한도로 감면받을 수 있다.

② 8년 이상 자경하는 경우 적용받을 수 있다.

③ 농지로부터 직선거리 50km 이내의 지역에 8년 이상 거주해야 적용받을 수 있다.

④ 농작업에 상시 종사하거나 농작업의 1/2 이상을 자기의 노동력에 의해 경작 또는 재배하는 경우 자경에 해당한다.

⑤ 피상속인 또는 거주자의 사업소득금액과 총급여액의 합계액이 3,700만원 이상인 과세기간이 있는 경우 그 기간은 경작한 기간에서 제외한다.

61 ★★★ 다음 〈보기〉가 설명하고 있는 제도의 명칭으로 옳은 것은?

――――――――――――― 〈보 기〉 ―――――――――――――

상속인이 될 직계비속 또는 형제·자매가 상속개시 전에 사망하거나 결격자가 된 경우에 그 직계비속이 있는 때에는 그 직계비속이 사망하거나 결격된 자의 순위에 갈음하여 상속인이 된다.

① 사인증여

② 유 증

③ 유류분

④ 대습상속

⑤ 한정승인

62 ★☆☆ 다음 중 상속세의 과세가액에 차감하는 금액에 대한 설명으로 옳지 않은 것은? (단, 피상속인은 거주자이다.)

① 피상속인의 사망일로부터 장례일까지 장례에 직접 소요된 일반장례비용에 대하여 최소 500만원에서 최대 1천만원까지 과세가액에서 차감한다.

② 일반장례비용과 별도로 봉안시설 또는 자연장지의 사용에 소요된 금액에 대하여 500만원 한도로 과세가액에서 차감한다.

③ 상속개시일 현재 피상속인이 납부할 의무가 있는 것으로서 상속인에게 승계된 조세, 공공요금, 기타 이와 유사한 공과금은 과세가액에서 차감한다.

④ 상속개시일 이후 상속인의 귀책사유로 납부하였거나 납부할 가산세, 가산금, 강제징수비, 벌금, 과료, 과태료 등은 과세가액 차감금액에 속하지 아니한다.

⑤ 상속개시일 전 10년 이내에 피상속인이 상속인에게 진 증여채무와 상속개시일 전 5년 이내에 피상속인이 상속인이 아닌 자에게 진 증여채무는 과세가액에서 차감한다.

63
★★☆
거주자인 피상속인의 재산상황 등이 다음과 같을 경우 상속세 과세가액은 얼마인가? (단, 모든 금액은 증빙 등에 의하여 그 사실이 확인되었다.)

- 상속재산가액
  - 토지 : 5억원
- 장례비용
  - 일반장례 비용 : 1천 5백만원
  - 봉안시설 비용 : 1천만원
- 채 무
  - 은행차입금(토지 담보) : 3억원
  - 차입금에 대한 미납이자 : 5백만원
※ 상속개시일 이후 상속인의 귀책사유로 인한 강제징수비 2천만원이 발생하였다.
---

① 1억 5천만원
② 1억 6천만원
③ 1억 7천만원
④ 1억 8천만원
⑤ 2억원

64
★★★
다음 상속공제 중 일괄공제에 대한 설명이다. 괄호 안에 들어갈 금액으로 옳은 것은? (단, 피상속인은 거주자이다.)

배우자 단독상속인 아닌 경우 상속인은 기초공제와 기타인적공제에 따른 공제액을 합친 금액과 (　　　) 중 큰 금액으로 공제받을 수 있다.
---

① 1억원
② 2억원
③ 3억원
④ 4억원
⑤ 5억원

65
★★★
거주자인 나사망 씨가 사망하면서 재산(5억원)의 전부를 1년 전 재혼한 김미녀 씨에게 유증한 경우 나사망 씨의 유일한 직계비속인 나혼자 씨가 청구하여 받을 수 있는 유류분 금액은 얼마인가?

① 5억원
② 2억 5천원
③ 2억원
④ 1억원
⑤ 없 음

66 다음 중 상속세 및 증여세의 세율에 대한 설명으로 옳지 않은 것은?
★★☆

① 최저세율은 10%로 동일하다.

② 최고세율은 50%로 동일하다.

③ 역진세율 구조로 동일하다.

④ 5단계 구조로 동일하다.

⑤ 상속세 및 증여세의 과세표준에 세율을 적용한다.

67 다음은 상속세의 연납연부에 대한 설명이다. 괄호 안에 들어갈 금액으로 옳은 것은?
★★☆

> 납세지 관할세무서장은 상속세 납부세액이 (   )을 초과하는 경우에는 납세의무자의 신청을 받아 연부연납을 허가할 수 있다. 이 경우 납세의무자는 담보를 제공하여야 하며, 국세징수법의 규정에 따른 납세담보를 제공하여 연부연납 허가를 신청하는 경우에는 그 신청일에 연부연납을 허가받은 것으로 본다.

① 1천만원

② 2천만원

③ 3천만원

④ 4천만원

⑤ 5천만원

68 피상속인 김시대 씨의 총상속재산가액 100억원 중 70억원을 배우자인 이미인 씨가 실제 상속받은 경우 배우자상속공
★★☆ 제액은 최대 얼마인가? (단, 피상속인과 상속인 모두 거주자이며, 상속인은 배우자인 이미인 씨와 자녀 김백수 씨로 총 2인이다.)

① 100억원

② 70억원

③ 60억원

④ 30억원

⑤ 5억원

69 김시대 씨가 사망 1년 전에 본인 소유의 토지를 15억원에 처분하였고 토지 처분액 중 5억원의 사용처는 명백히 소명되
★★☆ 었다. 이 경우 토지 처분액 중 상속세 과세가액에 합산되는 금액은 얼마인가?

① 10억원

② 9억원

③ 8억원

④ 7억원

⑤ 5억원

70
★☆☆

다음은 증여세의 과세 관할에 대한 설명이다. 괄호 안에 들어갈 말로 옳게 짝지은 것은?

> 증여세는 원칙적으로 (㉠)를 관할하는 세무서장등이 과세하지만, 수증자가 비거주자이거나 수증자의 주소 및 거소가 분명하지 아니한 경우 (㉡)를 관할하는 세무서장등이 과세하며, 수증자와 증여자 모두 주소 또는 거소가 분명하지 아니한 경우 혹은 수증자와 증여자가 모두 비거주자인 경우에는 (㉢)를 관할하는 세무서장등이 과세한다.

	㉠	㉡	㉢
①	증여자의 주소지	수증자의 주소지	증여재산의 소재지
②	증여자의 주소지	증여재산의 소재지	수증자의 주소지
③	수증자의 주소지	증여자의 주소지	증여재산의 소재지
④	수증자의 주소지	증여재산의 소재지	증여자의 주소지
⑤	증여재산의 소재지	증여자의 주소지	수증자의 주소지

71
★★☆

다음 중 합산배제 증여재산에 속하지 않는 것은?

① 재산 취득 후 자산가치 증가에 따른 이익
② 주식 등의 상장 등에 따른 이익
③ 합병에 따른 상장 등 이익
④ 명의신탁재산의 증여의제
⑤ 특수관계자의 금전무상대부에 따른 이익

72
★★☆

아버지가 아들에게 시가 10억원(취득가액 5억원)의 토지를 증여하고자 한다. 해당 토지를 담보한 은행차입금이 4억원이 존재하는 경우 아들의 증여세과세가액은 얼마인가? (단, 아들이 해당 토지 및 그 은행차입금 전부를 인수한 것으로 본다.)

① 10억원　　　　　　　　　② 6억원
③ 5억원　　　　　　　　　④ 1억원
⑤ 해당 금액 없음

73
★★☆

이시대 씨가 소유한 상가(시가 30억원)를 친구인 김대박 씨에게 25억원에 매도한 경우 발생하는 증여재산가액은 얼마인가? (단, 김대박 씨의 지급사실은 모두 입증하였다.)

① 30억원　　　　　　　　　② 27억원
③ 25억원　　　　　　　　　④ 10억원
⑤ 해당 금액 없음

74 다음은 재산취득자금의 증여추정에 대한 설명이다. 괄호 안에 들어갈 것으로 옳게 짝지은 것은?

★☆☆

> 재산 취득자의 직업·연령·소득 및 재산상태 등으로 보아 자력으로 취득하였다고 인정하기 어려운 경우 재산 취득액
> 중 자금출처가 입증되지 않은 금액을 증여로 추정한다. 단, 입증되지 않은 금액이 Min(㉠, ㉡)에 미달하는 경우에는
> 제외한다.

	㉠	㉡
①	취득재산가액의 20%	2억원
②	취득재산가액의 20%	3억원
③	취득재산가액의 30%	2억원
④	취득재산가액의 30%	3억원
⑤	취득재산가액의 30%	3억원

75 다음 중 상속재산 및 증여재산의 평가에 대한 설명으로 옳지 않은 것은?

★★★

① 원칙적으로 상속재산의 평가는 상속개시일 현재의 시가로 평가한다.

② 원칙적으로 증여재산의 평가는 증여일 현재의 시가로 평가한다.

③ 상속재산에 가산하는 증여재산의 평가는 평가기준일인 상속개시일 현재의 시가이다.

④ 상속재산의 경우 상속개시일 전후 6개월 이내의 기간 중 매매·감정·수용·경매 또는 공매가 있는 경우 확인되는
가액을 시가로 한다.

⑤ 증여재산의 경우 증여일 전 6개월부터 증여일 후 3개월까지의 기간 중 매매·감정·수용·경매 또는 공매가 있는
경우 확인되는 가액을 시가로 한다.

76 다음 상속세 및 증여세 부담을 완화하기 위한 설명 중 옳지 않은 것은?

★★☆

① 상속세의 경우 배우자가 있고 상속재산이 10억원 이하이면 사전증여하지 않는 것이 좋다.

② 증여세는 수증자별, 증여자별로 과세되는 것을 충분히 활용하는 것이 좋다.

③ 고평가된 재산을 증여하는 것이 좋다.

④ 취득가액이 작아서 양도차익이 크게 산정된 경우가 아니라면 부담부증여를 고려하는 것이 좋다.

⑤ 전문가의 검증을 받는 것이 좋다.

77
★★★

취득가액이 얼마 이하인 경우에 취득세를 부과하지 않는가?

① 100만원

② 80만원

③ 60만원

④ 50만원

⑤ 30만원

78
★★☆

다음 중 재산세 납부기간으로 옳지 않은 것은?

① 토지 : 매년 9월 16일부터 9월 30일까지

② 건축물 : 매년 7월 16일부터 7월 31일까지

③ 주택 : 매년 9월 16일부터 9월 30일까지

④ 선박 : 매년 7월 16일부터 7월 31일까지

⑤ 항공기 : 매년 7월 16일부터 7월 31일까지

79
★★☆

종합부동산세에 대하여 관할세무서장은 납부하여야 할 종합부동산세의 세액을 결정하여 해당 연도의 언제부터 언제까지 부과 및 징수하여야 하는가?

① 1월 1일부터 1월 15일까지

② 3월 1일부터 3월 15일까지

③ 6월 1일부터 6월 15일까지

④ 9월 1일부터 9월 15일까지

⑤ 12월 1일부터 12월 15일까지

80
★★☆

다음 중 재산세, 취득세, 종합부동산세에 대한 설명으로 옳지 않은 것은?

① 재산세와 종합부동산세의 과세기준일은 6월 1일로 동일하다.

② 취득세 과세표준은 취득자가 신고한 취득 당시의 가액이다.

③ 과세기준일 현재 토지분 재산세의 납세의무자는 종합부동산세를 납부할 의무가 없다.

④ 재산세와 종합부동산세는 납부세액이 250만원을 초과하는 경우 분할납부할 수 있다.

⑤ 취득세는 면세점이 존재하고 재산세와 종합부동산세는 세부담 상한선이 존재한다.

제3과목 보험 및 은퇴설계(20문항)

81 다음 중 위험관리기법에 대한 설명으로 옳지 않은 것은?
★★★

① 보험가입은 외부조달체계에 속하며, 보험에 가입하면 손해복구자금을 신속하게 조달할 수 있다.

② 고빈도・고강도 위험은 개인과 기업의 생존을 위협할 수 있기 때문에 위험 그 자체를 회피하는 위험회피기법이 제일 바람직하다.

③ 고빈도・저강도 위험에 대비한 손해복구자금의 경우에는 자체조달보다는 외부조달이 바람직하다.

④ 저빈도・고강도 위험은 위험이 자주 발생하지는 않지만 발생할 경우 치명적이기 때문에 자체조달보다는 외부조달이 효과적이다.

⑤ 저빈도・저강도 위험은 경상비 등을 활용하여 자체적으로 손해복구가 가능하다.

82 보험의 원리 중 다음 〈보기〉가 설명하는 것은?
★★☆

─────── 〈보 기〉 ───────

보험계약자는 연령이나 병력 등 개별 계약자의 위험을 측정한 후 개별 위험에 상응하는 보험료를 납부해야 한다.

① 수지상등의 원칙   ② 급부반대급부 균등의 원칙
③ 대수의 법칙   ④ 실손보상의 법칙
⑤ 근인주의 원칙

83 다음 중 보험계약의 특성에 대한 설명으로 옳지 않은 것은?
★☆☆

① 보험계약은 쌍무계약이자 유상계약이다.

② 보험료의 선지급이 없어도 보험계약은 유효하게 성립한다.

③ 보험료의 최초 납입이 없어도 보험자의 책임의무가 개시된다.

④ 보험계약은 당사자 쌍방의 의사표시 합치만으로도 성립한다.

⑤ 사행계약의 특성을 지닌 보험계약은 우연성을 전제로 한다.

84 다음 〈보기〉가 설명하는 보험은?
★★☆

─────── 〈보 기〉 ───────

피보험자의 사망 이후 지급될 사망보험금을 중대한 질병에 걸리거나 중대한 수술을 하게 되는 경우 50~80%를 선지급하고, 사망 시에는 잔여보험금을 지급한다.

① CI보험   ② 유니버설보험
③ 종신보험   ④ 연금보험
⑤ 변액보험

85 다음 중 보험상품 분류에 대한 설명으로 옳지 않은 것은?
★★☆

① 특별계정보험에는 연금저축, 퇴직보험, 퇴직연금, 변액보험 등이 포함된다.
② 단체보험은 개인보험보다 보험료가 비교적 저렴하다.
③ 저축성보험은 생존 시 지급되는 보험금의 합계액이 이미 납입한 보험료를 초과하여 지급되지 않는다.
④ 생존보험은 보험 기간 중에 피보험자가 사망한 경우에는 보험금이 지급되지 않는다.
⑤ 단생보험은 피보험자가 1인이고, 연생보험은 피보험자가 2인 이상이다.

86 다음 중 제3보험에 대한 설명으로 옳지 않은 것은?
★★★

① 제3보험은 상법상 인보험 영역에 해당한다.
② 상해보험, 질병보험, 간병보험으로 구분할 수 있다.
③ 상해사고는 우연성, 외래성, 급격성의 특징을 지닌다.
④ 암보험은 보험계약일로부터 60일이 지난날의 다음날부터 보장을 받을 수 있다.
⑤ 간병보험은 종신형이다.

87 주택화재보험을 다음 자료와 같이 가입했다. 손해가 발생한 경우 지급보험금은?
★★☆

보험가입금액	4,000만원
보험가액	1억원
손해액	1억원

① 1,000만원   ② 2,000만원
③ 3,000만원   ④ 4,000만원
⑤ 8,000만원

88 다음은 저축성보험의 비과세 요건이다. 괄호 안에 들어갈 금액으로 옳은 것은?
★★☆

월 적립식 장기 저축성보험의 경우 보험료 납입기간이 5년 이상, 월 보험료 (　　　) 이하, 계약기간 10년 이상일 경우 비과세 요건에 해당한다. 〈2017년 4월 1일 이후 가입기준〉

① 100만원   ② 150만원
③ 200만원   ④ 250만원
⑤ 300만원

89 ★★★ 다음은 수익자가 장애인인 보험금에 대한 설명이다. 괄호 안에 들어갈 금액으로 옳은 것은?

> 장애인이나 상이자를 수익자로 하는 장애인 전용 보험금에 대해 연간 (   ) 한도로 증여세를 비과세한다.

① 1,000만원

② 2,000만원

③ 3,000만원

④ 4,000만원

⑤ 5,000만원

90 ★★☆ 다음 중 보험 계약체결 시 고객의 저항심리와 거절을 대하는 자세로 옳지 않은 것은?

① 고객은 손쉬운 결정을 하고 싶어 하기 때문에 "예"가 아닌 "아니오"로 말한다.

② 고객의 질문에 모르는 것은 최대한 시간을 끌어서 응대해야 한다.

③ 고객은 아무 이유 없이 보험가입을 회피하거나 반대하는 경우가 있다.

④ 충분히 가입 여력이 있다고 여기고 고객의 입장을 지나치게 고려할 필요는 없다.

⑤ 고객의 의도를 정확하게 파악해야 계약체결이 쉬워진다.

91 ★★☆ 다음 중 은퇴환경의 변화에 대한 설명으로 옳지 않은 것은?

① 노인빈곤율이란 소득이 중위소득의 50% 미만에 해당하는 노인가구의 비율을 말하며, 우리나라는 OECD 국가 중 상당히 높은 수준에 달한다.

② 최빈 사망연령이 90대가 되는 시점을 100세 시대라 한다.

③ 건강수명이란 성별·연령별 사망률이 현재 수준으로 유지된다고 가정했을 때 0세 출생자가 향후 몇 년을 더 생존할 것인가를 통계적으로 추정한 기대치이다.

④ 선진국에서는 기대수명보다 건강수명이 훨씬 더 중요하게 활용되고 있다.

⑤ 기대여명이란 특정 연령의 사람이 앞으로 얼마나 더 살 것인지 기대되는 생존연수이며, 은퇴설계 시 중요한 참고지표가 된다.

92 ★★☆ 다음 중 노후에 대한 인식 변화에 대한 설명으로 옳지 않은 것은?

① 액티브 에이징은 활동적인 노화를 의미하는 것으로, 인구고령화 문제의 해법으로 제시되었다.

② 제3기 인생이란 건강이 나빠져 다른 사람의 도움을 받게 되는 약 10년 정도의 '의존의 시기'를 의미한다.

③ 제3기 인생을 어떻게 보내느냐가 행복한 노후의 갈림길이 될 수 있다.

④ 앙코르 커리어란 은퇴 후 자아실현을 할 수 있는 인생 후반기의 일자리를 의미한다.

⑤ 종활의 영역에서 가장 대표적으로 주목받는 것이 엔딩노트의 작성이다.

93 다음 중 은퇴자금 설계 시 고려해야 할 주요 포인트로 옳지 않은 것은?
★★☆

① 은퇴 크레바스란 은퇴 후 연금을 받기 전까지 생기는 소득 공백 기간을 말한다.

② 노후자금 준비를 하는 적립 단계에서는 목적별로 계좌를 만들어 계획적으로 자금을 관리해야 효과가 극대화된다.

③ 퇴직연금, 개인연금 등 사적 연금상품은 최대한 인출시기를 앞당기는 것이 유리하다.

④ 부동산을 활용해 노후자금을 준비할 때 가장 큰 것이 유동성 리스크이다.

⑤ 은퇴설계를 할 때 남편이 사망한 후 홀로 사는 아내를 위한 비용 준비도 해야 한다.

94 다음 중 노후 준비에서의 고령자 주거지 선택에 대한 설명으로 옳지 않은 것은?
★☆☆

① 병원과의 접근성이 좋은 지역을 선택해야 한다.

② 대중교통을 이용하기 편리한 역세권이나 노인복지관 등 공공시설 접근성이 좋은 주거지를 선택해야 한다.

③ 본인의 사회활동보다는 부부만의 조용한 시간을 위해 전원주택을 선택한다.

④ 유니버설 디자인(Universal Design)은 고령자가 거주 공간에서 다치지 않고 오랫동안 건강하게 생활할 수 있도록 도와준다.

⑤ 배리어 프리는 거동이 불편한 고령자나 장애인들이 편하게 살 수 있도록 주택이나 건물, 도시의 물리적·제도적 장벽을 제거하는 것이다.

95 다음 중 노후소득보장 제도의 도입 순서로 옳은 것은?
★★☆

> (ㄱ) 개인연금제도
> (ㄴ) 퇴직연금제도
> (ㄷ) 국민연금제도
> (ㄹ) 기초연금제도
> (ㅁ) 개인형 퇴직연금제도(IRP)

① (ㄴ) → (ㄱ) → (ㄷ) → (ㄹ) → (ㅁ)
② (ㄴ) → (ㄱ) → (ㄹ) → (ㄷ) → (ㅁ)
③ (ㄷ) → (ㄱ) → (ㄴ) → (ㄹ) → (ㅁ)
④ (ㄷ) → (ㄱ) → (ㄴ) → (ㅁ) → (ㄹ)
⑤ (ㄹ) → (ㄷ) → (ㄱ) → (ㄴ) → (ㅁ)

96 다음 중 퇴직연금제도에 대한 설명으로 옳지 않은 것은?
★★☆

① 현재 근로자를 고용한 모든 기업은 퇴직금제도와 퇴직연금제도 중 한 개 이상의 제도를 의무적으로 도입해야 한다.

② 확정기여형 제도는 연간 임금총액의 12분의 1 정도로, 기업이 부담하는 부담금 수준은 일정하다.

③ 확정급여형 제도는 퇴직연금 운용에 대한 모든 책임을 회사가 부담하기 때문에 상대적으로 안전하게 노후자금을 확보할 수 있다.

④ 급여상승률보다는 운용수익률이 높을 것이라고 기대되면 확정기여형이 유리하다.

⑤ 장기근속 가능성이 높고 임금인상률이 높으면 확정기여형이 유리하다.

97 퇴직연금 중 DC형과 IRP의 중도인출 조건이 아닌 것은?
★★☆

① 무주택자인 가입자가 본인의 명의로 주택을 구입하는 경우

② 무주택자인 가입자가 주거 목적인 전세나 임차보증금을 상환하는 경우

③ 근로자 또는 근로자의 배우자 그리고 부양가족이 질병 또는 부상으로 1년 이상의 요양을 필요로 하고 근로자가 요양비용을 부담하는 경우

④ 과거 5년 이내에 근로자가 파산선고 또는 개인회생절차개시 결정을 받은 경우

⑤ 천재지변 등으로 피해를 입는 등 고용노동부 장관이 정하는 사유에 해당하는 경우

98 은퇴설계 프로세스 중 첫 만남 시 고려해야 할 사항이 아닌 것은?
★★☆

① 몸가짐, 매너, 언행 등이 전문가다워야 한다.

② 고객 의견에 공감하는 자세를 가져야 한다.

③ 상담장소는 사람이 많은 오픈된 곳이어야 하고, 밝고 청결해야 한다.

④ 수수료 등의 제반 비용에 대해 구체적으로 공개해야 한다.

⑤ 상담 시에는 핸드폰을 끄고 고객에게 집중하는 모습을 보여야 한다.

99 은퇴설계 프로세스 중 가계 대차대조표 분석에 대한 설명으로 옳지 않은 것은?
★★☆

① 모든 금융자산을 예적금만으로 운용하면 인플레이션에 대비할 수 없다.

② 노후 준비를 위한 연금상품에 가입하고 있는지 검토해야 한다.

③ 높은 수익률을 얻기 위해 주식이나 주식형 펀드에 집중해서 투자해야 한다.

④ 노후에는 부동산 비중을 줄이고 연금자산을 늘려야 한다.

⑤ 고령자일 경우에는 상속이나 증여를 감안하여 자산을 구성해야 한다.

100 다음 중 은퇴설계 제안서 작성 시 옳지 않은 것은?
★☆☆

① 전문용어는 최대한 많이 사용하는 것이 좋다 .

② 긴 문장은 최대한 짧게 만든다.

③ 중요한 부분이나 결론은 밑줄이나 색깔로 강조한다.

④ 표나 데이터는 반드시 제목을 붙인다.

⑤ 제안서 본문에는 중요한 부분을 간결하게 기입하는 것이 중요하다.

06　정답 ③

① 청년기 - 첫 직장잡기, 결혼자금 마련
② 가족형성기 - 첫 자녀 출생 준비자금 마련, 자동차 구매자금 마련
④ 자녀성장기 - 자녀들의 교육자금 및 결혼자금 마련, 주택확장자금 마련
⑤ 가족축소기 - 노후자금 마련, 기타 목적자금 마련

핵심개념 생애주기 단계

청년기 → 가족형성기 → 자녀양육기 → 자녀성장기 → 가족축소기 → 은퇴 및 노후기

07　정답 ①

고객과의 깊은 신뢰감을 쌓을 수 있는 방법은 직접면담이다. 직접면담은 고객의 인생관이나 성향·경험 등에 대해 파악할 기회를 가지게 되어 고객을 잘 이해할 수 있고, 이런 과정을 통해 자산관리사와 고객은 더욱 깊은 신뢰감을 쌓을 수 있다.

핵심개념 고객 정보수집 방법별 특징

구 분	내 용
직접면담	• 재무적·비재무적 정보 등 많은 자료 수집 가능 • 고객의 인생관이나 성향, 경험 등에 대한 파악을 통해 고객을 잘 이해할 수 있음 • 고객과의 신뢰 증대
설문서	• 빠른 정보수집이 가능하여 시간 절약 • 고객의 생각이 잘 반영됨 • 고객의 정보를 정확하게 점검 가능
인터넷	• 시간과 비용 절약 • 고객과의 쌍방향 의사소통 극대화 • 상담업무의 효율성 증대
전 화	• 이미 수집한 정보 중 간단한 질문이 필요할 경우 사용 • 답변에 대한 확인이 필요한 경우 유용함

08　정답 ②

자산부채상태표는 재무상태 변동의 결과를 표시하고, 현금흐름표는 재무상태 변동의 원인을 표시한다.

핵심개념 자산부채상태표와 현금흐름표의 비교

구 분	자산부채상태표	현금흐름표
구 성	자산 = 부채 + 순자산	현금유입 = 현금유출
개 념	일정 시점 가계의 자산, 부채, 순자산의 상태를 나타냄	일정 기간 동안 개인 및 가계의 현금유입과 현금유출의 현황을 보여줌
내 용	• 재무상태 변동의 결과를 표시 • 자산 및 부채의 전체 규모 표시	• 재무상태 변동의 원인을 표시 • 총소득과 총지출의 규모를 통해 저축 및 투자금액을 알 수 있음

09　정답 ①

너무 많은 대안을 나열하지 말아야 한다.

핵심개념 재무설계 절차 6단계

• 1단계 : 고객과의 관계 정립
• 2단계 : 고객 정보수집 및 재무목표 설정
• 3단계 : 고객의 재무상태 분석 및 진단
• 4단계 : 제안서 작성 및 대안 수립 제시
• 5단계 : 재무설계안에 대한 실행
• 6단계 : 정기점검 및 사후관리

10　정답 ④

고객에 관한 사항으로는 고객의 신상 변화뿐만 아니라 가족의 신상 변화(사망, 출생, 결혼, 이혼 등), 고객의 건강상태 및 수입원 변화 등을 점검한다.

11　정답 ①

가계부문의 기능

• 생산물시장에서 기업이 생산하거나 해외에서 수입한 재화와 용역의 수요
• 요소시장에서 생산요소(천연자원, 자본, 노동, 기업가 등)를 공급
• 대부자금시장에서 대부자금의 공급(저축)
• 정부에 조세 납부

핵심개념 거시경제의 주체별 기능

구 분	내 용
가계부문	• 생산물시장 : 재화와 용역의 수요 • 요소시장 : 생산요소의 공급 • 대부자금시장 : 대부자금의 공급 • 정부부문 : 조세의 납부
기업부문	• 생산물시장 : 재화와 용역의 공급, 자본재의 수요(투자) • 요소시장 : 생산요소의 수요 • 대부자금시장 : 대부자금의 수요
정부부문	• 생산물시장 : 공공재의 공급, 재정지출을 통한 재화와 용역의 수요 • 가계부문 : 조세의 징수
해외부문	• 생산물시장과 외환시장 　- 수출 : 국내에서 생산된 재화와 용역에 대한 수요 　- 수입 : 해외에서 생산된 재화와 용역의 공급 • 외환시장과 대부자금시장 : 대부자금의 공급과 수요
중앙은행	대부자금시장과 외환시장 : 통화량과 이자율의 조절

12
정답 ④

환율이 상승하여 수입원자재 등 생산요소가격이 상승하면 총공급이 감소하여 단기 총공급곡선이 좌측으로 이동한다.

핵심개념 단기 총공급곡선의 이동 요인

구 분	내 용
우측 이동 요인	• 경제활동인구의 증가 • 투자를 통한 자본량의 증가 • 기술 향상에 의한 요소생산성 향상 • 임금 등 생산요소가격 하락 • 총수요 증가 예상 • 신기술 개발 등의 긍정적 공급충격
좌측 이동 요인	• 기대인플레이션 상승에 따른 임금 상승 • 환율 상승에 따른 수입원자재 등 생산요소가격 상승 • 자연재해 등 부정적 공급충격

13
정답 ③

실질이자율이 상승하면 소비지출이 감소하여 총수요곡선이 좌측으로 이동하기 때문에 총수요가 감소한다.

핵심개념 총수요에 영향을 미치는 요인(총수요곡선의 이동)

구 분		내 용
총수요 증가 요인 (총수요곡선 우측이동)	소비지출	• 가계의 부, 실질소득의 증가 • 물가상승 기대 • 실질소득 증가 기대 • 실질이자율 상승 기대
	국내총투자	• 기술의 발전 • 실질소득의 증가 • 물가상승 기대 • 실질소득 증가 기대 • 실질이자율 상승 기대
	재정지출	• 재정지출 증가
	순수출	• 환율 상승 • 상대국 실질국민소득의 상대적 증가 • 자국의 관세 등 실효적 무역장벽 강화
총수요 감소 요인 (총수요곡선 좌측이동)	소비지출	• 가계의 부채 증가 • 실질이자율 상승 • 소득세 등 조세부담 증가
	국내총투자	• 실질이자율 상승 • 기업에 대한 조세부담 증가 • 조세부담 증가 기대
	재정지출	• 재정지출 감소
	순수출	• 상대물가의 상승 • 자국의 실질이자율 상승

14
정답 ④

채권자로부터 채무자에게 부가 재분배된다.

15
정답 ④

• 전체인구 1,000만명 = 비노동가능인구 300만명 + 노동가능인구
• 노동가능인구 700만명 = 비경제활동인구 200만명 + 경제활동인구
• 경제활동인구 500만명 = 실업자 + 취업자 400만명
  따라서 실업자 = 100만명이므로,

• 실업률 = $\dfrac{실업자}{경제활동인구} \times 100 = \dfrac{100만명}{500만명} \times 100 = 20\%$

• 경제활동참가율 = $\dfrac{경제활동인구}{노동가능인구} \times 100 = \dfrac{500만명}{700만명} \times 100$
  = 71.4%

※ 고용률 공식

$$고용률 = \dfrac{취업자}{노동가능인구} \times 100$$

16
정답 ②

국채를 공개시장에서 매각하여 자금을 조달할 경우 대부자금시장에서 이자율이 상승하여 민간부문의 소비지출과 투자지출이 감소하는 것을 구축효과라고 한다. 국채를 중앙은행이 인수할 경우에는 구축효과가 발생하지 않으나, 통화공급이 증가하여 인플레이션을 유발할 수 있다.

17
정답 ③

통화지표의 구성
• M_1(협의통화) = 현금통화 + 요구불예금 + 수시입출금식예금
• M_2(광의통화) = M_1 + 정기예·적금 + 시장형금융상품 + 실적배당형금융상품 + 기타 예금 및 금융채
• L_f(금융기관유동성) = M_2 + 2년 이상 장기금융상품 + 생명보험계약준비금 및 증권금융예수금
• $L = L_f$ + 기타 금융기관 상품 + 국채·지방채 + 회사채·CP

18
정답 ⑤

외환시장에서 외환을 매입하면 본원통화가 증가하여 통화공급이 증가한다.

19　　　정답 ⑤

환율이 하락하면 수출채산성이 악화된다.

핵심개념 환율변동의 영향 비교

환율 하락	환율 상승
• 수출채산성 악화	• 수출채산성 호전
• 수출 감소	• 수출 증가
• 수입상품가격 하락	• 수입상품가격 상승
• 수입 증가	• 수입 감소
• 수입원자재가격 하락	• 수입원자재가격 상승
• 물가 안정	• 물가 상승
• 외화표시외채 원리금상환 부담 감소	• 외화표시외채 원리금상환 부담 증가

20　　　정답 ③

정부가 재정지출을 감소시켜 긴축재정정책을 시행하면 소비가 감소하고 저축이 증가한다.

21　　　정답 ①

총체적인 국민경제의 활동수준이 장기추세선을 따라 상하로 반복적·불규칙적·비체계적으로 변동하는 것을 의미한다.

22　　　정답 ②

내구재 산업의 생산과 고용의 진폭은 크고 상대적으로 가격변화는 작다. 반면 비내구재 산업의 생산과 고용의 진폭은 작은 편이나 상대적으로 가격변화가 크다.

23　　　정답 ④

㉠·㉡ 경기역행적 지수
㉢·㉣·㉤ 경기순응적 지수

핵심개념 경기순응적 지수와 경기역행적 지수

경기순응적 지수	• 총수요 : 가계소비, 기업투자, 조세, 수입 • 물가 : 소비자물가지수, 생산물가지수, GDP디플레이터 • 노동 : 고용률, 노동생산성, 실질임금 • 통화지표 : 본원통화, 통화공급, 신용, 통화유통속도 • 이자율 : 단기이자율, 장기이자율
경기역행적 지수	• 총수요 : 재고, 정부이전지출 • 노동 : 실업률 • 기업 : 기업도산율, 어음 등 부도율 • 이자율 : 실질이자율

24　　　정답 ⑤

소비재수입액은 후행지수에 해당한다.

핵심개념 경기종합지수의 구성지표

구 분	내 용
선행종합지수	재고순환지표(제조업), 경제심리지수, 기계류내수출하지수, 건설수주액, 코스피, 장단기금리차, 수출입물가비율
동행종합지수	비농림어업취업자수, 건설기성액, 서비스업생산지수, 소매판매액지수, 내수출하지수, 수입액
후행종합지수	취업자수, 생산자제품재고지수, 소비자물가지수변화율, 소비재수입액, CP유통수익률

25　　　정답 ④

기업실사지수(BSI)

$$= \frac{(긍정적\ 응답업체\ 수 - 부정적\ 응답업체\ 수)}{전체\ 응답업체\ 수} \times 100 + 100$$

$$= \frac{(70-30)}{100} \times 100 + 100$$

$$= 140$$

26　　　정답 ③

저당권은 담보물권에 해당한다.

핵심개념 용익물권의 종류

구 분	내 용
지상권	건물, 기타의 공작물이나 수목을 소유하기 위해 타인의 토지를 사용할 수 있는 물권
지역권	자기 토지의 가치를 증대시키기 위해 다른 사람의 토지를 이용하는 용익물권(예 통행지역권, 용수지역권, 전선로 부설을 위한 지역권, 조망·일조지역권 등)
전세권	전세금을 지급하고 다른 사람의 부동산을 점유하여 그 부동산의 용도에 따라 사용·수익하고, 전세권이 소멸하면 목적부동산으로부터 우선변제를 받을 수 있는 물권

27　　　정답 ①

② 상계 : 채권자와 채무자가 서로 같은 종류를 목적으로 하는 채권, 채무를 가지고 있는 경우에 그 채무들을 대등액에서 소멸하게 하는 단독행위이다.
③ 면제 : 채권자가 일방적인 의사표시로 채무자의 채무를 대가 없이 면하여 주는 것이다.
④ 변제 : 채무자가 채무의 내용인 급부를 실현하는 것, 즉 은행의 채무자가 대출을 상환하는 것을 의미한다.
⑤ 혼동 : 채무자가 채권을 양수한 경우로, 채권과 채무가 동일인에게 귀속하는 사실을 말한다.

28 정답 ②

저당권과 근저당권은 성립과 소멸에 있어서 차이가 있는데, 성립에 있어서 저당권은 특정의 채권을 담보하는 것을 목적으로 설정되며, 근저당권은 일정한 범위에 속하는 불특정의 채권을 일정한 최고액을 한도로 담보하기 위해 설정된다. 소멸에 있어서 저당권은 설정할 때 정한 피담보채권이 변제 등에 의하여 소멸되면 그 저당권도 소멸하게 되지만, 근저당권은 개개의 채권이 변제 등에 의하여 소멸하더라도 근저당권 자체는 소멸하지 않고 피담보채권의 범위에 속하는 채권이 새롭게 발생하면 계속하여 근저당권에 의해 담보된다.

29 정답 ④

현금 입금에 의한 예금계약은 예금자가 예금의 의사표시와 함께 제공한 금전을 은행직원이 예금자가 청약한 금액과 일치함을 확인한 때 성립하지만, 현금으로 계좌송금하거나 계좌이체하는 경우에는 예금원장에 입금의 기록이 된 때에 예금계약이 성립한다.

30 정답 ③

대출실행 과정은 '거래처의 차입신청서 제출 → 은행의 융자결정 통지 → 거래처의 소비대차약정서 및 근저당권설정계약서 작성제출 → 근저당권설정등기 → 대출금의 지급' 순서로 진행되며, 대출계약은 차주가 금전소비대차약정서를 작성하여 은행에 제출하고 은행이 이를 이의 없이 수리한 때 성립한다.

31 정답 ②

① 엄격해석의 원칙 : 고객의 법률상의 지위에 중대한 영향을 미치는 약관 조항은 더욱 엄격하게 해석하여야 한다는 원칙이다.
③ 객관적 해석의 원칙 : 약관은 고객에 따라 다르게 해석되어서는 안 되며, 모든 고객에게 통일적으로 해석되어야 한다는 원칙이다.
④ 신의성실의 원칙 : 약관은 신의성실의 원칙에 따라 공정하게 해석되어야 한다는 원칙이다.
⑤ 개별약정우선의 원칙 : 약관과 개별약정이 충돌할 경우에는 충돌부분에 대하여 개별약정이 우선한다는 원칙이다.

32 정답 ③

수탁자가 사망하는 경우 신탁재산은 명의인인 수탁자의 상속재산에 귀속되지 않는다.

33 정답 ③

① 합자회사 : 합명회사의 사원과 동일한 책임을 지는 무한책임사원과 회사채권자에 대해 직접·연대책임을 지지만 출자액을 한도로 하는 유한책임사원으로 구성된 회사이다.
② 유한책임회사 : 2011년 상법 개정으로 새롭게 도입된 회사형태로서 대외적으로 출자금액을 한도로 유한책임을 지는 사원만으로 구성된 회사이다.
④ 유한회사 : 주식회사의 주주와 같이 회사채권자에 대하여는 직접 아무런 책임을 지지 않고 회사에 대하여만 일정한 범위의 출자의무만을 부담하는 사원으로 구성된 회사이다.
⑤ 주식회사 : 사원의 출자에 의한 자본금을 가진 영리법인이며, 주주는 회사채권자에 대해 아무런 책임을 지지 않는 전형적인 물적회사이다.

34 정답 ②

① 투자매매업 : 누구의 명의로 하든지 투자매매업자의 계산으로 금융투자상품의 매도·매수, 증권의 발행·인수 또는 그 청약의 권유, 청약, 청약의 승낙을 영업으로 하는 것을 말한다.
③ 집합투자업 : 집합투자를 영업으로 하는 것으로, 자산운용업이나 투자신탁업 등이 해당된다.
④ 투자자문업 : 금융투자상품의 가치 또는 금융투자상품에 대한 투자판단에 관한 자문에 응하는 것을 영업으로 하는 것을 말한다.
⑤ 투자일임업 : 투자자로부터 금융투자상품에 대한 투자판단의 전부 또는 일부를 일임받아 투자자별로 구분하여 금융투자상품을 취득·처분, 그 밖의 방법으로 운용하는 것을 영업으로 하는 것을 말한다.

35 정답 ①

신용카드는 권리 또는 재산권을 표창하는 증권은 아니고, 다만 회원자격을 증명하는 증거증권에 불과하다고 보는 것이 통설이다.

36 정답 ③

피상속인의 직계비속, 즉 피상속인의 자녀 외에 손자녀, 증손자녀 등이 제1순위에 포함되지만 직계비속이 여럿 있는 경우에는 최근친이 선순위가 되고, 최근친인 직계비속이 여럿 있으면 공동상속인이 되므로 피상속인의 자녀·손자녀가 있는 경우에는 자녀만이 상속하고, 자녀가 여럿 있으면 그들이 공동으로 상속한다.

37
정답 ⑤

합병의 효과는 합병등기(변경등기·해산등기·설립등기)를 함으로써 발생한다.

38
정답 ④

무담보채무는 10억원, 담보채무는 15억원 이하인 경우에만 개인회생을 신청할 수 있다.

39
정답 ②

전신송금의 경우 1백만원 또는 그에 상당하는 다른 통화로 표시된 금액 이상의 일회성금융거래이면 고객확인대상이 된다.

40
정답 ⑤

범죄경력자료는 개인정보보호법에 따른 민감정보에 해당한다.

핵심개념 신용정보법에 따른 개인식별정보

개인의 성명, 주소, 주민등록번호, 외국인등록번호, 국내거소신고번호, 여권번호, 성별, 국적 등

제2과목 세무설계(40문항)

41
정답 ④

거주자가 주소 또는 거소의 국외 이전을 위하여 출국하는 날의 다음 날 또는 국내에 주소가 없거나 국외에 주소가 있는 것으로 보는 사유가 발생한 날의 다음 날부터 비거주자가 된다.

핵심개념 거주자 또는 비거주자가 되는 시기

구 분	내 용
비거주자 → 거주자	• 국내에 주소를 둔 날 • 국내에 주소를 가지거나 국내에 주소가 있는 것으로 보는 사유가 발생한 날 • 국내에 거소를 둔 기간이 183일이 되는 날
거주자 → 비거주자	• 거주자가 주소 또는 거소의 국외 이전을 위하여 출국하는 날의 다음 날 • 국내에 주소가 없거나 국외에 주소가 있는 것으로 보는 사유가 발생한 날의 다음 날

42
정답 ②

소득세법상 이자소득, 배당소득, 사업소득, 근로소득, 연금소득, 기타소득은 각 원천별 소득들을 합산하여 종합소득으로 종합과세하며, 퇴직소득과 양도소득은 종합소득과 별도로 각각 분류하여 과세(분류과세)한다. 부동산 임대소득은 사업소득에 해당한다.

43
정답 ⑤

주택담보노후연금 이자비용 공제는 연금소득이 있는 거주자인 경우 적용받을 수 있다.

핵심개념 근로소득이 있는 거주자에 대한 소득공제

• 근로소득공제
• 인적공제(기본공제+추가공제)
• 연금보험료공제
• 특별소득공제
  - 국민건강보험법, 고용보험법, 노인장기요양보험법에 따른 보험료
  - 주택임차자금차입금의 원리금 상환액
  - 장기주택저당차입금의 이자 상환액
• 주택청약종합저축에 납입한 금액
• 우리사주조합 출자금
• 장기집합투자증권저축에 납입한 금액
• 신용카드 등 사용금액

44
정답 ③

국세, 지방세, 전기료, 수도료, 가스료 등 공과금을 신용카드로 납부한 경우는 공제대상에서 제외된다.

핵심개념 신용카드 등 사용금액 중 공제대상이 아닌 것

구 분	내 용
사업 관련 비용	사업소득 관련 또는 법인의 비용
비정상적 사용액	가공거래·위장거래 관련
자동차 구입 비용	중고자동차인 경우만 일부 공제
자동차 리스료	대여료를 포함한 리스료
보험료·공제료	법이나 계약에 따른 보험료·공제료
교육비	수업료, 입학금, 보육비용, 공납금
공과금	국세, 지방세, 전기료, 수도료 등
유가증권 구입	상품권 등
자산의 구입비용	취득세, 등록면허세 부과 자산
금융용역 관련 수수료	금융·보험용역 관련 비용
정치자금기부금	기부금세액공제 적용분
월세액	월세액공제 적용분
기 타	일반기부금, 해외사용분 등

45
정답 ④

납부할 세액이 1천만원을 초과하는 경우에는 납부할 세액의 일부를 납부기한이 지난 후 2개월 이내에 분할납부할 수 있다.

핵심개념 분할납부

납부할 세액	분납할 수 있는 세액
1천만원 초과 2천만원 이하	1천만원을 초과하는 금액
2천만원 초과	세액의 50% 이하의 금액

46 정답 ③

종업원이 임원이 되더라도 퇴직급여를 실제로 받지 않은 경우 퇴직으로 보지 않는다.

핵심개념 퇴직판정의 특례

1. 퇴직으로 보지 않는 경우(실제로 퇴직급여 받지 않음)
   (1) 종업원이 임원이 된 경우
   (2) 합병·분할 등 조직변경, 사업양도, 직·간접으로 출자관계에 있는 법인으로의 전출 또는 동일한 사업자가 경영하는 다른 사업장으로의 전출이 이루어진 경우
   (3) 법인의 상근임원이 비상근임원이 된 경우
   (4) 비정규직 근로자가 정규직 근로자로 전환된 경우
2. 퇴직으로 보는 경우
   (1) 퇴직금의 중간정산 사유에 해당하여 퇴직급여를 미리 지급받은 경우
   (2) 퇴직연금제도가 폐지되어 퇴직급여를 미리 지급받은 경우

47 정답 ①

종합소득세는 누진세율로 소득이 높을수록 세율도 높기 때문에 소득이 많은 쪽이 인적공제를 받아야 감면되는 세액이 더 크다.

48 정답 ②

소득세가 면제된 채권, 금융회사가 예금증서 등을 발행일부터 만기까지 보유한 경우, 상업어음 등은 보유기간 이자소득 과세대상에서 제외한다.

핵심개념 보유기간 이자소득 과세대상 채권의 범위

- 채권·증권
  - 국가 또는 지방자치단체가 발행한 채권 또는 증권
  - 내국법인이 발행한 채권 또는 증권
  - 외국법인의 국내지점 또는 국내영업소에서 발행한 채권 또는 증권
  - 외국법인이 발행한 채권 또는 증권
- 양도가능한 증권
  - 금융회사가 발행한 예금증서 및 이와 유사한 증서
  - 어 음

49 정답 ②

위탁자와 수익자가 다른 신탁을 (타익신탁)이라고 하며, 직접 증여하는 경우에 비하여 세부담을 줄일 수 있다.

50 정답 ①

종합과세 기준금액 초과 금융소득 중 그로스업 대상 배당소득 = 500만원

∴ 그로스업 금액 = 500만원 × 10% = 50만원

51 정답 ③

비영업대금의 이익의 원천징수세율은 소득수령자가 거주자인지 법인인지와 상관없이 25%로 동일하다.

핵심개념 소득수령자별 금융소득에 대한 원천징수세율

구 분			원천징수세율
개 인 (거주자*)	이자소득	비영업대금의 이익	25%
		직장공제회 초과반환금	기본세율
	배당소득	출자공동사업자의 배당소득	45%
		금융회사가 지급하는 비실명금융소득	90%
		비금융회사가 지급하는 비실명금융소득	25%
		그 밖의 금융소득	14%
법 인	이자소득	비영업대금의 이익	25%
		그 밖의 이자소득	14%
	배당소득	투자신탁의 이익	14%

*비거주자인 경우에는 조세협약 체결의 거주자인 경우 그 협약에 따른 제한세율이 적용되고 비체결국의 거주자인 경우 20%(채권이자 14%)의 금융소득에 대한 원천징수세율이 적용된다.

52 정답 ④

세금우대종합저축에서 발생하는 이자·배당소득에 대한 원천징수세율은 (9%)로 하며, 종합소득에 대한 과세표준을 계산할 때 산입하지 않고 지방소득세를 부과하지 않는다.

53 정답 ④

법인으로 보는 단체 외의 단체 중 수익을 구성원에게 배분하지 않는 단체로서 단체명을 표기하여 금융거래를 하는 단체가 금융회사 등으로부터 받는 금융소득은 14%의 원천징수세율로 분리과세한다.

핵심개념 임의단체에 대한 과세방법

구 분		
법인 아닌 단체	법인으로 보는 단체	당연히 법인으로 보는 단체
		신청에 의하여 법인으로 보는 단체
	개인으로 보는 단체	하나의 거주자로 보는 단체
		공동사업자로 보는 단체

- 하나의 거주자로 보는 단체
  하나의 거주자로 보는 단체의 금융소득은 해당 단체의 대표자나 관리인의 다른 금융소득과 합산하지 않고 해당 단체만의 금융소득에 대해서만 과세한다.
- 공동사업자로 보는 단체
  공동사업자로 보는 단체의 경우 구성원별 이익 분배비율에 따라 각각 소득세 납세의무가 있다. 분배비율이 확인되지 않는 부분에 대해서는 해당 단체를 1거주자 또는 1비거주자로 보아 소득세에 대한 납세의무를 부담한다.

54　정답 ⑤

①은 사업소득, ②·③은 기타소득에 해당하며, ④는 사업성이 있는 경우 사업소득, 사업성이 없는 경우 기타소득에 해당한다.

55　정답 ③

2024년 1월 5일 기준으로 서초구, 강남구, 송파구, 용산구를 제외한 나머지 지역은 조정대상지역에서 해제되었다.

핵심개념 조정대상지역(2024년 1월 5일 기준)

시·도	조정대상지역
서 울	서초구, 강남구, 송파구, 용산구
경 기	없 음

56　정답 ①

아파트 분양권의 취득시기는 아파트를 취득할 수 있는 권리가 확정된 분양권 당첨일이다.

57　정답 ①

종전의 주택을 취득한 날부터 1년 이상이 지난 후 신규 주택을 취득하고 신규 주택을 취득한 날부터 3년 이내에 종전의 주택을 양도하는 경우 1세대 1주택 특례 규정에 해당하여 양도소득세가 비과세된다.

58　정답 ③

과세기간별 감면세액 1억원, 5개 과세기간의 감면세액 합계액 2억원을 한도로 그 초과분에 대하여는 감면하지 않는다. 또한 감면요건을 갖추더라도 거래당사자가 매매계약서의 거래금액을 사실과 다르게 적은 경우에는 비과세 및 감면규정의 적용을 제한한다.

59　정답 ⑤

미등기양도자산은 양도소득세 감면에서 배제된다.

핵심개념 미등기양도자산이 받는 불이익
• 양도소득 기본공제에서 제외
• 장기보유 특별공제에서 제외
• 비과세 양도소득에서 제외
• 양도소득세율 70% 적용

60　정답 ②

거주자가 양도일부터 소급하여 (10년) 이내에 배우자 또는 직계존비속으로부터 증여받은 부동산, 부동산을 취득할 수 있는 권리, 시설물 이용권을 양도하는 경우 양도차익을 계산할 때 취득가액은 증여자의 취득 당시 실지거래가액으로 한다.

61　정답 ④

상속세 및 증여세법상 증여의 개념이 더 폭넓게 규정되어 있다.

핵심개념 증여의 개념
• 민법상 증여 : 당사자 일방이 무상으로 재산을 상대방에게 수여하는 의사를 표시하고 상대방이 이를 승낙함으로써 그 효력이 생기는 것
• 세법상 증여 : 그 행위 또는 거래의 명칭·형식·목적 등과 관계없이 직접 또는 간접적인 방법으로 타인에게 무상으로 유형·무형의 재산 또는 이익을 이전(현저히 낮은 대가를 받고 이전하는 경우를 포함)하거나 타인의 재산가치를 증가시키는 것

62　정답 ②

한정승인에 대한 설명이다.

핵심개념 상속의 승인과 포기
• 단순승인 : 피상속인의 권리·의무를 무제한·무조건적으로 승계하는 형태의 상속
• 한정승인 : 상속재산의 한도 내에서 피상속인의 채무와 유증을 변제할 것을 조건으로 하는 상속
• 상속의 포기 : 피상속인의 재산에 대한 모든 권리·의무의 승계를 부인하고 상속개시 당시부터 상속인이 아니었던 효력으로 발생하게 하는 의사표시

63　정답 ⑤

배우자의 유류분 = $(30,000만원 - 3,000만원) \times \dfrac{1.5}{4.5} \times \dfrac{1}{2}$

= 4,500만원

핵심개념 유류분의 산정

유류분 = (상속재산액 + 증여액 − 상속채무액) × (각 상속인의 유류분율) − 특별수익액

※ 증여는 상속개시 전 1년 간에 행한 것에 한하나, 당사자 쌍방이 유류분 권리자에 손해를 가할 것을 알고 증여를 한 때에는 1년 전에 한 것도 해당한다.

64 정답 ②

- 처분 또는 인출한 피상속인의 재산 중 그 용도가 불분명한 재산에 대하여 각 종류별로 상속개시일 전 1년 이내 2억원 또는 2년 이내 5억원에 해당하는 경우 상속으로 추정한다.
- 부동산 처분 금액은 1년 이내 2억원을 초과하므로 상속추정 요건에 부합한다.
- 현금·예금 및 유가증권에 대한 금액은 1년 이내 2억원 미만, 2년 이내 5억원 미만이므로 요건에 부합하지 않는다.
- ∴ 상속추정액(부동산) = 처분재산가액 5억원 − 사용처소명액 3억원 − Min(2억원, 처분액 5억원 × 20%) = 1억원

65 정답 ⑤

가업상속공제를 받은 상속인이 상속개시일부터 5년 이내에 정당한 사유 없이 아래에 해당하는 경우 공제받은 세액을 추징받을 수 있다.
- 가업용 자산의 40%를 처분하는 경우
- 해당 상속인이 가업에 종사를 하지 않는 경우
- 주식 등을 상속받은 상속인의 지분이 감소하는 경우
- 법에서 정하는 고용요건을 충족하지 못하는 경우

66 정답 ①

비거주자는 기초공제 이외의 다른 상속공제가 허용되지 않는다.

핵심개념 비거주자의 상속 관련 공제 적용

구 분		비거주자
과세대상재산		국내에 소재한 상속재산
공제 금액	공과금	국내 소재 상속재산에 대한 공과금, 국내 사업장의 사업상 공과금
	장례비용	공제 안 됨
	채 무	국내 소재 상속재산을 목적으로 유치권·질권·저당권으로 담보된 채무, 국내 사업장의 사업상 채무
상속 공제	기초공제	공 제
	가업상속공제	공제 안 됨
	영농상속공제	공제 안 됨
	기타인적공제	공제 안 됨
	일괄공제	공제 안 됨
	배우자상속공제	공제 안 됨
	금융재산상속공제	공제 안 됨
	재해손실공제	공제 안 됨
	동거주택상속공제	공제 안 됨
감정평가수수료공제		공 제

67 정답 ①

상속재산을 상속인이 아닌 자에게 전액 유증한 경우로 상속공제액 종합한도가 0원이 되어 상속공제를 적용받을 수 없다.

핵심개념 상속공제액 종합한도

상속공제액 종합한도 = 상속세 과세가액 − ① 선순위인 상속인이 아닌 자에게 유증 또는 사인증여한 재산가액 − ② 선순위인 상속인의 상속 포기로 그 다음 순위의 상속인이 상속받은 재산가액 − ③ 사전 증여재산가액(증여재산공제 및 재해손실공제액 차감한 금액)

68 정답 ④

상속세 신고기한에 신고만 하고 납부는 하지 않은 경우라도 그 신고는 정당한 것으로 인정되어 신고세액공제를 받을 수 있다.

69 정답 ④

보험료 납입자와 보험금 수령인이 다른 경우 그 보험금가액을 증여재산가액으로 본다.

핵심개념 상증법상 보험금의 과세유형

피보험자	계약자	보험료 납입자	보험금 수익자	세법상 처리
피상속인	A	A	A	• 상속재산 아님 • 증여에 해당되지 않음
피상속인	A	A	B	• 상속재산 아님 • A가 B에게 보험금 증여
피상속인	불 문	피상속인	불 문	• 수익자가 상속인이면 상속세 과세 • 수익자가 상속인 이외이면 유증으로 상속세 과세

70 정답 ②

채무까지 인수한 것을 입증하였으므로 시가에서 채무액을 제외한 4억원을 수증자의 증여세 과세가액으로 본다.

핵심개념 배우자 또는 직계존비속 간의 부담부증여
배우자 또는 직계존비속 간의 부담부증여는 채무를 인수하지 아니한 것으로 우선 추정하며, 계약서, 이자지급 증빙 등 객관적인 서류에 의하여 채무 사실이 입증되는 경우에 채무를 인수한 것으로 본다.

71
정답 ④

특수관계인 간의 거래에서 시가와 대가의 차액이 3억원 이상이거나 시가의 30% 이상인 경우 그 차액 중 일부를 증여로 본다.
∴ 증여재산가액 = (시가 5억원 - 대가 3억원) - Min[시가 5억원 × 30%, 3억원] = 5천만원

핵심개념 특수관계인 간의 저가양수, 고가양도

| 저가양수 | 증여재산가액 = (시가 - 대가) - Min[시가 × 30%, 3억원] |
| 고가양도 | 증여재산가액 = (대가 - 시가) - Min[시가 × 30%, 3억원] |

※ 증여재산가액이 '0' 이하인 경우 증여로 보지 않는다.

72
정답 ①

세법에서 명시한 요건을 갖춘 경우 장애인이 자익신탁한 증여받은 재산가액(그 장애인이 살아 있는 동안 증여받은 재산가액을 합친 금액) 및 타익신탁 원본의 가액(그 장애인이 살아 있는 동안 그 장애인을 수익자로 하여 설정된 타익신탁의 설정 당시 원본가액을 합친 금액)을 합산한 금액은 5억원을 한도로 증여세 과세가액에 불산입한다.

핵심개념 장애인이 증여받은 신탁재산의 과세가액 불산입 요건

〈자익신탁의 요건〉
1. 신탁업자에게 신탁되었을 것
2. 그 장애인이 신탁의 이익 전부를 받는 수익자일 것
3. 신탁기간이 그 장애인이 사망할 때까지로 되어 있을 것(단, 장애인이 사망하기 전에 신탁기간이 끝나는 경우 신탁기간을 장애인이 사망할 때까지 계속 연장하여야 함)

〈타인식탁의 요건〉
1. 신탁업자에게 신탁되었을 것
2. 그 장애인이 신탁의 이익 전부를 받는 수익자일 것(단, 장애인이 사망한 후의 잔여재산에 대해서는 그러하지 아니함)
3. 다음의 내용이 신탁계약에 포함되어 있을 것
   • 장애인이 사망하기 전에 신탁이 해지 또는 만료되는 경우에는 잔여재산이 그 장애인에게 귀속될 것
   • 장애인이 사망하기 전에 수익자를 변경할 수 없을 것
   • 장애인이 사망하기 전에 위탁자가 사망하는 경우에는 신탁의 위탁자 지위가 그 장애인에게 이전될 것

73
정답 ③

증여재산공제 중 배우자공제액은 6억원이다.

74
정답 ④

시가의 적용순위는 다음과 같다.

적용순위	시 가
1순위	당해 재산의 매매·감정·수용·경매·공매가액
2순위	유사매매사례가액(단, 평가기준일 전 6개월부터 각 신고기한까지의 가액만 인정)
3순위	보충적 평가가액

④ 시가로 보는 유사사례가액은 당해 재산과 면적·위치 및 용도 등이 동일하거나 유사한 다른 재산에 대한 감정 또는 매매사례가액 등이 있는 경우로 그 시점이 평가기준일 전 6개월부터 평가기간 이내의 신고일까지인 가액만을 시가로 인정한다.
① 특수관계인과의 거래 등으로 그 거래가액이 객관적으로 부당하다고 인정되는 경우는 시가로 인정되지 않는다.
② 당해 재산에 대하여 2 이상의 공신력 있는 감정기관이 평가한 감정가액이 있는 경우에 그 감정가액의 평균액이 시가로 인정된다.
③ 보충적 평가가액은 현실적으로 시가를 산정하기 어려운 경우에 적용할 수 있는 대체적 평가방법이다.

75
정답 ⑤

유가증권시장 및 코스닥시장에서 거래되는 상장법인의 주식 및 출자지분은 평가기준일(평가기준일이 공휴일 등인 경우 그 전일) 이전·이후 각 2개월 동안 공표된 매일의 한국거래소(최종시세가액)의 평균액으로 하며 거래실적 유무는 따지지 아니한다.

76
정답 ④

증여세는 물납이 불가하다.

77
정답 ④

취득세의 중가산세(80%)에 대한 문제이다.

78
정답 ④

재산세는 다음의 각 과세대상별 납세지를 관할하는 지방자치단체에서 부과한다.

과세대상	납세지
토 지	토지의 소재지
건축물	건축물의 소재지
주 택	주택의 소재지
선 박	선적항의 소재지
항공기	정치장의 소재지

79 정답 ④

• 각 유형별로 주택 및 토지의 공시가격을 합산한 금액이 해당 공제금액을 초과하는 경우 종합부동산세 납세의무자가 된다.

유형별 과세대상	공제금액
주 택	9억원[단독명의 1세대 1주택자 12억원]
종합합산토지	5억원
별도합산토지	80억원

※ 법인주택분은 종합부동산세 기본공제에서 배제된다.

• 수탁자의 명의로 등기 또는 등록된 신탁재산으로서 주택의 경우에는 위탁자가 신탁주택을 소유한 것으로 보아 위탁자가 종합부동산세를 납부할 의무가 있다.

80 정답 ④

주택분 종합부동산세 납세의무자 중 과세기준일 현재 단독명의 1세대 1주택자에 해당하는 경우 고령자 세액공제와 장기보유 세액공제를 각각 다음과 같이 적용하며, 공제율 합계 80% 범위 내에서 중복 적용도 가능하다.

연령별 공제율	
60세 이상 ~ 65세 미만인 경우	20%
65세 이상 ~ 70세 미만인 경우	30%
70세 이상인 경우	40%

보유기간별 공제율	
5년 이상 ~ 10년 미만인 경우	20%
10년 이상 ~ 15년 미만인 경우	40%
15년 이상인 경우	50%

제3과목 보험 및 은퇴설계(20문항)

81 정답 ③

실업은 중요한 위험에 속한다.

핵심개념 위험의 구분

구 분	개 념
치명적 위험	개인이 파산에 이를 수 있는 위험 예 조기사망, 장기생존, 주택의 화재, 배상책임위험 등
중요한 위험	손실을 회복하기 위해서는 외부의 자금을 차입해야 하는 위험 예 실업, 별장의 화재, 자동차의 파손 등
일반적 위험	현재의 소득이나 자산으로 보전할 수 있는 손실의 노출 예 휴대폰의 분실, 유리창의 파손, 가벼운 상해 등

82 정답 ⑤

① 순보험료에는 위험보험료와 저축보험료가 있으며, 부가보험료에는 신계약비, 유지비, 수금비가 있다.
② 순보험료는 예정위험률과 예정이율을 기초로, 부가보험료는 예정사업비율을 기초로 계산된 보험료이다.
③ 보험기간이 길수록, 납입기간이 짧을수록 보험료 변동폭이 크다.
④ 순수보장형보다 만기환급형의 보험료 변동폭이 크다.

핵심개념 보험료의 구성 원리

구 분	내 용
보험료 계산의 기초	• 예정위험률(예정사망률) 　– 한 개인이 사망하거나 질병에 걸리는 등의 일정한 보험사고가 발생할 확률을 대수의 법칙에 의해 예측한 것 　– 예정위험률이 낮아지면 사망보험료는 낮아지고, 생존보험의 보험료는 높아짐 • 예정이율 　– 보험회사가 고객에게 받은 보험료를 가지고 보험금 지급 때까지의 운용을 통해 거둘 수 있는 예상수익률 　– 예정이율이 낮아지면 보험료가 높아지고, 예정이율이 높아지면 보험료가 낮아짐 • 예정사업비율 　– 보험회사가 보험계약을 유지 및 관리하는 데 드는 여러 가지 비용을 미리 예상하고 보험료에 포함시키는 경비의 구성비율 　– 예정사업비율이 낮아지면 보험료는 낮아짐
영업보험료의 구성	• 순보험료 　– 장래 보험금 지급의 재원이 되는 보험료로서, 위험보험료와 저축보험료로 구성 • 부가보험료 　– 생명보험회사가 보험계약을 체결·유지·관리하기 위한 경비에 해당하는 보험료

83 정답 ④

보험계약자에게 불리하게 변경한 보험약관은 그 범위 내에서 무효가 되는데, 그 약관조항이 무효가 될 뿐 계약 자체가 무효가 되는 것은 아니다.

84 정답 ③

투자위험은 일반보험상품의 경우 보험회사가, 변액보험상품의 경우 보험계약자가 부담한다.

핵심개념 일반보험상품과 변액보험상품의 비교

구 분	일반보험상품	변액보험상품
보험금	보험가입금액	투자실적에 따라 변동
예금자보호	예금자보호법 적용대상	최저보증만 적용
투자위험부담	보험회사	보험계약자
자산운용	일반계정	특별계정
적용이율	공시이율(예정이율)	실적배당률

85 정답 ④

① 생명보험과 손해보험의 고유영역을 제외한 상해보험·질병보험·간병보험으로 구분한다.

② 피보험이익은 금전으로 산정할 수 있어야 하고, 그 존재여부와 귀속이 보험사고 전에 확정되어야 한다.

③ 생명보험의 정액보상적 특성과 손해보험의 실손보상적 특성을 동시에 갖는 보험이다.

⑤ 특정 보험종목에 대해서만 보험업의 허가를 받은 단종보험회사의 경우 제3보험업의 영위가 불가능하다.

핵심개념 제3보험의 특징과 상품

제3보험은 생명보험의 정액보상적 특성과 손해보험의 실손보상적 특성을 동시에 가지는 보험을 말하며, 생명·손해보험 고유영역을 제외한 상해·질병·간병보험으로 구분할 수 있다.

구 분	내 용
상해보험	우연하고 급격한 외래 사고로 소요되는 비용 및 사망 등을 보장하는 보험
질병보험	• 질병은 원인이 신체에 내재하여 상해와 달리 외래성은 인정되지 않음 • 암보험 – 암진단·치료·수술 등과 관련된 비용을 보장하는 상품 – 면책기간 설정 : 보험계약일로부터 90일이 지난날의 다음 날부터 보장을 받을 수 있음(보험가입 후 1년 내 사고 발생 시 보험금 삭감 지급)
간병보험	• 신체적·정신적 장애로 활동에 제한이 있거나 인식불명 상태가 원인이 되어 장기적인 의료서비스가 필요한 상태를 보장하는 보험 • 일반적으로 위험률 변동제도를 채택하기도 하며, 보험기간은 대부분 종신형 • 수발필요상태(90일 혹은 180일)의 정의에 따라 보험료 차이가 발생 • 일상생활장해상태에 대한 보장개시일은 90일, 치매상태에 대한 보장개시일은 2년의 면책기간 설정

86 정답 ⑤

① 외래성이란 신체 상해의 원인에서 결과에 이르는 과정이 외부적 요인에 기인하는 것으로, 자해행위로 인한 상해는 보험사고가 아니다.

② 우연성이란 원인 또는 결과의 발생이 예견되지 않는 상태를 말한다.

③ 급격성은 결과의 발생을 피할 수 없을 정도의 급박한 상태를 의미하므로, 신체허약이나 질병은 상해에 포함되지 않는다.

④ 상해보험은 주보험에 일반사망을 부가할 수 없고, 특약을 통해서만 질병사망을 보장할 수 있다.

핵심개념 상해사고의 요건

구 분	내 용
우연성	보험사고의 핵심적인 요건으로 원인 또는 결과의 발생이 예견되지 않은 상태
외래성	• 신체 상해의 원인과 결과가 외부적 요인에 기인 • 자해행위, 자살, 싸움으로 인한 상해는 배제
급격성	• 결과의 발생을 피할 수 없을 정도로 급박한 상태 • 신체허약, 질병은 상해에서 배제

87 정답 ④

납입최고기간 안에 발생한 사고는 보상받을 수 있다.

88 정답 ③

산재근로자가 산업재해보상법에 따라 보험급여를 받았거나 받을 수 있으면 보험가입자는 동일한 사유에 대해 근로기준법에 따른 재해보상 책임이 면제된다.

89 정답 ④

자동차손해배상보장법에서는 조건부 무과실책임주의를 채택함으로써 운전자에게 과실이 없는 경우에도 피해자는 그 운행자에게 손해배상청구를 할 수 있다.

핵심개념 민법과 자배법의 비교

구 분	민 법	자배법
배상책임의 주체	운전자, 사용자 등	운행자
배상책임 발생요건	구체적·제한적	객관적·추상적
과실책임	과실책임주의	조건부 무과실책임주의
입증책임	피해자	가해자(운행자)
손해배상보장제도	없음	강제보험, 직접청구권, 정부보장사업
적용사고	대인·대물사고	대인·대물사고

90 정답 ③

고객에게 니즈가 있고 보험료 납입 능력도 있는 경우 고객이 가입하기 쉽도록 행동을 유도하는 방법이다.

핵심개념 계약체결기법

구 분	내 용
승낙추정법	고객이 이미 의사결정을 내렸다고 전제하고 마무리를 짓는 방법
양자택일법	상담자가 고객에게 2개의 작은 선택 중 한 개를 선택하도록 만드는 방법
행동유도법	고객에게 니즈가 있고 보험료 납입 능력도 있는 경우, 고객이 가입하기 쉽도록 행동을 유도하는 방법

91   정답 ②

자신의 수명보다 돈의 수명을 더 길게 설계해야 한다.

핵심개념 은퇴환경의 변화

구 분	내 용
기대수명 증가	• 기대수명 : 나이대·성별 사망률이 현재의 수준으로 유지된다고 가정했을 때 당해연도에 태어난 출생아가 향후 얼마나 살아갈 것인지 기대되는 연수, 즉 0세의 기대여명을 의미함 • 기대여명 : 특정 연령의 사람이 앞으로 얼마나 더 살 것인가 기대되는 생존연수이며, 은퇴설계 시 중요한 참고지표가 됨 • 건강수명 : 몸이나 정신에 문제없이 즉, 어떠한 질병이 없이 건강하게 사는 기간을 의미함. 평균수명에서 질병을 앓는 기간(평균 장애기간)을 뺀 기간을 말함
고령화의 문제점	노후준비 부족, 노후빈곤 문제, 의료비 증가, 장기 간병 문제

92   정답 ③

노인빈곤율은 소득이 중위소득의 (50%) 미만에 해당하는 노인가구의 비율을 말한다.

93   정답 ①

이벤트 순서대로 재무목표를 정해 하나씩 해결할 경우 노후자금 준비를 할 수 있는 여력과 기간이 줄어들기 때문에 노후자금 준비는 적은 금액이라도 빨리 시작하는 것이 중요하다.

핵심개념 은퇴자금 설계 시 주요 포인트

구 분	내 용
은퇴 크레바스	• 은퇴 후 연금을 받기 전까지 생기는 소득 공백기간 • 재취업이나 사적연금을 활용하여 극복
적립과 인출	• 적립 : 목적별로 계좌를 만들어 따로 관리, 연령에 관계없이 빨리 시작하는 것이 중요 • 인출 : 최대한 인출시기를 늦춰 장수 리스크에 대응하는 전략 필요
부동산과 은퇴설계	• 부동산 리스크 : 부동산을 팔고자 할 때 팔리지 않는 유동성 리스크와 부동산 가격하락 리스크로 현금 확보에 어려움이 있음 • 부동산 규모를 줄여 노후자금을 확보하거나 주택연금을 고려할 필요가 있음
부부 중심의 은퇴설계	• 개인연금, 부부형 연금은 부부 중 누군가가 사망해도 남은 배우자가 계속해서 연금을 받을 수 있도록 설계 • 배우자를 피보험자로 하는 종신보험 활용
노후 필수 자금	노후생활비, 의료비, 장기 간병비용

94   정답 ①

유니버설 디자인에 해당한다.

※ **배리어 프리**

유니버설 디자인의 핵심개념으로, 거동이 불편한 고령자나 장애인들도 편하게 살아갈 수 있도록 주택이나 건물, 도시의 물리적·제도적 장벽을 제거하는 것을 말한다.

95   정답 ⑤

만 18세 이상 만 60세 미만의 외국인이 국민연금에 가입된 사업장에 근무하면 사업장 가입자가 되고, 그 외의 외국인은 지역가입자가 된다.

핵심개념 국민연금제도

구 분	내 용
가입대상	• 만 18세 이상 ~ 만 60세 미만 국민 • 최소 가입기간은 10년임

국민연금보험료	• 가입자의 기준소득월액에 연금보험료율을 곱해서 결정
	• 연금보험료율
	  – 사업장가입자의 경우 : 본인 4.5%, 사용자 4.5%
	  – 지역가입자의 경우 : 본인 9%

급여의 종류와 산정방법	• 연금 급여
	  – 노령연금 : 국민연금의 가장 기초가 되는 급여, 매월 지급
	  – 장애연금 : 장애가 발생했을 때 지급
	  – 유족연금 : 가입자 사망 시 유족에게 지급
	• 일시금 급여
	  – 반환일시금 급여 : 더 이상 가입할 수 없는 경우 지급
	  – 사망일시금 급여 : 유족연금이나 반환일시금을 받지 못할 경우 지급

96   정답 ③

퇴직연금공제일시금에 대한 내용이다.
① 퇴직연금 : 공무원이 10년 이상 재직하고 퇴직한 때
② 퇴직연금일시금 : 10년 이상 재직 후 퇴직한 공무원이 퇴직연금에 갈음하여 일시금으로 지급받고자 할 때
④ 퇴직일시금 : 공무원이 10년 미만 재직하고 퇴직한 때
⑤ 퇴직수당 : 공무원이 1년 이상 재직하고 퇴직 또는 사망한 때

97 　정답 ⑤

①·②·③·④는 확정기여형(DC형)에 대한 내용이다.

핵심개념 확정급여형(DB) VS 확정기여형(DC)

구 분	확정급여형(DB)	확정기여형(DC)
개 념	• 퇴직 시 지급할 급여의 수준을 노사합의를 통해 사전에 확정 • 근로자 퇴직 시 사용자는 사전에 약정된 퇴직급여를 지급	• 기업이 부담할 부담금 수준을 노사가 사전에 확정 • 근로자 퇴직 시 적립금 운용실적에 따라 퇴직급여 수령
운용 주체	기 업	근로자
기업부담금	적립금 운용실적에 따라 기업의 부담금 변동	가입자 연간 임금총액의 1/12에 해당하는 금액 이상
제도 간 이전	어려움, 퇴직 시 IRP로 이전	직장이동 시 이전 용이
퇴직급여 수령	55세 이상, 가입기간 10년 이상, 수령기간 5년 이상	55세 이상, 가입기간 10년 이상, 수령기간 5년 이상
중도인출	불 가	사유충족 시 가능
적합한 근로자	• 장기근속이 가능하고 임금상승률이 높으며 도산위험이 적은 기업 • 자산운용에 자신이 없는 근로자	• 연봉제 도입기업 • 체불위험이 있는 기업 • 이직과 전직이 잦은 근로자 • 자산운용에 자신이 있는 근로자

98 　정답 ②

부부가 모두 사망 후 주택을 처분하여 정산했을 시 연금수령액이 집값을 초과하면 상속인에게 초과분을 청구하지 않는다.

핵심개념 주택연금제도

구 분	내 용
개 념	집을 소유하고 있지만 소득이 부족한 고령자가 평생 또는 일정기간 집을 담보로 맡긴 후 국가가 보증하는 연금을 수령하는 대출상품
가입조건	• 부부 중 1명이 대한민국 국민 • 부부 중 1명이 만 55세 이상 • 부부기준 공시가격 등이 12억원 이하인 주택소유자 • 다주택인 경우 합산 공시가격 12억원 이하 • 12억원 초과 2주택자는 3년 이내에 1주택 팔면 가입 가능 • 주택연금 가입주택에 가입자 또는 배우자가 실제 거주해야 함
특 징	• 가입자 및 배우자 모두 거주가 평생 보장되면서 부부 중 한 명이 사망해도 동일한 금액으로 연금지급이 보장 • 부부 두 사람 모두가 사망하여 주택을 처분 정산했을 때 연금수령액이 집값을 초과해도 상속인에게 별도의 청구를 하지 않음(반대로 정산 후 잔금이 있으면 상속인에게 돌아감) • 물가상승률이 반영되지 않아 처음 가입 시보다 주택가격이 상승해도 연금액은 동일

99 　정답 ①

고객의 정보를 수집할 때는 다음과 같은 순서로 실시해야 한다.
1. 고객과 직접 면담하거나 질문지 작성을 통해 기본적인 정보를 얻는다.
2. 고객의 은퇴생활 목표를 명확히 한다.
3. 은퇴설계용 라이프 이벤트 표를 작성하여 재무목표를 구체화한다.

핵심개념 은퇴설계 프로세스 3단계

구 분	내 용
1단계 고객과 관계정립 및 정보수집	• 고객과의 관계를 정립한 후 고객의 니즈를 파악 • 면담과 질문지를 이용한 고객에 대한 정보수집 • 은퇴설계 목표의 구체화 • 라이프 이벤트 표 작성
2단계 고객 분석 및 은퇴설계 제안	• 현금흐름표, 가계 대차대조표, 사망 및 의료 보장, 금융자산의 포트폴리오, 세금 분석 및 작성 • 제안서 작성 및 고객에게 설명
3단계 실행 지원 및 사후 관리	• 제안 내용의 실행 지원 • 매년 1~2회 정도의 사후 관리

100 　정답 ⑤

연금저축보험의 연금 수령기간은 생보사의 경우 종신지급이나 확정기간 둘 다 가능하며 손보사는 확정기간 지급만 가능하다.

핵심개념 연금저축계좌 상품별 특성

상품구분	연금저축신탁	연금저축펀드	연금저축보험
주요 판매사	은 행	증권사, 은행, 보험사	증권사, 은행, 보험사
납입 방식	자유적립식	자유적립식	정기납입
적용 금리	실적배당	실적배당	공시이율
연금수령 방식	확정기간형	확정기간형	확정기간형, 종신형(생보만)
원금보장	비보장	비보장	보 장
예금자보호	보 호	비보호	보 호

정답 및 해설

제1회 정답 및 해설

01	02	03	04	05	06	07	08	09	10
⑤	②	④	②	②	⑤	①	④	②	②
11	12	13	14	15	16	17	18	19	20
③	④	④	④	②	③	⑤	④	②	①
21	22	23	24	25	26	27	28	29	30
③	②	②	⑤	⑤	③	③	②	④	①
31	32	33	34	35	36	37	38	39	40
③	④	②	②	①	③	①	⑤	⑤	⑤
41	42	43	44	45	46	47	48	49	50
④	②	③	④	④	④	⑤	②	⑤	②
51	52	53	54	55	56	57	58	59	60
③	①	⑤	④	④	③	③	③	①	④
61	62	63	64	65	66	67	68	69	70
⑤	②	③	③	①	③	④	⑤	①	①
71	72	73	74	75	76	77	78	79	80
③	⑤	③	③	⑤	⑤	⑤	④	③	③
81	82	83	84	85	86	87	88	89	90
③	③	②	④	④	④	④	④	④	②
91	92	93	94	95	96	97	98	99	100
④	①	⑤	②	④	②	③	①	③	⑤

제1과목 자산관리 기본지식(40문항)

01
정답 ⑤

㉠은 인구 통계적 배경, ㉢은 사회 경제적 배경에 해당하는 내용이다.

핵심개념 개인 재무설계의 필요성

구 분	내 용
사회 경제적 배경	• 자산 및 부채의 증가 • 금융시장 개방 및 국제화 • 금융상품 다양화 및 금융 관련 법규 강화
인구 통계적 배경	• 1인 가구의 증가 • 저출산 및 고령화 • 노동환경의 변화
소비자의식 변화	• 개인주의적 사고방식 • 개별성 추구 • 비재무적 요구의 증가 • 재무설계의 중요성 인식

02
정답 ②

효과적인 고객면담이 가능한 접촉 채널은 TA이다.

핵심개념 TA의 장점과 유의점

구 분	내 용
장 점	• 시간을 효율적으로 관리 가능 • 유망고객과의 만남을 용이하게 함 • 효과적인 고객면담이 가능
유의점	상품판매 목적으로 활용하는 것은 금지되며, 방문약속을 잡기 위한 목적으로 활용해야 함

03
정답 ④

유망고객의 4가지 조건
• 재무목표가 있는 사람
• 금융상품에 가입할 경제적 능력이 있는 사람
• 만남이 가능한 사람
• 실행력이 있는 사람

04
정답 ②

①・⑤ 문제 인식 질문
③ 상황 파악 질문
④ 해결 질문

핵심개념 최초 면담 시 자산관리사가 활용할 수 있는 유용한 질문의 유형

구 분	내 용
상황 파악 질문	고객이 현재 처해 있는 상황에 대한 정보를 수집하기 위한 질문
문제 인식 질문	고객이 현재 갖고 있는 문제 및 어려움에 대해 고객 스스로 인식하도록 하기 위한 질문
시사 질문	고객이 갖고 있는 문제로 인해 발생되는 결과에 대한 심각성을 고객 스스로 인지하도록 하는 질문
해결 질문	고객이 스스로 해결책에 의한 효용 및 이득을 느끼게 하여 자산관리사의 해결안에 동의를 구하는 질문

05　　　　　　　정답 ②

① 가족형성기 : 첫 자녀 출생 준비자금 마련, 자동차 구매자금 마련
③ 자녀성장기 : 자녀들의 교육자금 및 결혼자금 마련, 주택확장자금 마련
④ 가족축소기 : 노후자금 마련, 기타 목적자금 마련
⑤ 은퇴 및 노후기 : 노후생활자금 운용, 상속 및 증여에 대한 계획

핵심개념 생애주기 단계

청년기 → 가족형성기 → 자녀양육기 → 자녀성장기 → 가족축소기 → 은퇴 및 노후기

06　　　　　　　정답 ⑤

단기 투자금융상품의 잔액(만기가 6개월 미만인 양도성 예금증서)은 현금성자산으로 구분한다.

핵심개념 자산부채상태표의 자산의 구성

구 분	내 용
현금성자산	보통예금, 수시 입·출금 예금, CMA, MMF, MMDA, 투자금융상품의 잔액(만기가 6개월 미만인 양도성 예금증서) 등
금융투자자산	• 금융자산 중에서 투자 목적이 6개월 이상인 금융상품의 잔액, 주식, 채권, 뮤추얼 펀드 • 대표적인 금융투자자산 : ELS, ELD, ELF 등
부동산자산	• 투자 목적 또는 거주 목적의 부동산을 모두 포함 • 대표적인 부동산자산 : 개인이 소유한 토지, 주택, 아파트 등
개인사용자산	개인의 사용을 목적으로 하는 가구, 자동차, 보석 등

07　　　　　　　정답 ①

㉠·㉢·㉣·㉺ : 변동지출
㉡·㉭ : 고정지출

핵심개념 고정지출과 변동지출

• 고정지출 : 공교육비, 주택관리비, 세금, 대출금 상환금 등
• 변동지출 : 사교육비, 건강의료비, 교통통신비, 교양오락비, 외식비 등

08　　　　　　　정답 ④

가능한 많은 대안을 제시할 것(×) → 너무 많은 대안을 나열하지 말 것(○)

09　　　　　　　정답 ②

고객이 가입해야 하는 이유에 대해 논리적으로 설명하되 감성을 자극하는 스토리텔링을 제공해야 한다.

10　　　　　　　정답 ②

기업부문의 기능

• 생산물시장 : 재화와 용역의 공급, 자본재의 수요(투자)
• 요소시장 : 생산요소의 수요
• 대부자금시장 : 대부자금의 수요

핵심개념 거시경제의 주체별 기능

구 분	내 용
가계부문	• 생산물시장 : 재화와 용역의 수요 • 요소시장 : 생산요소의 공급 • 대부자금시장 : 대부자금의 공급 • 정부부문 : 조세의 납부
기업부문	• 생산물시장 : 재화와 용역의 공급, 자본재의 수요(투자) • 요소시장 : 생산요소의 수요 • 대부자금시장 : 대부자금의 수요
정부부문	• 생산물시장 : 공공재의 공급, 재정지출을 통한 재화와 용역의 수요 • 가계부문 : 조세의 징수
해외부문	• 생산물시장과 외환시장 　- 수출 : 국내에서 생산된 재화와 용역에 대한 수요 　- 수입 : 해외에서 생산된 재화와 용역의 공급 • 외환시장과 대부자금시장 : 대부자금의 공급과 수요
중앙은행	대부자금시장과 외환시장 : 통화량과 이자율의 조절

11　　　　　　　정답 ③

환율 상승에 따라 수입원자재 등 생산요소가격이 상승하면 총공급이 감소하여 단기 총공급곡선은 좌측으로 이동한다.

핵심개념 단기 총공급곡선의 이동 요인

구 분	내 용
우측 이동 요인	• 경제활동인구의 증가 • 투자를 통한 자본량의 증가 • 기술향상에 의한 요소생산성 향상 • 임금 등 생산요소가격 하락 • 총수요 증가 예상 • 신기술 개발 등의 긍정적 공급충격
좌측 이동 요인	• 기대 인플레이션 상승에 따른 임금 상승 • 환율 상승에 따른 수입원자재 등 생산요소가격 상승 • 자연재해 등 부정적 공급충격

12　　　　　　　정답 ④

물가가 변동하면 총수요량이 변화하여 총수요곡선상의 이동이 발생하고, 물가 이외의 요인이 변동하면 총수요가 변동하여 총수요곡선의 이동이 발생한다.

13 정답 ④

채권자로부터 채무자에게 또는 노동자로부터 기업가에게 부가 재분배된다.

14 정답 ④

- 전체인구 1,000만명 = 비노동가능인구 300만명 + 노동가능인구
- 노동가능인구 700만명 = 비경제활동인구 200만명 + 경제활동인구
- 경제활동인구 500만명 = 실업자 + 취업자 400만명

따라서 실업자 = 100만명이므로,

- 실업률 = $\dfrac{\text{실업자}}{\text{경제활동인구}} \times 100 = \dfrac{100만명}{500만명} \times 100 = 20\%$

핵심개념 경제활동참가율과 고용률 공식

- 경제활동참가율 = $\dfrac{\text{경제활동인구}}{\text{노동가능인구}} \times 100$
- 고용률 = $\dfrac{\text{취업자}}{\text{노동가능인구}} \times 100$

15 정답 ②

실제GDP는 잠재GDP를 중심으로 상하 변동하게 되는데, 이는 실제GDP의 평균값은 잠재GDP와 같다는 것을 의미한다.

16 정답 ③

회사채·CP는 L(광의유동성)에 해당한다.

핵심개념 통화지표의 구성

- M_1(협의통화) = 현금통화 + 요구불예금 + 수시입출금식예금
- M_2(광의통화) = M_1 + 정기예·적금 + 시장형금융상품 + 실적배당형금융상품 + 기타 예금 및 금융채
- L_f(금융기관유동성) = M_2 + 2년 이상 장기금융상품 + 생명보험계약준비금 및 증권금융예수금
- $L = L_f$ + 기타 금융기관 상품 + 국채·지방채 + 회사채·CP

17 정답 ⑤

준통화는 유동성이 높아 현금으로 전환이 쉬운 예금으로, 준통화비율과 통화승수는 정(+)의 관계이다(준통화비율이 상승하면 통화승수는 증가).

18 정답 ④

교차환율은 자국통화가 개입되지 않은 외국통화 간의 환율을 말한다.

핵심개념 재정환율

한 국가의 통화와 다른 국가의 통화 간의 환율을 기준환율로 정하고, 그 기준이 되는 한 국가의 통화와 또 다른 국가의 통화 간의 교차환율과 기준환율과의 관계로부터 도출되는 환율이다.

19 정답 ②

환율이 상승하면 수입상품가격이 상승하여 수입이 감소한다.

20 정답 ①

②·③·④·⑤는 재정지출 확대로 인해 나타나는 현상에 해당한다.

21 정답 ③

국가 간 자본이동성과 관계없이 균형 명목환율은 상승한다.

22 정답 ②

내수출하지수는 동행종합지수에 해당한다.

핵심개념 경기종합지수의 구성지표

구 분	내 용
선행종합지수	재고순환지표(제조업), 경제심리지수, 기계류내수출하지수, 건설수주액, 코스피, 장단기금리차, 수출입물가비율
동행종합지수	비농림어업취업자수, 건설기성액, 서비스업생산지수, 소매판매액지수, 내수출하지수, 수입액
후행종합지수	취업자수, 생산자제품재고지수, 소비자물가지수변화율, 소비재수입액, CP유통수익률

23 정답 ②

구성지수의 변동을 전월과 대비할 뿐 아니라 동 증감률 자체를 가지고 경기방향 및 변동폭을 판단하기 때문에 월간의 미세한 변동까지 파악이 가능하다.

24 정답 ⑤

경제구조가 빠르게 변화할 경우 경제지표의 경기대응성이 저하될 가능성이 크므로 적절한 시기에 구성지표나 합성방법 등의 변경을 통해 경제지표를 개편해야 한다.

25 정답 ⑤

기업실사지수

$$= \frac{(긍정적\ 응답업체\ 수\ -\ 부정적\ 응답업체\ 수)}{전체\ 응답업체\ 수} \times 100 + 100$$

$$= \frac{(80 - 20)}{100} \times 100 + 100$$

$$= 160$$

따라서 기업실사지수는 160이다.

26 정답 ③

시계열모형은 이론적 근거가 취약하기 때문에 정책효과를 정교하게 측정하는 데는 제약이 있지만, 거시계량경제모형은 경제구조 전체를 파악함에 있어 일관성과 동시성을 유지할 수 있고 정립된 이론적 근거를 가지며, 오차에 대한 통계학적 관리가 가능하다.

27 정답 ③

지상권은 부동산을 독점적으로 사용하는 용익물권이라는 점에서는 지역권 및 전세권과 같지만, 건물·기타 공작물이나 수목을 소유하기 위하여 타인이 토지를 이용한다는 점에서 소유를 목적으로 하지 않는 지역권이나 전세권과 다르다.

28 정답 ②

지명채권은 양도인의 채무자에 대한 통지 또는 채무자의 승낙이 없으면 채무자에게 채권양도를 가지고 대항하지 못한다. 또한 채무자 이외의 제3자에게 대항하기 위해서는 이 통지 또는 승낙이 확정일자 있는 증서(내용증명우편 등)에 의할 것이 요구된다.

29 정답 ④

② 현금으로 계좌송금거나 계좌이체하는 경우의 예금계약 성립 시기
③ 자기앞수표의 예금계약 성립시기
⑤ 전자자금이체를 통한 지급의 효력 발생시기

30 정답 ①

동종의 채권이 서로 대립하고 있을 것

31 정답 ③

수탁자가 사망하는 경우 신탁재산은 명의인인 수탁자의 상속재산에 귀속되지 않는다.

핵심개념 신탁재산의 독립성

구 분	내 용
수탁자 사망 시	신탁재산은 명의인인 수탁자의 상속재산에 귀속되지 않음
수탁자 파산 시	신탁재산은 수탁자의 파산재단에 속하지 않음
상계여부	신탁재산에 속하는 채권과 신탁재산에 속하지 아니하는 채무와는 상계하지 못함
강제집행 또는 경매 여부	원칙적으로 신탁재산에 대해서는 강제집행 또는 경매를 할 수 없음

32 정답 ④

① 부동산투자신탁 : 다수의 소액투자가로부터 공모에 의하여 자금을 조달하여 부동산의 구입·운용·개발 등 부동산에 대한 투자를 행하고, 그 운용수익을 투자자에게 배분하는 것
② 부동산관리신탁 : 부동산의 관리·보전을 목적으로 하는 신탁으로, 수탁자는 단순히 부동산을 유지·관리하는 것이 아니라 부동산의 소유명의자이자 권리자로서 포괄적인 업무를 담당
③ 부동산처분신탁 : 부동산의 처분을 목적으로 하는 신탁으로, 처분신탁의 수탁자는 처분가격의 결정, 매수인과의 교섭, 처분대금의 운용 등 모든 권한을 가짐
⑤ 토지신탁 : 부동산신탁회사가 수탁자로서 신탁된 토지상의 건물을 신축하는 등 개발행위를 하고, 토지 및 지상건물을 일체로 분양 또는 임대하여 그 수입으로 신탁회사의 투입비를 회수하고 수익을 교부하는 것

33 정답 ②

① 적합성 원칙 : 금융소비자 재산상황 등에 비추어 부적합한 상품의 구매권유 금지
③ 설명의무 : 금융소비자가 반드시 알아야 할 상품의 주요 내용을 설명
④ 불공정영업행위금지 : 소비자의 의사에 반하여 다른 상품의 계약 강요, 부당한 담보 요구, 부당한 편익 요구 등 금지
⑤ 부당권유금지 : 단정적 판단 또는 허위사실 제공 등 금지

34 정답 ②

과징금은 금융상품직접판매업자 및 금융상품자문업자를 대상으로 금전적 제재의 필요성이 있는 규제위반에 대해 해당 위반행위로 인해 발생한 수입의 50% 범위에서 부과된다.

핵심개념 과징금과 과태료

구 분	내 용
과징금	금융상품직접판매업자 및 금융상품자문업자를 대상으로 금전적 제재의 필요성이 있는 규제위반(설명의무·부당권유행위금지·불공정영업행위·광고규제 위반)에 대해 해당 위반행위로 인해 발생한 수입의 50% 범위에서 부과
과태료	• 부과 대상 : 6대 판매원칙 위반, 내부통제기준 미수립, 계약서류 제공의무 위반 등 • 과태료 부과대상을 '위반한 자'로 규정하여 관리책임이 있는 대리중개업자, 직접판매업자에 대한 과태료 부과 가능 • 부과대상 행위별로 1억원·3천만원·1천만원 범위 이내에서 부과 가능

35
정답 ①

신용카드는 권리 또는 재산권을 표창하는 증권은 아니고, 다만 회원자격을 증명하는 증거증권에 불과하다고 보는 것이 통설이다.

36
정답 ③

① 미성년후견 : 친권자가 없는 경우와 친권자가 법률행위의 대리권과 재산관리권을 행사할 수 없는 경우에 활용할 수 있는 제도
② 특정후견 : 질병·장애·노령·그 밖의 사유로 인한 정신적 제약으로 일시적 후원 또는 특정한 사무에 관한 후원이 필요한 경우에 활용할 수 있는 제도
④ 임의후견 : 질병·장애·노령·그 밖의 사유로 인한 정신적 제약으로 사무를 처리할 능력이 부족한 상황에 있거나 부족하게 될 상황에 대비하여 자신의 재산관리 및 신상보호에 관한 사무의 전부 또는 일부를 다른 자에게 위탁하고, 그 위탁사무에 관하여 대리권을 수여하는 것을 내용으로 하는 계약
⑤ 성년후견 : 장애·질병·노령 등으로 인해 사무처리 능력이 지속적으로 결여된 성인에게 가정법원의 결정을 통해 선임된 후견인이 재산관리·일상생활 등과 관련된 신상보호를 지원하도록 하는 제도

37
정답 ①

상속인의 제1순위는 피상속인의 직계비속으로 피상속인의 자녀 외에 손자녀·증손자녀 등도 포함된다. 다만, 직계비속이 여럿 있는 경우 최근친이 선순위가 되고, 최근친인 직계비속이 여럿 있으면 공동상속인이 되므로 피상속인의 자녀·손자녀가 있는 경우에는 자녀만이 상속하고 자녀가 여럿 있으면 그들이 공동으로 상속한다.

핵심개념 상속인의 순위

구 분	내 용
제1순위	직계비속 • 아들, 딸, 손자, 증손 등 • 피상속인의 자녀·손자녀가 있는 경우 : 자녀만이 상속 • 자녀가 여럿 있는 경우 : 공동으로 상속
제2순위	직계존속 • 혈족, 부모, 조부모 등 • 직계존속이 여럿 있는 경우 : 최근친이 선순위 • 최근친인 직계존속이 여럿 있는 경우 : 공동으로 상속
제3순위	형제자매 • 형제자매가 여럿 있는 경우 : 동순위로 상속
제4순위	4촌 이내의 방계혈족 • 4촌 이내의 방계혈족이 여럿 있는 경우 : 최근친자가 선순위 • 선순위인 자가 여럿 있는 경우 : 공동상속인

38
정답 ⑤

회사의 분할은 등기를 함으로써 효력이 발생한다.

39
정답 ⑤

변제계획안은 채무자만이 신청할 수 있고, 개인회생절차 개시신청일로부터 14일 이내에 제출하여야 한다.

40
정답 ⑤

전신송금의 경우 1백만원 또는 그에 상당하는 다른 통화로 표시된 금액 이상, 외국통화로 표시된 외국환거래의 경우 1만 미합중국달러 상당액 이상, 전신송금과 외국통화로 표시된 외국환거래 외의 금융거래의 경우에는 15백만원 이상이 고객확인대상이 되는 일회성금융거래에 해당한다.

제2과목 세무설계(40문항)

41 정답 ④

우리나라 소득세법상 종합소득은 이자소득, 배당소득, 사업소득 (부동산 임대소득 포함), 근로소득, 연금소득, 기타소득 6가지로 구분한다.

핵심개념 소득의 종류별 과세방법

구 분	내 용	과세방법
종합소득	소득세법상 열거된 이자소득, 배당소득, 사업소득, 근로소득, 연금소득, 기타소득	• 종합과세 당해 연도 발생소득을 합산하여 기본세율(6% ~ 45%) 적용 • 분리과세 2천만원 이하의 금융소득, 300만원 이하의 기타소득금액 등
퇴직소득	퇴직 시 수령하는 일시금	• 연분연승법 적용 • 기본세율 적용
양도소득	소득세법상 열거된 자본이득	• 일반적인 경우 : 기본세율 적용 • 단기보유, 다주택자 등 : 차등세율 적용

42 정답 ②

배우자공제는 거주자의 소득금액과는 상관없이 배우자의 해당 과세기간의 소득금액 합계액이 100만원 이하, 근로소득만 있는 경우 총급여액 500만원 이하이면 150만원을 공제한다.

핵심개념 기본공제

구 분	요 건
본인공제	거주자 본인
배우자공제	해당 과세기간의 소득금액 합계액 100만원 이하*
부양가족공제	해당 과세기간의 소득금액 합계액 100만원 이하*이며 거주자와 생계를 같이하는 다음 어느 하나에 해당하는 사람 • 직계존속으로서 60세 이상인 사람 • 직계비속 또는 입양자로서 20세 이하인 사람 • 거주자의 형제자매로서 20세 이하 또는 60세 이상인 사람 • 국민기초생활 보장법에 따른 수급자 • 아동복지법에 따른 위탁아동 ※ 부양가족이 장애인인 경우 나이의 제한 없음

*근로소득만 있는 경우 총급여액 500만원 이하

43 정답 ③

종합소득세의 세율은 최저 (6%)에서 최고 (45%)의 8단계 초과누진세율 구조로 되어 있다.

핵심개념 종합소득세 기본세율

종합소득 과세표준	세 율
1,400만원 이하	6%
1,400만원 초과 5,000만원 이하	84만원 + 1,400만원을 초과하는 금액의 15%
5,000만원 초과 8,800만원 이하	624만원 + 5,000만원을 초과하는 금액의 24%
8,800만원 초과 1억 5천만원 이하	1,536만원 + 8,800만원을 초과하는 금액의 35%
1억 5천만원 초과 3억원 이하	3,706만원 + 1억 5천만원을 초과하는 금액의 38%
3억원 초과 5억원 이하	9,406만원 + 3억원을 초과하는 금액의 40%
5억원 초과 10억원 이하	1억 7,406만원 + 5억원을 초과하는 금액의 42%
10억원 초과	3억 8,406만원 + 10억원을 초과하는 금액의 45%

44 정답 ④

퇴직소득을 연금수령하는 연금소득의 연금 실제 수령연차가 10년 이하인 경우의 원천징수세율은 연금외수령 원천징수세율의 70%이다.

핵심개념 연금소득 원천징수세율

구 분			원천징수세율
공적연금			기본세율
사적연금	연금소득자의 나이에 따른 세율	70세 미만	5%
		70세 이상 ~ 80세 미만	4%
		80세 이상	3%
	퇴직소득의 연금수령	연금 실제 수령연차 10년 이하	연금외수령 원천징수세율의 70%
		연금 실제 수령연차 10년 이상	연금외수령 원천징수세율의 60%
	종신연금		4%

45 정답 ④

금융소득종합과세란 금융소득의 합계액이 2천만원을 초과하는 경우 그 초과금액을 다른 종합소득과 합산하여 과세하는 제도를 말한다. 금융소득종합과세 대상 여부를 판정하는 금액을 기준금액이라 하는데 현재 기준금액은 2천만원이다. 기준금액 초과여부를 따질 때에 비과세·분리과세 금융소득은 제외한다.

정답 및 해설

핵심개념 금융소득종합과세 주요내용

구 분	내 용
금융소득의 범위	이자소득과 배당소득
기준금액	• 2천만원까지는 14%의 원천징수세율로 분리과세 • 2천만원을 초과하는 금융소득은 종합과세
Gross-up 제도	종합과세되는 배당소득에 대하여 이중과세 방지
채권이자 과세	보유기간별 이자상당액을 보유자에게 귀속
비과세·분리과세 금융소득	비과세·분리과세 금융소득은 기준금액 초과여부를 따질 때 제외
원천징수세액	종합과세 대상이 되면 원천징수당한 세액은 기납부세액으로 공제
부부 별도 과세	부부의 금융소득은 합산하지 않음

46   정답 ④

세금우대종합저축의 이자는 분리과세되는 금융소득으로 종합과세 대상 금융소득에 합산하지 않는다.

∴ 은행예금 이자 30,000,000원 + 회사채 이자 30,000,000원
  = 60,000,000원

핵심개념 세금우대종합저축에 대한 과세특례

구 분	내 용
대상 저축	• 금융회사 등이 취급하는 적립식·거치식 저축 • 가입 당시 저축자가 세금우대 적용을 신청할 것
계약기간	1년 이상
계약금액 총액	• 1명당 1천만원 이하 : 20세 이상 • 1명당 3천만원 이하 : 65세 이상, 장애인, 독립유공자와 그 유족 또는 가족, 상이자, 수급자 등
원천징수세율	9%
과세특례	해당 저축에서 발생하는 이자·배당소득은 종합소득 과세표준을 계산할 때 산입하지 않고 개인지방소득세를 부과하지 않음
감면세액 추징	계약일로부터 1년 이내에 해지·인출하거나 그 권리를 이전하는 경우. 단, 가입자의 사망·해외이주 등 부득이한 사유가 있는 경우에는 그러하지 아니함

47   정답 ⑤

집합투자기구로부터의 이익은 배당소득에 해당한다.

핵심개념 헷갈리기 쉬운 이자소득과 배당소득

종 류	소득 구분
신용계 또는 신용부금으로 인한 이익	이자소득
채권·증권의 환매조건부 매매차익	
저축성보험의 보험차익	
직장공제회 초과반환금	
비영업대금의 이익	
집합투자기구로부터의 이익	배당소득
파생결합증권·사채로부터의 이익	
출자공동사업자의 손익분배비율에 해당하는 금액	

48   정답 ②

비상장법인 배당 30,000,000원 × 10% = 3,000,000원

핵심개념 그로스업 금액 계산방법

이자소득과 배당소득이 혼재한 경우 이자소득, 그로스업 대상이 아닌 배당소득, 그로스업 대상 배당소득 순서대로 종합과세 기준금액에 합산하고, 종합과세 기준금액을 초과하는 그로스업 대상 배당소득에 10%를 곱하여 계산한다.

49   정답 ④

비과세 한도금액을 초과하는 금액에 대해서는 9%의 세율로 분리과세한다.

핵심개념 개인종합자산관리계좌에 대한 과세특례

구 분	내 용
가입대상	• 가입·연장일 기준 19세 이상인 자 • 가입·연장일 기준 15세 이상인 자로서 가입·연장일이 속하는 과세기간 직전 과세기간에 근로소득이 있는 자
과세특례	• 개인종합자산관리계좌에 가입하거나 계약기간을 연장하는 경우 발생하는 이자·배당소득의 합계액에 대해서는 비과세 한도금액까지는 소득세를 부과하지 아니한다. • 비과세 한도금액을 초과하는 금액에 대해서는 100분의 9의 세율을 적용하고 종합소득 과세표준에 합산하지 아니한다.
비과세 한도금액	• 400만원 – 직전 과세기간의 총급여액이 5천만원 이하인 거주자 – 직전 과세기간의 종합소득 과세표준에 합산되는 종합소득금액이 3천 8백만원 이하인 거주자 – 농어민(직전 과세기간의 종합소득 과세표준에 합산되는 종합소득금액이 3천 8백만원을 초과하는 자 제외) • 200만원 – 한도금액 400만원에 해당하지 않는 자
계약기간	3년 이상
총 납입한도	1억원
연간 납입한도	2천만원 × (1 + 가입 후 경과한 연수*) − 누적 납입금액 * 경과한 연수가 4년 이상인 경우 4년

50

정답 ②

소득세가 면제된 채권은 보유기간별 이자상당액을 보유자에게 귀속시키는 채권의 범위에 포함하지 않는다.

핵심개념 채권이자 과세제도

구 분	내 용
개 요	거주자가 채권의 발행법인으로부터 해당 채권에서 발생하는 이자를 지급받거나 해당 채권을 매도하는 경우, 그 보유기간별로 귀속되는 이자를 해당 거주자의 이자소득으로 보아 소득금액을 계산
채권의 범위	• 국가, 지방자치단체, 내국·외국법인이 발행한 채권 • 이자·할인액을 발생시키는 다음 어느 하나에 해당하는 증권(소득세가 면제된 채권 제외) 　- 금융회사 등이 발행한 예금증서 및 이와 유사한 증서(금융회사 등이 해당 증서의 발행일부터 만기까지 계속하여 보유하는 예금증서 제외, 양도성예금증서 포함) 　- 어음(금융회사 등이 발행·매출 또는 중개하는 어음을 포함, 상업어음 제외)
원천징수 의무자	• 만기상환 또는 이자 지급 시 : 채권의 발행기관 또는 이자를 지급하는 자 • 중도매매 시 : 매수·매도하는 법인
원천징수세율	• 원칙 : 14% • 비거주자에게 지급하는 경우 　- 조세조약을 체결한 국가의 거주자 : 제한세율 　- 조세조약을 체결하지 않은 국가의 거주자 : 20% • 실지명의가 확인되지 않은 자에게 지급하는 경우 　- 금융회사가 지급하는 경우 : 90% 　- 비금융회사가 지급하는 경우 : 45%
이자율	• 채권을 공개시장에서 통합발행하는 경우 : 표면이자율 • 그 외의 경우 : 표면이자율 ± 발행 시 할인율 또는 할증률
보유기간	보유기간 일수 : 매수일의 다음 날부터 매도일 또는 이자의 지급일까지 • 매수일 : 채권의 발행일 또는 직전 원천징수일 • 매도일 : 채권의 매도일 또는 이자 지급일(법인에게 매도를 위탁·중개·알선시킨 경우 실제 매도된 날)
보유기간 입증방법	• 채권을 금융회사 등에 개설된 계좌에 의하여 거래하는 경우 　- 해당 금융회사 등의 전산처리체계 또는 통장원장 • 그 외의 경우 　- 법인으로부터 매수한 경우 : 채권등매출확인서 　- 개인으로부터 매수한 경우 : 공증인이 작성한 공정증서
원천징수세액 공제	원천징수당한 채권이자는 종합소득 신고 시 기납부세액으로 공제

51

정답 ③

조세조약을 체결하지 않은 국가의 거주자에게 지급하는 이자에 대한 소득세 원천징수세율은 (20%)이다.

핵심개념 금융소득의 원천징수세율

금융소득 종류		원천징수세율
이자소득	비영업대금의 이익	25%
	직장공제회 초과반환금	기본세율
	그 밖의 이자소득	14%
배당소득	출자공동사업자의 배당소득	25%
	그 밖의 배당소득	14%
법원에 납부한 보증금·경락대금에서 발생하는 이자소득		14%
비거주자	조세조약을 체결한 국가의 거주자에게 지급하는 금융소득	제한세율
	조세조약을 체결하지 않은 국가의 거주자에게 지급하는 금융소득	20%*
비실명소득	금융회사가 실지명의가 확인되지 않은 자에게 지급하는 금융소득	90%
	비금융회사가 실지명의가 확인되지 않은 자에게 지급하는 금융소득	45%

*국가·지방자치단체 및 내국법인이 발행하는 채권에서 발생하는 이자소득인 경우 14%

52

정답 ①

금융소득은 개인별로 과세하며 부부인 경우에도 합산하지 않기 때문에 금융자산의 규모가 커서 금융소득이 많이 발생한다면 금융자산을 가족에게 증여하여 분산시키는 것을 고려할 필요가 있다.

핵심개념 금융소득종합과세 절세전략
• 주거래 금융회사 선정
• 비과세·분리과세 금융소득 활용
• 연간 금융소득 평준화
• 중도해지 이자소득 감액분에 대해 세부담이 적은 방법 선택
• 타익신탁 활용
• 주식형 펀드상품 활용
• 장기저축성보험 활용
• 채권의 양도

53

정답 ⑤

농지의 교환 또는 분합으로 발생하는 소득은 비과세 양도소득에 해당한다.

핵심개념 비과세 양도소득의 종류
• 파산선고에 의한 처분으로 발생하는 소득
• 농지의 교환 또는 분합으로 발생하는 소득
• 1세대 1주택*[1,2]과 이에 부수되는 토지의 양도로 발생하는 소득
• 1세대 1조합원입주권*[2] 양도에 따라 발생하는 소득
• 경계의 확정으로 지적공부상의 면적이 감소되어 지급받는 조정금
*1 1세대 1주택 특례 규정에 해당하는 경우도 포함
*2 양도 당시 실지거래가액이 12억원을 초과하는 경우는 제외

54
정답 ④

자기가 건설한 건축물 중 건축허가를 받지 않고 건축하는 건축물은 사실상의 사용일을 양도 또는 취득시기로 본다.

핵심개념 양도 또는 취득시기

구 분	시 기
원칙적인 경우	해당 자산의 양도대금을 청산한 날
대금 청산일이 불분명한 경우	등기 · 등록접수일 또는 명의개서일
대금 청산 전에 등기한 경우	등기접수일
장기할부조건 양도의 경우	등기접수일, 인도일, 사용수익일 중 빠른 날
자기가 건설한 건축물의 경우	사용승인서 교부일(단, 사용승인서 교부일 전에 사실상 사용하거나 임시사용승인을 받은 경우에는 그 사실상의 사용일 또는 임시사용승인을 받은 날 중 빠른 날로 하고 건축허가를 받지 아니하고 건축하는 건축물에 있어서는 그 사실상의 사용일)
상속 또는 증여의 경우	상속개시일 또는 증여받은 날

55
정답 ①

양도차익을 계산할 때 양도가액에서 공제할 필요경비는 미등기양도자산이더라도 공제가 가능하다.

핵심개념 미등기양도자산에서 제외되는 자산

- 장기할부조건으로 취득한 자산으로서 계약조건에 의하여 양도 당시 그 자산의 취득에 관한 등기가 불가능한 자산
- 법률의 규정 또는 법원의 결정에 의하여 양도 당시 그 자산의 취득에 관한 등기가 불가능한 자산
- 농지의 교환 또는 분합, 자경농지, 농지대토에 해당하는 토지
- 비과세 양도소득에 해당하는 1세대 1주택으로 건축허가를 받지 않아 등기가 불가능한 자산
- 도시개발사업이 종료되지 아니하여 토지 취득등기를 하지 아니하고 양도하는 토지
- 건설사업자가 공사용역 대가로 취득한 체비지를 토지구획환지처분공고 전에 양도하는 토지

56
정답 ②

양도차익 = 양도가액 4억원 − 취득가액 3억원 − 기타의 필요경비 1,200만원 = 8,800만원

핵심개념 양도소득금액의 계산

- 양도가액 = 양도 당시 실지거래가액
- 취득가액 = 취득 당시 실지거래가액
- 기타의 필요경비 = 취득부대비용 + 자본적 지출액 + 양도비
- 양도차익 = 양도가액 − 취득가액 − 기타의 필요경비
- 양도소득금액 = 양도차익 − 장기보유특별공제

57
정답 ③

실지양도가액 390,000,000원 × $\dfrac{\text{취득 당시 기준시가 } 80,000,000원}{\text{양도 당시 기준시가 } 130,000,000원}$
= 240,000,000원

핵심개념 환산취득가액의 계산

양도차익을 계산할 때 취득가액은 그 자산 취득 당시 실지거래가액에 따르며 실지거래가액을 확인할 수 없는 경우 매매사례가액, 감정가액, 환산취득가액을 순차적으로 적용한다.

환산취득가액 = 양도 당시 실지양도가액 × $\dfrac{\text{취득 당시 기준시가}}{\text{양도 당시 기준시가}}$

58
정답 ③

아래 핵심개념 참조

핵심개념 양도소득세의 가산세

- 무신고가산세

구 분	내 용
정 의	법정신고기한까지 과세표준신고를 하지 아니한 경우
가산세	• 부정행위인 무신고의 경우 　− 납부할 세액 × 40%(역외거래에서 발생한 경우 60%) • 부정행위가 아닌 무신고의 경우 　− 납부할 세액 × 20%

- 과소신고 · 초과환급신고가산세

구 분	내 용
정 의	법정신고기한까지 신고를 한 경우로서 다음 어느 하나에 해당하는 경우 • 납부할 세액을 신고하여야 할 세액보다 적게 신고한 경우 (과소신고) • 환급받을 세액을 신고하여야 할 금액보다 많이 신고한 경우 (초과신고)
가산세	• 부정행위인 과소신고 · 초과신고의 경우 : ㉠ + ㉡ 　㉠ 부정행위인 과소신고납부세액등* × 40%(역외거래에서 발생한 경우 60%) 　㉡ (과소신고납부세액등 − 부정행위로 인한 과소신고납부세액등) × 10% *과소신고납부세액 + 초과신고환급세액 • 부정행위가 아닌 과소신고 · 초과신고의 경우 　− 과소신고납부세액등 × 10%

- 납부지연가산세

구 분	내 용
정 의	• 법정납부기한까지 납부를 하지 않은 경우 • 납부하여야 할 세액보다 적게 납부한 경우(과소납부) • 환급받아야 할 세액보다 많이 환급받은 경우(초과환급)
가산세	㉠ + ㉡ + ㉢ ㉠ 납부하지 않았거나 과소납부한 세액 × 법정납부기한 다음 날부터 납부일까지의 기간 × $\dfrac{22}{100,000}$ ㉡ 초과환급받은 세액 × 법정납부기한 다음 날부터 납부일까지의 기간 × $\dfrac{22}{100,000}$ ㉢ 납부고지서에 따른 납부기한까지 납부하지 않았거나 과소납부한 세액 × 3%

59

정답 ①

실지거래가액에 의한 양도차익 7억원 $\times \dfrac{(양도가액\ 15억원\ -\ 12억원)}{양도가액\ 15억원}$

= 1억 4천만원

핵심개념 고가주택에 대한 양도차익

1세대 1주택의 양도는 양도소득세가 비과세되는 것이나, 해당 주택이 소득세법상 고가주택인 경우에는 1세대 1주택의 요건을 갖춘 경우라 하더라도 양도가액 중 12억원을 초과하는 부분에 대해서는 양도소득세를 과세한다.

실지거래가액에 의한 양도차익 $\times \dfrac{(양도가액\ -\ 12억원)}{양도가액}$

60

정답 ④

농지소재지에 거주하면서 (8년) 이상 자경한 농지를 양도하는 경우에는 양도소득세를 감면받을 수 있다.

핵심개념 자경농지에 대한 양도소득세의 감면

농지소재지에 거주하면서 자경한 농지를 양도하는 경우에는 다음 세 가지 요건을 모두 갖춘 경우 양도로 인한 양도소득세 중 매 5년간 2억원(매 과세기간별 1억원)을 한도로 100% 감면한다.

• 농지요건
  농지란 전, 답, 과수원으로서 지적공부상의 지목에 관계없이 실지로 경작에 사용되는 토지이며, 농지경영에 직접 필요한 농막, 퇴비사, 양수장, 지소, 농도, 수로 등을 포함한다.

• 거주요건
  농지소재지에 거주한다 함은 8년 이상의 기간 동안 다음 어느 하나에 해당하는 지역에 거주하는 것을 말한다.
  – 농지가 소재하는 시, 군, 구 안의 지역
  – 농지가 소재하는 시, 군, 구 안의 지역과 연접한 시, 군, 구 안의 지역
  – 해당 농지로부터 직선거리 30km 이내의 지역

• 8년 이상 자경요건
  자경이라 함은 농작업에 상시 종사하거나 농작업의 1/2 이상을 자기의 노동력에 의해 경작 또는 재배하는 것을 말한다. 취득일로부터 양도일까지의 기간이 8년 이상이어야 하며, 농지소재지에 거주하면서 자경한 기간도 8년 이상이어야 한다. 상속받은 농지의 경작기간에 있어서 상속인이 상속받은 농지를 1년 이상 계속하여 경작하는 경우 피상속인이 경작한 기간도 상속인이 경작한 기간으로 본다. 사업소득금액과 총급여액 합계액이 3천 700만원 이상인 과세기간이 있는 경우 그 기간은 해당 피상속인 또는 거주자가 경작한 기간에서 제외한다.

61

정답 ⑤

태아는 민법상 상속순위에 관하여는 이미 출생한 것으로 본다.

핵심개념 상속인의 순위

순 위	피상속인과의 관계	상속인 해당 여부
1순위	직계비속과 배우자	항상 상속인
2순위	직계존속과 배우자	직계비속이 없는 경우 상속인
3순위	형제·자매	1·2순위가 없는 경우 상속인
4순위	4촌 이내의 방계혈족	1·2·3순위가 없는 경우 상속인

62

정답 ②

상속개시일 전 (10년) 이내에 피상속인이 상속인에게 증여한 재산가액과 상속개시일 전 (5년) 이내에 피상속인이 상속인이 아닌 자에게 증여한 재산가액은 상속세 과세가액에 합산한다.

63

정답 ③

김이남에게 주어질 법적 상속분은 전체 상속분의 1/3인 5억원이다 (김일남의 상속분은 그 직계비속과 배우자에게 대습상속된다).

핵심개념 세부 법적상속분

성 명	피상속인과의 관계	법적상속분
김이남	아 들	15억원 ÷ 3 = 5억원
김일녀	딸	15억원 ÷ 3 = 5억원
박사랑	며느리	(15억원 ÷ 3) ÷ 1.5/2.5 = 3억원
김기쁨	손 자	(15억원 ÷ 3) ÷ 1/2.5 = 2억원

※ 김일남의 상속분 5억원은 대습상속되어 박사랑과 김기쁨에게 돌아가는데, 박사랑은 김일남의 배우자이므로 김기쁨보다 5할 가산된 금액을 받게 된다.

64

정답 ③

자녀공제는 1인당 5천만원이며 친생자뿐만 아니라 법률상 입양된 자녀 및 태아도 포함된다.

핵심개념 입양의 효력(민법 제882조의2)

제1항 양자는 입양된 때부터 양부모의 친생자와 같은 지위를 가진다.
제2항 양자의 입양 전의 친족관계는 존속한다.

※ 양자는 친생부모와 양부모 쌍방의 상속인이 될 수 있으며, 반대로 양자가 직계비속 없이 사망한 경우에는 친생부모와 양부모가 모두 공동상속인이 될 수 있다.

65

정답 ①

• 최대주주가 보유하는 주식 또는 출자자가 보유하고 있는 출자지분은 제외된다.
• 순금융재산가액 = 은행예금 1억원 – 은행차입금 5천만원 + 주식 2천만원 = 7천만원

순금융재산가액	금융재산상속공제액
2천만원 이하	순금융재산가액 전액
2천만원 초과 ~ 1억원 이하	2천만원
1억원 초과 ~ 10억원 이하	순금융재산가액 × 20%
10억원 초과	2억원

∴ 순금융재산가액이 2천만원 초과 1억원 이하이므로 금융재산상속공제액은 2천만원이다.

66　　정답 ③

세대생략 할증과세는 30%(단, 상속인이 피상속인의 자녀를 제외한 미성년 직계비속이면서 20억원을 초과하여 상속재산의 가액을 받는 경우에는 40%)이다.

67　　정답 ④

원칙적으로 상속세 납부의무가 있는 상속인 또는 수유자는 상속개시일이 속하는 달의 말일부터 6개월 이내에 상속세의 과세가액 및 과세표준을 납세지 관할세무서장에게 신고하여야 한다.

핵심개념 피상속인이나 상속인이 외국에 주소를 둔 경우

예외적으로 피상속인이나 상속인이 외국에 주소를 둔 경우, 상속세 납부의무가 있는 상속인 또는 수유자는 상속개시일이 속하는 달의 말일부터 9개월 이내에 상속세의 과세가액 및 과세표준을 납세지 관할세무서장에게 신고하여야 한다.

68　　정답 ⑤

연부연납을 허가받은 경우에는 분납이 허용되지 않는다.

69　　정답 ①

증여는 당사자 일방이 무상으로 재산을 상대방에게 수여하는 의사를 표시하고 상대방이 이를 승낙함으로써 그 효력이 생긴다.

70　　정답 ①

사인증여에 대한 설명이다.

핵심개념 사인증여(死因贈與)

증여자의 사망으로 인하여 효력이 생길 증여를 말하며, 상속개시일 전 10년 이내에 피상속인이 상속인에게 진 증여채무 및 상속개시일 전 5년 이내에 피상속인이 상속인이 아닌 자에게 진 증여채무의 이행 중에 증여자가 사망한 경우의 그 증여를 포함한다.

71　　정답 ③

개발사업의 시행에 의하여 재산가치가 증가한 경우에는 개발구역으로 지정되어 고시된 날을 취득시기로 본다.

핵심개념 증여재산 취득시기

타인의 기여에 의하여 재산가치가 증가한 경우에는 다음에 따른 날을 취득시기로 본다.
- 개발사업의 시행 : 개발구역으로 지정되어 고시된 날
- 형질변경 : 해당 형질변경허가일
- 공유물의 분할 : 공유물 분할등기일
- 사업의 인가·허가 또는 지하수개발·이용의 허가 등 : 해당 인가·허가일
- 주식등의 상장 및 비상장주식의 등록, 법인의 합병 : 주식등의 상장일, 비상장주식의 등록일, 법인의 합병등기일
- 생명보험 또는 손해보험의 보험금 지급 : 보험사고가 발생한 날
- 위의 규정 외의 경우 : 재산가치증가사유가 발생한 날

72　　정답 ⑤

- 동일인으로부터 재차증여를 받는 경우 10년간 합산하여 1천만원 이상인 경우 합산과세한다(증여자의 직계존속이 증여하는 경우 그 배우자도 동일인으로 간주한다).
- 할아버지의 사인증여는 상속세가 과세되므로 증여로 보지 않는다.
∴ 증여세 과세가액 = 아버지 증여액 500만원 + 어머니 증여액 1,000만원 = 1,500만원

73　　정답 ③

특수관계인 간 저가양수 시 증여재산가액 = (15억원 − 5억원) − Min(15억원 × 30%, 3억원) = 7억원

핵심개념 특수관계인 간 저가양수·고가양도

- 특수관계인 간 저가양수 시 증여재산가액 = (시가 − 대가) − Min(시가 × 30%, 3억원)
- 특수관계인 간 고가양도 시 증여재산가액 = (대가 − 시가) − Min(시가 × 30%, 3억원)

74　　정답 ③

특수관계인에게 양도한 재산을 그 특수관계인이 양수일부터 (3년 이내)에 당초 양도자의 배우자 등에게 다시 양도한 경우에는 양수자가 그 재산을 양도한 당시의 재산가액을 그 배우자 등이 증여받은 것으로 추정하여 이를 배우자 등의 증여재산가액으로 한다. 다만, 당초 양도자 및 양수자가 부담한 소득세법에 따른 결정세액을 합친 금액이 양수자가 그 재산을 양도한 당시의 재산가액을 당초 그 배우자 등이 증여받은 것으로 추정할 경우의 증여세액보다 큰 경우에는 그러하지 아니하다.

75　　정답 ⑤

직계비속으로부터 증여를 받은 경우는 성년자·미성년자 구분 없이 5천만원 한도로 공제한다.

76　　정답 ⑤

상장주식에 대한 평가는 평가기준일 전후 2개월간 공표된 매일의 한국거래소 최종시세가액의 평균액으로 한다.

77　　정답 ⑤

임시흥행장, 공사현장사무소 등 임시건축물의 취득에 대하여는 취득세를 부과하지 아니한다. 다만, 존속기간이 1년을 초과하는 경우에는 취득세를 부과한다.

핵심개념 취득세 납세의무자

취득세는 부동산, 차량, 기계장비, 항공기, 선박, 입목, 광업권, 어업권, 양식업권, 골프회원권, 승마회원권, 콘도미니엄 회원권, 종합체육시설 이용회원권 또는 요트회원권을 취득한 자에게 부과한다.

78
정답 ④

주택을 제외한 재산세 과세대상의 세부담 상한선은 직전연도 재산세액의 최대 (150%)이다.

79
정답 ③

종합부동산세의 과세기준일은 매년 6월 1일이다.

80
정답 ③

관할세무서장은 종합부동산세로 납부하여야 할 세액이 (250만원)을 초과하는 경우에는 그 세액의 일부를 납부기한이 지난날부터 (6개월) 이내에 분납하게 할 수 있다.

제3과목 보험 및 은퇴설계(20문항)

81
정답 ③

위험이 자주 발생하지 않지만 발생할 경우 치명적인 위험은 저빈도·고강도 위험에 속한다. 저빈도·고강도 위험은 경상비를 활용하여 손해를 복구하는 것은 불가능하기 때문에 자체조달보다는 외부조달이 효과적이다. 이 경우 효과성 및 효율성 측면에서 보험이 가장 바람직하다.

핵심개념 손실빈도와 손실규모에 따른 위험관리기법의 선택

• 손실빈도가 높고 손실규모도 큰 경우 : 위험회피
• 손실빈도가 높고 손실규모가 작은 경우 : 손실통제
• 손실빈도가 낮고 손실규모가 큰 경우 : 위험전가(보험가입)
• 손실빈도가 낮고 손실규모도 작은 경우 : 위험보유

82
정답 ③

① 보험회사가 보험계약을 체결·유지·관리하기 위한 비용은 부가보험료라고 한다. 영업보험료는 순보험료와 부가보험료의 합계액을 의미한다.
② 예정이율이 낮아지면 보험료는 높아진다.
④ 피보험자의 사망·장해·만기 등 보험금 지급사유 발생 시에 보험금으로 충당할 수 있도록 계산된 보험료는 순보험료이다.
⑤ 순보험료는 위험보험료와 저축보험료로 구성된다.

핵심개념 보험료의 구성 원리

구 분	내 용
보험료 계산의 기초	• 예정위험률(예정사망률) 　– 한 개인이 사망하거나 질병에 걸리는 등의 일정한 보험사고가 발생할 확률을 대수의 법칙에 의해 예측한 것 　– 예정위험률이 낮아지면 사망보험료는 낮아지고, 생존보험의 보험료는 높아짐 • 예정이율 　– 보험회사가 고객에게 받은 보험료를 가지고 보험금 지급 때까지의 운용을 통해 거둘 수 있는 예상수익률 　– 예정이율이 낮아지면 보험료가 높아지고, 예정이율이 높아지면 보험료가 낮아짐 • 예정사업비율 　– 보험회사가 보험계약을 유지 및 관리하는 데 드는 여러 가지 비용을 미리 예상하고 보험료에 포함시키는 경비의 구성비율 　– 예정사업비율이 낮아지면 보험료는 낮아짐
영업보험료의 구성	• 순보험료 　– 장래 보험금 지급의 재원이 되는 보험료로서, 위험보험료와 저축보험료로 구성 • 부가보험료 　– 생명보험회사가 보험계약을 체결·유지·관리하기 위한 경비에 해당하는 보험료

83
정답 ②

보험회사가 약관 및 청약서를 전달하지 않았거나, 약관의 중요한 내용을 설명하지 않은 경우 또는 계약자가 청약서에 자필서명을 하지 않은 경우에 계약자는 계약성립일로부터 3개월 이내에 계약을 취소할 수 있으며, 계약이 취소된 경우 보험회사는 이미 납부한 보험료와 보험료를 받은 기간에 대해 보험계약대출이율을 연단위 복리로 계산한 금액을 가산하여 지급한다.

84
정답 ④

유니버설보험은 보험료의 자유납입이 가능함에 따라 경제사정이 좋지 않을 경우 보험해약률이 높아진다.

핵심개념 유니버설보험

구 분	내 용
장 점	• 인플레이션에 대응할 수 있게 되므로 보험금의 미래가치를 높일 수 있음 • 보험계약자가 마음대로 보험금액을 증액하거나 감액할 수 있음 • 보험료를 자유롭게 추가하거나 줄여서 낼 수 있음 • 적립금액을 중도인출할 수 있으며, 부분 해지가 가능함
단 점	• 저금리시대에는 수익률이 낮아질 수 있음 • 보험료의 자유납입이 가능함에 따라 경제사정이 좋지 않을 경우 보험해약률이 높아질 수 있음

85
정답 ④

간병보험은 일상생활장해상태에 대한 보장개시일이 90일이다.

핵심개념 제3보험의 특징과 상품

제3보험은 생명보험의 정액보상적 특성과 손해보험의 실손보상적 특성을 동시에 가지는 보험을 말하며, 생명·손해보험 고유영역을 제외한 상해·질병·간병보험으로 구분할 수 있다.

구 분	내 용
상해보험	우연하고 급격한 외래 사고로 소요되는 비용 및 사망 등을 보장하는 보험
질병보험	• 질병은 원인이 신체에 내재하여 상해와 달리 외래성은 인정되지 않음 • 암보험 　－ 암진단·치료·수술 등과 관련된 비용을 보장하는 상품 　－ 면책기간 설정 : 보험계약일로부터 90일이 지난날의 다음 날부터 보장을 받을 수 있음(보험가입 후 1년 내 사고발생 시 보험금 삭감 지급)
간병보험	• 신체적·정신적 장애로 활동에 제한이 있거나 인식불명 상태가 원인이 되어 장기적인 의료서비스가 필요한 상태를 보장하는 보험 • 일반적으로 위험률 변동제도를 채택하기도 하며, 보험기간은 대부분 종신형 • 수발필요상태(90일 혹은 180일)의 정의에 따라 보험료 차이가 발생 • 일상생활장해상태에 대한 보장개시일은 90일, 치매상태에 대한 보장개시일은 2년의 면책기간 설정

86
정답 ④

사고현장의 보험목적물 제거를 위한 비용(해체비용, 청소비용), 상차비용(폐기물 처리비용 제외)으로 보험증권에 기재된 보험가입금액의 범위 내에서 재산손해액의 10%를 한도로 보상하는 것을 잔존물 제거비용이라고 한다.

핵심개념 비용손해

구 분	내 용
잔존물 제거비용	사고현장의 보험목적물 제거를 위한 비용, 상차비용으로 보험증권에 기재된 보험가입액 범위 내에서 손해액의 10%를 한도로 보상
손해방지 비용	손해방지 또는 경감을 위해 지출한 필요 또는 유익한 비용
대위권 보전비용	제3자로부터 손해배상을 받을 수 있는 경우 그 권리의 보전 또는 행사를 위해 지출한 필요 또는 유익한 비용
잔존물 보전비용	보험회사가 잔존물을 보전하기 위해 지출한 필요 또는 유익한 비용
기타 협력비용	보험회사의 요구에 따르기 위해 지출한 필요 또는 유익한 비용

87
정답 ④

가족한정특약에서 정하고 있는 가족의 범위는 기명피보험자, 기명피보험자의 부모와 양부모, 기명피보험자의 배우자의 부모 또는 양부모, 기명피보험자의 법률상 배우자 또는 사실혼관계의 배우자, 법률상의 혼인관계에서 출생한 자녀, 사실혼관계에서 출생한 자녀, 양자 또는 양녀, 기명피보험자의 며느리와 사위 등이 포함된다. 단, 형제와 자매는 가족의 범위에서 배제된다.

88
정답 ⑤

근로자가 업무상의 사유로 사망한 경우 평균임금의 120일분에 해당하는 금액을 유족에게 지급한다.

핵심개념 산업재해보상 보험급여

구 분	내 용
요양급여	• 현물급여가 원칙이나 부득이 할 경우 현금으로도 지급 가능 • 진료비는 공단이 의료기관에 직접 지급하나, 비급여 항목은 산재환자 본인이 부담 • 업무상 부상 또는 질병이 3일 이내의 요양으로 치유될 수 있으면 요양급여를 지급하지 않음
휴업급여	• 산재근로자가 요양으로 인해 취업하지 못한 기간에 대해 평균임금의 70%를 휴업급여로 지급 • 취업하지 못한 기간이 3일 이내인 근로자에게는 지급하지 않음
간병급여	치유 후 의학적으로 상시 또는 수시 간병이 필요한 경우 지급
장해급여	장해등급에 따른 지급(등급 : 제1급~제14급) • 제1급~제3급 장해 : 연금으로만 보상(노동력으로 완전히 상실한 등급) • 제4급~제7급 장해 : 연금과 일시금 중 선택이 가능 • 제8급~제14급 장해 : 일시금으로만 지급
유족급여	• 연금지급이 원칙이나 연금 수급권자가 일시금으로 원할 경우 유족일시금의 50%를 일시금으로 지급하고, 유족보상연금은 50%를 감액하여 지급 • 유족연금 수급권의 순위 : 배우자, 자녀, 부모, 손자녀, 조부모 및 형제자매 순
장애(유족) 특별급여	• 사업주의 고의 또는 과실로 업무상 재해가 발생하여 근로자가 장해등급 제1급~제3급을 입거나 사망 시 수급권자가 민법에 의한 손해배상청구 대신 장애(유족)특별급여를 청구하면 장해급여, 진폐보상연금 또는 유족연금 외에 장애(유족)특별급여를 지급할 수 있음 • 수급권자가 장애특별급여를 받으면 사업주에게 손해배상을 청구할 수 없음
상병보상연금	요양급여를 받는 근로자가 병원에서 치료를 시작한 지 2년이 경과된 날 이후에도 치유되지 아니하고 그 부상 또는 질병에 의한 폐질의 정도가 제1급에서 제3급에 해당하는 경우에는 휴업급여 대신 상병보상연금을 지급
장의비	근로자가 업무상 이유로 사망 시, 평균임금의 120일분에 상당하는 금액을 장제를 지낸 유족에게 지급
직업재활급여	직업훈련 비용 및 수당, 직장복귀 지원금, 적응 훈련비 및 재활운동비

89
정답 ④

만기 (10년) 이상인 저축성보험은 이자소득세를 비과세한다. 이 경우 (10년) 이내에 원금의 일부를 중도인출하더라도 원 계약이 (10년) 이상 유지되면 이자소득세는 비과세된다.

90
정답 ②

보험사고 발생일이란 저축성보험은 만기일을, 종신보험은 사망일을 의미한다.

핵심개념 보험금의 증여

구 분	내 용
과세원칙	보험금수령인과 보험료납부자가 다른 경우 보험금 상당액을 보험금수령인의 증여재산가액으로 함
증여시기	• 보험사고 발생일에 증여한 것으로 봄 • 보험사고 발생일이란 저축성보험은 만기일을, 종신보험은 사망일을 의미함 • 중도해지는 보험사고의 발생으로 볼 수 없음
증여세 과세방법	보험사고 발생일 현재 계약자와 수익자가 다르다면 계약자가 수익자에게 보험금을 증여한 것으로 간주하여 증여세 과세

91
정답 ④

과거에는 재무적인 부분에 치중하였지만, 지금은 기대수명이 길어지면서 재무적·비재무적인 요소의 균형을 중시하게 되었다.

92
정답 ①

(기대수명)은 성별·연령별 사망률이 현재 수준으로 유지된다고 가정했을 때 0세 출생자가 향후 몇 년을 더 생존할 것인가를 통계적으로 추정한 기대치를 말한다. (기대여명)은 현재 특정 연령에 있는 사람이 향후 얼마나 더 생존할 것인가 기대되는 연수를 말한다.

93
정답 ⑤

소득인정액을 계산할 때 재산의 소득환산율은 연 4%로 적용한다.

핵심개념 기초연금제도

구 분	내 용
목 적	고령자들에게 연금을 지급하여 안정적인 소득기반을 제공함으로써 고령자의 생활안정과 복지를 증진하고자 함
지급대상 및 선정기준	만 65세 이상이고 대한민국 국적을 가지고 있으며 국내에 거주하는 고령자 중 가구의 소득인정액이 선정기준액 이하인 자
선정기준액 (2024년)	• 단독가구 : 2,130,000원 • 부부가구 : 3,408,000원
신청방법	• 본인 및 대리인을 통한 신청 • 만 65세 생일이 속하는 달의 1개월 전부터 신청 • 주소지 관할 동 주민센터 및 읍·면사무소 또는 국민연금공단(인터넷 신청도 가능)

94
정답 ②

본인 200만원 및 국민연금 30만원, 배우자 150만원의 근로소득이 있는 경우 월 소득평가액은 다음과 같다.
월 소득평가액 = 본인 소득 분 [0.7 × (200만원 − 110만원) + 30만원] + 배우자 소득 분 [0.7 × (150만원 − 110만원)] = 121만원
※ 근로소득에서 기본공제액인 110만원을 공제한 금액에서 30% 추가 공제

95
정답 ④

DC형과 IRP의 경우 연간 (1,800만원)까지 추가납입이 가능하며, 연금저축과 합산하여 최대 (900만원)까지 세액공제를 받을 수 있다.

96
정답 ②

퇴직급여에는 퇴직연금, 퇴직연금일시금, 퇴직연금공제일시금, 퇴직일시금이 포함된다.
① 퇴직연금 : 공무원이 10년 이상 재직하고 퇴직한 때
③ 퇴직연금일시금 : 10년 이상 재직 후 퇴직한 공무원이 퇴직연금에 갈음하여 일시금으로 지급받고자 할 때
④ 퇴직연금공제일시금 : 10년 이상 재직 후 퇴직한 공무원이 10년을 초과하는 재직기간 중 일부기간을 일시금으로 지급받고자 할 때
⑤ 퇴직일시금 : 공무원이 10년 미만 재직하고 퇴직한 때

97
정답 ③

주상복합건물을 이용하는 경우 등기사항증명서상 주택이 차지하는 면적이 1/2 이상이어야 한다.

핵심개념 주택연금제도

구 분	내 용
개 념	집을 소유하고 있지만 소득이 부족한 고령자가 평생 또는 일정기간 집을 담보로 맡긴 후 국가가 보증하는 연금을 수령하는 대출상품
가입조건	• 부부 중 1명이 대한민국 국민 • 부부 중 1명이 만 55세 이상 • 부부기준 공시가격 등이 12억원 이하인 주택소유자 • 다주택자인 경우 합산 공시가격 12억원 이하 • 12억원 초과 2주택자는 3년 이내에 1주택 팔면 가입 가능 • 주택연금 가입주택을 가입자 또는 배우자가 실제 거주해야 함
특 징	• 가입자 및 배우자 모두 거주가 평생 보장되면서 부부 중 한 명이라도 사망해도 동일한 금액으로 연금지급이 보장 • 부부 두 사람 모두가 사망하여 주택을 처분 정산했을 때 연금수령액이 집값을 초과해도 상속인에게 별도의 청구를 하지 않음(반대로 정산 후 잔금이 있으면 상속인에게 돌아감) • 물가상승률이 반영되지 않아 처음 가입 시보다 주택가격이 상승해도 연금액은 동일

98   정답 ①

고객의 정보를 수집할 때는 고객과 직접 면담하거나 질문지 작성을 통해 기본적인 정보를 얻고, 고객의 은퇴생활 목표를 명확히 하며, 은퇴설계용 라이프 이벤트 표를 작성해 재무목표를 구체화한다. ② · ③ · ④ · ⑤는 은퇴설계 프로세스 2단계 고객 분석 및 은퇴설계 제안에 해당하는 내용이다.

핵심개념 은퇴설계 프로세스 3단계

구 분	내 용
1단계 고객과 관계정립 및 정보수집	• 고객과의 관계를 정립한 후 고객의 니즈를 파악 • 면담과 질문지를 이용한 고객에 대한 정보수집 • 은퇴설계 목표의 구체화 • 라이프 이벤트 표 작성
2단계 고객 분석 및 은퇴설계 제안	• 현금흐름표, 가계 대차대조표, 사망 및 의료 보장, 금융자산의 포트폴리오, 세금 분석 및 작성 • 제안서 작성 및 고객에게 설명
3단계 실행 지원 및 사후 관리	• 제안 내용의 실행 지원 • 매년 1~2회 정도의 사후 관리

99   정답 ③

보장 분석에 대한 설명이다. 보장 분석 시에는 의료 및 사망 보장이 어느 정도인지 파악하고 은퇴 이후 보장이 지속되는지도 체크해야 한다. 또한 필요 이상의 보험에 가입해 있는지도 확인해야 한다.

100   정답 ⑤

은퇴설계 제안서는 중장기적 지표가 되므로 적어도 1년에 1~2회 정도 사후관리가 바람직하다.

제2회 정답 및 해설

01	02	03	04	05	06	07	08	09	10
③	⑤	③	④	①	①	③	②	⑤	④
11	12	13	14	15	16	17	18	19	20
①	⑤	④	⑤	①	①	③	⑤	③	①
21	22	23	24	25	26	27	28	29	30
④	⑤	②	①	③	④	②	②	④	⑤
31	32	33	34	35	36	37	38	39	40
⑤	①	②	④	③	④	⑤	②	③	⑤
41	42	43	44	45	46	47	48	49	50
②	③	⑤	③	②	①	⑤	②	④	⑤
51	52	53	54	55	56	57	58	59	60
⑤	①	④	⑤	④	③	②	②	②	①
61	62	63	64	65	66	67	68	69	70
③	⑤	④	⑤	①	⑤	④	④	④	⑤
71	72	73	74	75	76	77	78	79	80
⑤	⑤	③	④	④	③	④	⑤	③	②
81	82	83	84	85	86	87	88	89	90
④	④	④	③	④	④	⑤	④	④	⑤
91	92	93	94	95	96	97	98	99	100
③	⑤	⑤	①	③	④	③	②	④	①

제1과목 자산관리 기본지식(40문항)

01
정답 ③

재무상담은 고객의 문제평가에서 시작한다면, 재무설계는 고객의 목표로부터 시작한다.

02
정답 ⑤

비재무적 요구의 증가는 소비자의식 변화에 해당한다.

핵심개념 개인 재무설계의 필요성

구 분	내 용
사회 경제적 배경	• 자산 및 부채의 증가 • 금융시장 개방 및 국제화 • 금융상품 다양화 및 금융 관련 법규 강화
인구 통계적 배경	• 1인 가구의 증가 • 저출산 및 고령화 • 노동환경의 변화
소비자의식 변화	• 개인주의적 사고방식 • 개별성 추구 • 비재무적 요구의 증가 • 재무설계의 중요성 인식

03
정답 ③

ⓒ·ⓔ은 소비자의식 변화에 해당한다.

04
정답 ④

재무설계는 미래의 일어나지 않은 사건에 대비해 무형의 금융상품을 가입하는 것이므로 고객의 자발적인 참여가 낮다고 볼 수 있는데, 실행력 있는 사람이 유망고객일 경우에는 재무설계의 성공 가능성이 높아진다.

05
정답 ①

일반적 DM발송 시 고객 불만을 초래할 가능성이 높으므로 고객에게 맞춤화된 DM을 제작하여 발송해야 한다.

06
정답 ①

①은 상황 파악 질문에 해당한다.

핵심개념 최초 면담 시 자산관리사가 활용할 수 있는 유용한 질문의 유형

구 분	내 용
상황 파악 질문	고객이 현재 처해 있는 상황에 대한 정보를 수집하기 위한 질문
문제 인식 질문	고객이 현재 갖고 있는 문제 및 어려움에 대해 고객 스스로 인식하도록 하기 위한 질문
시사 질문	고객이 갖고 있는 문제로 인해 발생되는 결과에 대한 심각성을 고객 스스로 인지하도록 하는 질문
해결 질문	고객이 스스로 해결책에 의한 효용 및 이득을 느끼게 하여 자산관리사의 해결안에 동의를 구하는 질문

07   정답 ③

ⓛ · ⓒ 문제 해결 질문

⊙ · ⓓ 시사 질문

ⓜ 상황 파악 질문

08   정답 ②

고객과의 최초 면담 시 자산관리사는 가볍고 일상적인 내용으로 시작하여 고객과의 어색함을 해소하고 관심을 유도한 후, 고객의 생각이나 의견을 들을 수 있는 질문으로 유도하는 것이 바람직하다.

09   정답 ⑤

설문서는 빠른 정보수집이 가능하므로 시간이 절약되고, 고객의 생각이 잘 반영된다는 장점이 있다.

핵심개념 고객 정보수집 방법별 특징

구 분	내 용
직접면담	• 재무적 · 비재무적 정보 등 많은 자료 수집 가능 • 고객의 인생관이나 성향, 경험 등에 대한 파악을 통해 고객을 잘 이해할 수 있음 • 고객과의 신뢰 증대
설문서	• 빠른 정보수집이 가능하여 시간 절약 • 고객의 생각이 잘 반영됨 • 고객의 정보를 정확하게 점검 가능
인터넷	• 시간과 비용 절약 • 고객과의 쌍방향 의사소통 극대화 • 상담업무의 효율성 증대
전 화	• 이미 수집한 정보 중 간단한 질문이 필요할 경우 사용 • 답변에 대한 확인이 필요한 경우 유용함

10   정답 ④

부동산자산이란 투자 목적 또는 거주 목적의 부동산을 모두 포함하는 것으로, 개인이 소유한 토지, 주택, 아파트 등은 대표적인 부동산자산에 해당한다.

11   정답 ①

예화법은 가망고객이 아는 사람의 계약 체결 사례를 들어 불안감 제거 및 모방심리를 유도하는 방법이다.

핵심개념 계약체결기법의 종류

구 분	내 용
묵시적 동의법	실제로는 고객이 동의한 적 없지만, 암묵적 동의를 전제로 하여 다음 단계로 진행하는 방법
양자택일법	두 개의 결정 중 어느 하나를 선택하도록 유도하는 방법
예화법	가망고객이 아는 사람의 계약체결 사례를 들어 불안감을 제거하고 모방심리를 유도하는 방법
손해암시법	가입을 미루려는 고객에게 앞으로 발생할 수 있는 손해를 암시하여 지금 바로 계약을 체결하도록 유도하는 방법

12   정답 ⑤

장기에는 기술의 변화가 없고 자본 · 노동 등 생산요소 총량이 고정되어 있지만, 최장기에는 기술발전이 가능하고 자본 · 노동 등 생산요소 총량이 가변적이다.

13   정답 ④

단기에는 노동만을 가변 생산요소로 가정하기 때문에 노동시장을 중심으로 요소시장을 살펴볼 수 있으며, 노동시장에서 균형 실질임금과 고용량이 결정된다. 생산물시장에서는 총수요와 총공급이 일치하는 점에서 한 나라의 균형 실질GDP와 물가가 결정된다.

14   정답 ⑤

단기에 실물과 화폐의 교환비율은 1:1이라고 가정하고, 실물의 흐름과 반대방향으로 동액의 화폐흐름이 있다.

15   정답 ①

기대 인플레이션 상승에 따른 임금 상승은 총공급의 감소 요인이다.

16   정답 ①

① 실질소득의 증가 → 소비지출 증가 → 총수요곡선 우측이동 → 총수요 증가

② 상대물가의 상승 → 순수출 감소 → 총수요곡선 좌측이동 → 총수요 감소

③ 실질이자율 상승 → 투자지출 감소 → 총수요곡선 좌측이동 → 총수요 감소

④ 가계의 부채 증가 → 소비지출 감소 → 총수요곡선 좌측이동 → 총수요 감소

⑤ 조세부담 증가 기대 → 투자지출 감소 → 총수요곡선 좌측이동 → 총수요 감소

핵심개념 총수요에 영향을 미치는 요인(총수요곡선의 이동)

구 분		내 용
총수요 증가 요인 (총수요곡선 우측이동)	소비지출	• 가계의 부, 실질소득의 증가 • 물가 상승 기대 • 실질소득 증가 기대 • 실질이자율 상승 기대
	국내총투자	• 기술의 발전 • 실질소득의 증가 • 물가 상승 기대 • 실질소득 증가 기대 • 실질이자율 상승 기대
	재정지출	• 재정지출 증가
	순수출	• 환율 상승 • 상대국 실질국민소득의 상대적 증가 • 자국의 관세 등 실효적 무역장벽 강화
총수요 감소 요인 (총수요곡선 좌측이동)	소비지출	• 가계의 부채 증가 • 실질이자율 상승 • 소득세 등 조세부담 증가
	국내총투자	• 실질이자율 상승 • 기업에 대한 조세부담 증가 • 조세부담 증가 기대
	재정지출	• 재정지출 감소
	순수출	• 상대물가의 상승 • 자국의 실질이자율 상승

17
정답 ③

물가가 하락하면 실질통화 공급이 증가함에 따라 대부자금 공급이 늘어 실질이자율이 하락한다. 실질이자율이 하락하면 가계의 소비지출과 기업의 투자지출이 증가하여 총수요량이 증가한다.

핵심개념 총수요곡선 그래프

이자율 하락에 따른 IS-LM곡선의 균형 이동	총수요(AD)곡선

18
정답 ⑤

자연실업률 수준에서 인플레이션과 실업률과의 상충관계는 없으며, 만약 상충관계가 존재한다면 그것은 단기적 현상이다. 따라서 장기필립스곡선은 인플레이션율과 실업률의 평면에서 자연실업률 수준에서 수직의 형태를 갖는다.

19
정답 ③

전체인구 100만명 = 비노동가능인구 20만명 + 노동가능인구
노동가능인구 80만명 = 비경제활동인구 30만명 + 경제활동인구
경제활동인구 50만명 = 실업자 + 취업자 40만명
따라서 실업자 = 10만명이므로,

• 경제활동참가율 $= \dfrac{경제활동인구}{노동가능인구} \times 100 = \dfrac{50만명}{80만명} \times 100$

$= 62.5\%$

• 실업률 $= \dfrac{실업자}{경제활동인구} \times 100 = \dfrac{10만명}{50만명} \times 100 = 20\%$

20
정답 ①

구축효과란 화폐공급량은 불변인 채 재정지출이 확대되면 이자율이 상승하고 이자율 상승이 민간투자를 억제하여 본래의 소득증대 효과를 상쇄하는 현상을 말한다.

21
정답 ④

재정지출의 재원을 과세 또는 국채의 공개시장매각을 통하여 조달할 경우 통화공급에는 변동이 없지만, 국채를 중앙은행이 인수할 경우에는 통화공급이 증가하게 된다.

22
정답 ⑤

첫 번째 시차와 두 번째 시차를 합하여 내부시차라 하고, 세 번째 시차를 외부시차라 하는데, 통상 재정정책의 내부시차는 긴 편이나 외부시차는 짧은 편이다.

23
정답 ②

경제가 침체국면에 있으므로 노동시장에서 노동공급곡선은 비교적 완만한 기울기를 가지고 있어 기업은 실질임금 상승 압력 없이 고용량을 늘릴 수 있다. 즉 고용량의 실질임금에 대한 탄력성이 커서 작은 실질임금 변동에 대해서도 고용량이 크게 변동한다.

24
정답 ①

②・③ 경기동행종합지수
④・⑤ 경기후행종합지수

경기종합지수의 구성지표

구 분	내 용
선행종합지수	재고순환지표(제조업), 경제심리지수, 기계류내수출하지수, 건설수주액, 코스피, 장단기금리차, 수출입물가비율
동행종합지수	비농림어업취업자수, 건설기성액, 서비스업생산지수, 소매판매액지수, 내수출하지수, 수입액
후행종합지수	취업자수, 생산자제품재고지수, 소비자물가지수변화율, 소비재수입액, CP유통수익률

25   정답 ③

$$기업실사지수 = \frac{(긍정적\ 응답업체\ 수 - 부정적\ 응답업체\ 수)}{전체\ 응답업체\ 수}$$
$$\times 100 + 100$$
$$= \frac{(60 - 40)}{100} \times 100 + 100$$
$$= 120$$

26   정답 ④

과거 행태가 반복되고 경제의 외부충격이 없는 경우 단기예측에 유용한 예측방법이다.

27   정답 ②

① 사유재산권 존중의 원칙 : 각 개인의 사유재산권에 대한 절대적 지배를 인정하고 국가나 다른 개인은 이에 간섭하거나 제한을 가하지 않는다는 원칙
③ 과실책임의 원칙 : 개인이 다른 사람에게 가한 손해에 대하여는 그 행위가 위법할 뿐만 아니라 고의 또는 과실에 기한 경우에만 책임을 진다는 원칙
④ 신의성실의 원칙 : 사회공동생활의 일원으로서 서로 상대방의 신뢰를 헛되이 하지 않도록 성의 있게 행동하여야 한다는 원칙
⑤ 권리남용금지의 원칙 : 권리 행사의 실질적인 내용이 권리의 원래 목적이나 공공성에 반하면 안 된다는 원칙

민법의 기본원리

근대민법은 기본원리로 개인의 자유와 평등을 기본이념으로 하는 사유재산권 존중의 원칙, 사적자치의 원칙, 과실책임의 원칙을 인정하였다. 그러나 현대에 와서는 근대민법의 기본원리에 많은 문제점이 노출되어 사회적 조정의 원칙으로 신의성실·권리남용금지·폭리행위금지 등이 제시되었다.

28   정답 ②

전세권은 용익물권에 해당한다.

담보물권의 종류

구 분	내 용
유치권	타인의 물건 또는 유가증권을 점유한 자가 그 물건이나 유가증권에 관하여 생긴 채권이 변제기에 있는 경우에 그 채권의 변제를 받을 때까지 그 물건 또는 유가증권을 점유할 수 있는 물권
질 권	채권자가 채권의 담보로서 채무자 또는 제3자가 제공한 동산 또는 재산권을 점유하고, 채무의 변제가 없는 때에는 그 목적물로부터 우선변제를 받는 물권
저당권	채권자가 채무자 또는 제3채무자가 제공한 부동산, 기타의 목적물의 교환가치를 채무의 담보로 운용하다가 채무의 변제가 없는 경우에 그 목적물을 경매하여 그 매각대금으로부터 우선변제를 받는 물권
근저당권	계속적인 거래관계로부터 발생·소멸하는 불특정 다수의 장래 채무를 결산기에 계산한 후 잔존하는 채무를 채권최고액의 범위 내에서 담보하는 저당권

29   정답 ④

특별결의는 출석한 주주의 의결권의 (3분의 2) 이상이며, 발행주식총수의 (3분의 1) 이상인 수로써 하는 결의이다.

30   정답 ⑤

수취은행은 원칙적으로 수취인의 계좌에 입금된 금원이 송금의뢰인의 착오로 자금이체의 원인관계 없이 입금된 것인지 여부에 관하여 조사할 의무가 없다. 다만, 수취은행이 수취인에 대한 대출채권 등을 자동채권으로 하여 수취인의 계좌에 입금된 금원 상당의 예금채권과 상계하는 것은 원칙적으로 가능하다.

31   정답 ⑤

대출계약의 성립시기는 차주가 금전소비대차약정서를 작성하여 은행에 제출하고 은행이 이를 이의 없이 수리한 때 성립한다.

32   정답 ①

동종의 채권이 서로 대립하고 있어야 한다.

33   정답 ②

은행은 고객이 요구할 때에는 당해 약관의 사본을 고객에게 교부하여 이를 알 수 있도록 하여야 하며, 보험약관의 경우는 교부의무가 다른 약관에 비해 강화되어 있다. 보험자(보험회사)는 보험계약을 체결할 때 보험계약자에게 보험약관을 의무적으로 교부하여야 하고, 그 약관의 중요한 내용을 설명하여야 한다. 만약 보험자가 이를 위반하면 보험계약자는 보험계약이 성립한 날부터 3개월 이내에 그 계약을 취소할 수 있다.

34 정답 ④

신탁재산에서 손실이 발생한 경우 이는 모두 수익자에게 귀속되며 수탁자는 이것을 보전하여 주지 않는다(신탁의 실적배당 원칙).

35 정답 ③

금융소비자보호법에서 규정한 6대 판매원칙
• 적합성 원칙
• 적정성 원칙
• 설명의무
• 불공정영업행위금지
• 부당권유금지
• 광고규제

36 정답 ④

신용카드는 권리 또는 재산권을 표창하는 증권은 아니고, 다만 회원자격을 증명하는 증거증권에 불과하다고 보는 것이 통설이다.

37 정답 ⑤

부부의 일방이 일상의 가사에 관하여 제3자와 법률행위를 한 때에는 다른 일방은 이로 인한 채무에 대하여 연대책임이 있다.

38 정답 ②

합병의 효력은 존속회사의 본점소재지에서 변경등기를 한 때 또는 신설회사의 본점소재지에서 설립등기를 한 때 발생한다.

39 정답 ③

의심거래보고를 하지 않는 경우에는 3천만원 이하의 과태료부과가 가능하다.

40 정답 ⑤

개인정보를 이용하는 경우 개인정보는 당초 수집한 목적 범위 내에서 이용 가능하고, 당초 수집 목적 외로 이용하는 경우에는 정보주체의 별도 동의를 받아야 한다. 다만, 정보주체 또는 그 법정대리인이 의사표시를 할 수 없는 상태에 있거나 주소불명 등으로 사전 동의를 받을 수 없는 경우로서 명백히 정보주체 또는 제3자의 급박한 생명·신체·재산의 이익을 위하여 필요하다고 인정되는 경우 등 법에서 따로 정한 경우에는 동의 없이 가능하다.

제2과목 세무설계(40문항)

41 정답 ②

직장의 본사 위치와 무관하며, 계속하여 183일 이상 국내에 거주할 것을 통상 필요로 하는 직업을 가진 때 주소를 가진 것으로 본다.

핵심개념 거주자에 대한 과세방법

• 주소와 거소의 판정
  국내에 거주하는 개인이 다음 어느 하나에 해당하는 경우에는 국내에 주소를 가진 것으로 본다.
  – 계속하여 183일 이상 국내에 거주할 것을 통상 필요로 하는 직업을 가진 때
  – 국내에 생계를 같이하는 가족이 있고, 그 직업 및 자산상태에 비추어 계속하여 183일 이상 국내에 거주할 것으로 인정되는 때
• 거주자와 비거주자 구분

구 분	거주자	비거주자
개 념	국내에 주소를 두거나 183일 이상의 거소를 둔 개인	거주자가 아닌 개인
과세대상 소득	국내외에서 발생한 모든 소득	국내원천소득
과세방법	• 원칙 : 종합과세 • 예외 : 분리과세	• 원칙 : 분리과세(제한세율) • 예외 : 종합과세
소득공제 (종합과세 되는 경우)	모든 소득공제 가능	• 기본공제는 본인공제만 인정 • 특별소득공제는 인정 안 됨

• 과세기간

구 분	과세기간
원 칙	1월 1일부터 12월 31일까지
거주자가 사망한 경우	1월 1일부터 사망한 날까지
거주자가 출국하는 경우	1월 1일부터 출국한 날까지

42 정답 ③

장기주택저당 차입금에 대한 이자 상환액을 공제할 수 있다.

핵심개념 금융회사의 판매상품과 관련된 소득공제
근로소득이 있는 거주자가 다음 어느 하나에 해당하는 금액을 지급한 경우 근로소득금액에서 공제가 가능하다.
• 주택임차자금 차입금의 원리금 상환액
• 장기주택저당 차입금의 이자 상환액
• 주택청약종합저축 납입액
• 신용카드 등 사용금액

43 정답 ⑤

퇴직 전 부여받은 주식매수선택권을 해당 법인에서 근무기간 중 행사함으로써 얻은 이익은 근로소득에 해당하며 퇴직 후 행사함으로써 얻은 이익은 기타소득에 해당한다.

핵심개념 수령방법, 행사시기, 지급시기 등에 따라 소득구분이 바뀌는 경우
- 퇴직 전 부여받은 주식매수선택권을 행사함으로써 얻은 이익
  - 근무기간 중 행사 : 근로소득
  - 퇴직 후 행사 : 기타소득
- 직무발명보상금
  - 퇴직 전 지급받는 경우 : 근로소득
  - 퇴직 후 지급받는 경우 : 기타소득
- 연금계좌 세액공제를 받은 연금계좌 납입액
  - 연금수령하는 경우 : 연금소득
  - 연금외수령하는 경우 : 기타소득
- 연금계좌의 운용실적에 따라 증가된 금액
  - 연금수령하는 경우 : 연금소득
  - 연금외수령하는 경우 : 기타소득

44
정답 ③

부양가족이 장애인인 경우에는 나이의 제한 없이 기본공제를 적용할 수 있다.

핵심개념 기본공제
- 본인공제 : 거주자 본인
- 배우자공제 : 연간 소득금액이 100만원 이하[*1]
- 부양가족공제 : 연간 소득금액이 100만원 이하[*1]이면서 거주자와 생계를 같이하는 부양가족[*2] 중 다음 어느 하나에 해당하는 사람
  - 직계존속으로서 60세 이상인 사람
  - 직계비속 또는 입양자로서 20세 이하인 사람
  - 거주자의 형제자매로서 20세 이하 또는 60세 이상인 사람
  - 국민기초생활 보장법에 따른 수급자
  - 아동복지법에 따른 위탁아동

[*1] 근로소득만 있는 경우 총급여액 500만원 이하
[*2] 장애인인 경우 나이의 제한 없음

45
정답 ②

당초 배당소득에 부과되었던 법인세를 합산하여 배당소득금액으로 하고, 그 법인세를 납부할 소득세에서 공제해 주는 것을 그로스업이라고 한다. 이를 통해 이중과세를 조정할 수 있다.

핵심개념 그로스업 제도
- 그로스업 적용요건

요 건	내 용
종합과세되는 배당소득	배당소득이 다른 금융소득과 합산하여 2천만원을 초과하여야 함
법인세가 과세된 소득	법인세가 과세된 소득을 재원으로 하는 배당소득이어야 함
내국법인으로부터 받은 배당소득	외국법인으로부터 받은 배당은 법인세가 외국정부에 귀속되었기 때문에 정책적으로 그로스업 대상에서 배제

- 그로스업에서 제외되는 배당소득
  - 자기주식 또는 자기출자지분의 소각이익의 자본전입으로 인한 의제배당
  - 토지의 재평가차액의 자본전입으로 인한 의제배당
  - 자본전입을 함에 따라 그 법인 외의 주주 등의 지분비율이 증가한 경우 증가한 지분비율에 상당하는 주식 등의 가액
  - 최저한세가 적용되지 아니하는 법인세의 비과세·면제·감면·소득공제를 받은 법인 중 유동화전문회사 등의 법인으로부터 받은 배당소득이 있는 경우에는 그 배당소득에 정하는 율을 곱하여 산출한 금액

46
정답 ①

비영업대금의 이익은 거주자에게 지급하는 경우와 법인에게 지급하는 경우 모두 (25%)의 세율로 원천징수한다. 기타 이자소득은 (14%)의 세율로 원천징수한다.

핵심개념 금융소득의 원천징수세율
- 거주자에게 지급하는 경우

구 분	세 율
일반적인 경우	14%
비영업대금의 이익	25%
직장공제회 초과반환금	기본세율
출자공동사업자의 배당소득	25%
금융회사가 지급하는 비실명 금융소득	90%
비금융회사가 지급하는 비실명 금융소득	45%
법원에 납부한 보증금 및 경락대금에서 발생하는 이자소득	14%

- 비거주자에게 지급하는 경우

구 분	세 율
조세조약 체결 국가의 거주자에 대한 금융소득	제한세율
조세조약 비체결 국가의 거주자에 대한 금융소득	20%

- 법인에게 지급하는 경우

구 분	세 율
비영업대금의 이익	25%
기타 이자소득	14%
집합투자기구로부터의 이익 중 투자신탁의 이익(배당소득)	14%

47
정답 ⑤

의제배당에 대한 설명으로 의제배당도 배당소득에 해당한다.

핵심개념 의제배당의 종류
- 주식의 소각이나 자본감소의 경우
- 잉여금 자본전입의 경우
- 법인해산의 경우
- 합병의 경우
- 분할 및 분할합병의 경우
- 법인이 자기지분상당액 무상주를 다른 주주에게 배정받게 하는 경우

48　　정답 ②

비과세·분리과세 금융소득은 종합과세 기준금액에 합산하지 않으며 이자소득과 배당소득 중 이자소득을 먼저 합산한다.

핵심개념 이자소득과 배당소득이 혼재한 경우의 그로스업 방법

종합과세 기준금액 초과여부를 따질 때에 다음 순서에 따라 합산한다.
• 이자소득과 배당소득이 함께 있는 경우에는 이자소득부터 먼저 합산
• 그로스업 대상 배당소득과 기타의 배당소득이 함께 있는 경우에는 기타의 배당소득부터 먼저 합산
• 비과세·분리과세 금융소득은 합산하지 않음

49　　정답 ④

연금계좌 세액공제를 받은 연금계좌 납입액을 연금외수령한 경우 기타소득으로 구분한다.

핵심개념 분리과세 금융소득

• 법원에 납부한 보증금 및 경락대금에서 발생하는 이자소득
• 금융회사가 실명의가 확인되지 않은 자에게 지급하는 금융소득
• 비금융회사가 실지명의가 확인되지 않은 자에게 지급하는 금융소득
• 직장공제회 초과반환금
• 조세특례제한법에 따라 분리과세되는 금융소득
• 위 금융소득 외의 금융소득으로서 합계액이 2천만원 이하이면서 원천징수된 소득

50　　정답 ⑤

국내사업장 또는 부동산소득과 관련 없는 금융소득이 분리과세되는 경우 제한세율 또는 20%의 세율로 원천징수된다.

핵심개념 비거주자에 대한 과세방법

• 국내원천소득

구 분	과세방법
퇴직소득, 부동산 등 양도소득	거주자와 동일한 방법으로 분류과세
그 외 국내원천소득	• 종합과세 : 국내사업장이나 부동산소득이 있고, 소득이 실질적으로 국내사업장이나 부동산소득에 관련되거나 귀속되는 경우 • 분리과세 : 국내사업장과 부동산소득이 없거나, 있더라도 소득이 실질적으로 국내사업장과 부동산소득에 관련되지 않거나 귀속되지 않은 경우

• 금융소득

구 분	과세방법
국내사업장이나 부동산소득이 있고, 소득이 실질적으로 국내사업장이나 부동산소득에 관련되거나 귀속되는 경우	• 금액에 상관없이 종합과세 – 기본세율 적용
국내사업장과 부동산소득이 없거나, 있더라도 소득이 실질적으로 국내사업장과 부동산소득에 관련되지 않거나 귀속되지 않은 경우	• 금액에 상관없이 분리과세 – 조세조약 체결국가 : 제한세율 – 조세조약 비체결국가 : 20%

51　　정답 ⑤

채권의 개인 간 거래 시 보유기간 입증 시 필요한 서류의 작성은 강제적인 것이 아니므로 개인 간의 합의에 의하여 조세의 전가가 가능하다.

핵심개념 채권이자 과세제도

• 개 요
채권의 만기상황(또는 이자지급) 전에 중도매매가 있는 경우에는 발생이자를 각각의 중도보유자별로 보유기간에 비례하여 안분계산한 금액을 각자의 이자소득으로 귀속시키도록 하고 있다.

• 보유기간 입증방법

구 분	입증방법
금융회사의 계좌를 이용하는 경우	해당 금융회사의 전산처리체계 또는 통장원장
법인으로부터 채권을 매수하는 경우	해당 법인이 발행하는 채권등매출확인서
개인으로부터 채권을 매수하는 경우	공증인이 작성한 공정증서

52　　정답 ①

저축성 보험의 보험차익이 비과세되려면 일시납보험의 경우 최초 납입일부터 만기일·중도해지일까지의 기간이 (10년) 이상이어야 하며, 종신형 연금보험의 경우 보험료 납입 계약기간 만료 후 (55세) 이후부터 연금을 수령해야 한다.

핵심개념 보험차익이 비과세되는 보험

저축성보험의 보험차익은 소득세법상 이자소득으로 보아 금융소득종합과세 대상이 되지만 다음 각각의 요건을 갖춘 장기저축성보험과 종신형 연금보험의 보험차익은 비과세된다.

종 류		요 건
장기 저축성보험	일시납 보험	• 계약자 1명당 납입할 보험료 합계액 1억원 이하 • 최초납입일부터 만기일·중도해지일까지의 기간이 10년 이상
	월적립식 저축성보험	• 최초납입일부터 납입기간이 5년 이상 • 최초납입일부터 매월 납입하는 기본보험료가 균등 • 기본보험료의 선납기간이 6개월 이내 • 계약자 1명당 매월 납입하는 보험료 합계액 150만원 이하
종신형 연금보험		• 계약자가 보험료 납입 계약기간 만료 후 55세 이후부터 사망 시까지 보험금·수익 등을 연금으로 지급받을 것 • 연금 외의 형태로 보험금·수익 등을 지급하지 아니할 것 • 사망 시 보험계약 및 연금재원이 소멸할 것 • 계약자와 피보험자 및 수익자가 동일하고 최초 연금지급개시 이후 사망일 전에 중도해지할 수 없을 것

53

정답 ④

주권비상장법인의 주식 중 대주주가 아닌 자가 장외매매거래에 의하여 양도하는 중소기업 또는 중견기업의 주식은 비과세한다.

핵심개념 양도소득세 과세대상

구 분	내 용
부동산	• 토지 : 지적공부에 등록하여야 할 지목에 해당하는 것 • 건물 : 건물에 부속된 시설물과 구축물 포함
부동산에 관한 권리	• 부동산을 취득할 수 있는 권리 • 지상권 • 전세권과 등기된 부동산임차권
주식 등	• 주권상장법인의 주식 등 　- 대주주가 양도하는 주식 등 　- 대주주가 아닌 자가 장외매매거래로 양도하는 주식 등 • 주권비상장법인의 주식 등 　- 대주주가 아닌 자가 장외매매거래로 양도하는 중소기업 또는 중견기업의 주식등은 비과세 • 국외주식
기타자산	• 사업용 고정자산과 함께 양도하는 영업권 • 특정시설물 이용권 · 회원권 • 과점주주가 양도하는 해당 법인의 주식 등 • 부동산 과다보유법인의 주식 등 • 부동산과 함께 양도하는 이축권
파생상품 등	이자소득 또는 배당소득으로 보지 않는 파생상품 등의 거래 또는 행위로부터의 이익
신탁의 이익을 받을 권리	수익증권 및 투자신탁의 수익권 제외

54

정답 ⑤

1년 미만 보유한 부동산, 부동산에 관한 권리의 양도로 발생하는 소득에 대한 원천징수세율은 50%이다.

핵심개념 양도소득세율

구 분	보유기간	세 율
부동산, 부동산에 관한 권리	1년 미만	50%(70%*[1])
	1년 이상 2년 미만	40%(60%*[2])
	2년 이상	기본세율(60%*[3])
기타자산	-	기본세율
미등기양도자산	-	70%

*1 조합원입주권, 분양권인 경우
*2 조합원입주권, 분양권인 경우
*3 분양권인 경우

55

정답 ④

양도소득 기본공제는 미등기양도자산 외의 양도로 인한 소득이 있는 경우 소득별 양도소득금액에서 각각 연 250만원을 공제한다. 고가주택의 경우 1세대 1주택에 해당하더라도 12억원을 초과하는 부분에 대하여는 양도소득세가 과세되므로 양도소득 기본공제 또한 적용이 가능하다.

56

정답 ③

구 분	예정신고 및 납부기한
일반적인 양도자산	양도일이 속하는 달의 말일부터 (2개월) 이내
부담부증여	수증일이 속하는 달의 말일부터 (3개월) 이내

핵심개념 양도소득세의 확정신고납부와 분할납부

• 확정신고납부
양도소득이 있는 거주자는 그 양도소득 과세표준을 양도한 연도의 다음 연도 5월 1일부터 5월 31일까지 주소지 관할 세무서장에게 확정신고를 하고 세액을 자진납부하여야 하지만 중복양도가 아니면서 예정신고를 한 경우 확정신고를 하지 않아도 된다.

• 분할납부
납부할 세액이 1천만원을 초과하는 경우 납부할 세액의 일부를 납부기한이 지난 후 2개월 이내에 분할납부할 수 있다.

납부할 세액	분할납부할 수 있는 세액
1천만원 초과 ~ 2천만원 이하	1천만원을 초과하는 금액
2천만원 초과	납부할 세액의 1/2 이하의 금액

57

정답 ②

상속받은 주택과 그 밖의 주택을 국내에 각각 1개씩 소유하고 있는 1세대가 일반주택을 양도하는 경우에는 국내에 1개의 주택을 소유하고 있는 것으로 보아 양도소득세가 비과세되는 1세대 1주택으로 본다. 상속받은 주택에는 조합원입주권 또는 분양권을 상속받아 사업시행 완료 후 취득한 신축주택을 포함하며, 피상속인이 상속개시 당시 2 이상의 주택을 소유한 경우에는 (1) 피상속인이 소유한 기간이 가장 긴 1주택, (2) 피상속인이 거주한 기간이 가장 긴 1주택, (3) 피상속인이 상속개시 당시 거주한 1주택, (4) 기준시가가 가장 높은 1주택을 말한다.

핵심개념 양도소득세가 비과세되는 1세대 1주택의 특례

구 분	비과세 적용 요건
일시적인 2주택	종전의 주택을 취득한 날부터 1년 이상이 지난 후 신규 주택을 취득하고 신규 주택을 취득한 날부터 3년 이내에 종전의 주택을 양도하는 경우
상속으로 인한 2주택	일반주택을 양도하는 경우
동거봉양으로 인한 2주택	동거봉양 합가일부터 10년 이내에 먼저 양도하는 주택

문화재주택 + 일반주택	일반주택을 양도하는 경우
농어촌주택 + 일반주택	일반주택을 양도하는 경우
수도권 밖 주택 + 일반주택	부득이한 사유가 해소된 날부터 3년 이내에 일반주택을 양도하는 경우
다가구주택	다가구주택 전체를 하나의 매매단위로 하여 양도하는 경우

자기가 건설한 건축물의 경우	사용승인서 교부일(단, 사용승인서 교부일 전에 사실상 사용하거나 임시사용승인을 받은 경우에는 그 사실상의 사용일 또는 임시사용승인을 받은 날 중 빠른 날로 하고 건축허가를 받지 아니하고 건축하는 건축물에 있어서는 그 사실상의 사용일)
상속 또는 증여의 경우	상속개시일 또는 증여받은 날

58
정답 ②

자경이라 함은 농작업에 상시 종사하거나 농작업의 (1/2) 이상을 자기의 노동력에 의해 경작 또는 재배하는 것을 말한다. 사업소득금액과 총급여액 합계액이 (3,700만원) 이상인 과세기간은 자경기간에서 제외한다.

59
정답 ②

손실이 예상되는 부동산 양도가 있는 경우 같은 연도에 중복양도를 하게 되면 양도차손으로 인한 손실금액이 양도차익에 따른 이익금액을 상쇄함으로써 양도세를 절세할 수 있다.

핵심개념 양도소득세 절세방안
- 부동산 보유기간별 변곡점을 확인하고 양도시기 결정
- 발표되는 세법 개정초안을 확인한 뒤 양도시기 결정
- 손실이 예상되는 양도가 아니라면 연중 중복양도는 가급적 회피
- 소수지분·무허가·공동상속 등으로 1세대 1주택자에서 제외되지 않도록 주의
- 1세대 1주택 양도 시 저가양도, 부담부증여 활용
- 오래 보유한 부동산의 배우자 우회양도
- 재건축·재개발주택에 대한 주택 및 조합원입주권 활용
- 양도소득세 중과 대상에서 제외되는 주택의 활용

60
정답 ①

부동산의 매매거래는 계약체결에서부터 중도금, 잔금청산을 거쳐 소유권 이전등기를 마칠 때까지 상당한 기간이 소요된다. 이러한 거래과정 중 어느 시점을 택하여 양도시기로 보느냐에 따라 양도소득의 귀속연도, 장기보유 특별공제율과 세율적용 등에 필요한 보유기간의 계산, 비과세와 감면요건의 충족여부 판단 및 양도소득세 신고기한의 결정 등에 영향을 미치게 된다.

핵심개념 양도 또는 취득시기

구 분	시 기
원칙적인 경우	해당 자산의 양도대금을 청산한 날
대금청산일이 불분명한 경우	등기·등록접수일 또는 명의개서일
대금청산 전에 등기한 경우	등기접수일
장기할부조건 양도의 경우	등기접수일, 인도일, 사용수익일 중 빠른 날

61
정답 ③

직계비속 또는 직계존속과 배우자가 공동으로 법정상속분을 상속하는 경우, 직계비속 또는 직계존속의 상속분에 5할을 가산한 금액을 배우자의 상속분으로 한다.

핵심개념 혼동하기 쉬운 상속인 유형

유 형	상속인 유무	유 형	상속인 유무
태 아	○	사실혼 관계 배우자	×
인지된 혼외자	○	이혼한 배우자	×
입양자녀	○	적모서자, 계모자	×
외국국적의 상속인	○	상속결격 사유 상속인	×

62
정답 ⑤

상속개시 2년 전에 재산을 처분하거나 인출하여 그 금액이 재산종류별로 5억원 이상이고, 그 용도가 객관적으로 명백하지 않은 경우에 상속으로 추정하여 상속세 과세가액에 포함시킨다.

핵심개념 상속 추정
피상속인이 재산을 처분하였거나 채무를 부담한 경우로서 다음의 어느 하나에 해당하는 경우에는 이를 상속받은 것으로 추정하여 상속세 과세가액에 산입한다.
- 피상속인이 재산을 처분하여 받은 금액이나 피상속인의 재산에서 인출한 금액이 상속개시일 전 1년 이내에 재산 종류별*로 계산하여 2억원 이상인 경우와 상속개시일 전 2년 이내에 재산 종류별*로 계산하여 5억원 이상인 경우로서 그 용도가 객관적으로 명백하지 아니한 경우
- 피상속인이 부담한 채무를 합친 금액이 상속개시일 전 1년 이내에 2억원 이상인 경우와 상속개시일 전 2년 이내에 5억원 이상인 경우로서 그 용도가 객관적으로 명백하지 아니한 경우
* 재산 종류별
㉠ 현금·예금 및 유가증권
㉡ 부동산 및 부동산에 관한 권리
㉢ 그 외의 기타재산

63 정답 ④

• 신탁법의 규정에 의한 공익신탁을 통해 출연하는 재산의 가액은 상속세 과세가액에 불산입한다.

• 상속개시일 6개월 전 인출한 예금 1억원은 상속개시일 1년 이내에 2억원 미만의 금액이므로 상속추정재산에 해당하지 않는다.

∴ 상속세 과세가액 = 토지 6억원 + (생명보험금 2억원 × 보험료 납부비율 50%) = 7억원

※ 피상속인이 부담한 보험료에 해당하는 보험금을 간주상속재산으로 본다.

64 정답 ⑤

상속세 과세표준이 50만원 미만이면 상속세를 부과하지 아니한다.

핵심개념 상속세 과세표준

상속세의 과세표준은 상속세 과세가액에서 상속공제액(인적공제, 물적공제)과 상속재산의 감정평가 수수료를 차감한 금액이다.

65 정답 ①

비거주자는 기초공제 2억원 외의 다른 상속공제가 허용되지 않는다.

핵심개념 나사망 씨가 거주자인 경우

• 기타인적공제 = 연로자공제 5천만원 + 자녀공제(5천만원 × 2명) + 미성년자공제(1천만원 × 1년) = 1억 6천만원

• 기초공제와 기타인적공제의 합계보다 일괄공제가 크므로 일괄공제 5억원을 적용한다.

• 순금융재산가액이 2천만원 이하이므로 1천만원 전액 공제한다.

∴ 상속공제액 = 일괄공제 5억원 + 금융재산공제 1천만원 = 5억 1천만원

66 정답 ⑤

대습상속의 경우에는 세대생략 할증과세를 적용하지 않는다.

67 정답 ④

단기재상속세액공제는 상속개시 후 10년 이내에 상속인이나 수유자의 사망으로 다시 상속이 개시되는 경우에는 전(前)의 상속세가 부과된 상속재산 중 재상속되는 상속재산에 대한 전의 상속세 상당액을 상속세 산출세액에서 공제한다.

68 정답 ④

상속세 납부의무가 있는 상속인 또는 수유자는 상속개시일이 속하는 달의 말일부터 6개월 이내에 상속세의 과세가액 및 과세표준을 납세지 관할세무서장에게 신고하여야 한다(단, 피상속인이나 상속인이 외국에 주소를 둔 경우에는 그 기간을 9개월로 한다).

69 정답 ④

부담부증여에 대한 설명이다.

70 정답 ⑤

거주자가 비거주자에게 국외에 있는 재산을 증여하는 경우 그 증여자가 증여세를 납부할 의무가 있다.

핵심개념 국외 증여에 대한 증여세 과세특례(국제조세조정에 관한 법률)

거주자가 비거주자에게 국외에 있는 재산을 증여(증여자의 사망으로 효력이 발생하는 증여는 제외한다)하는 경우 그 증여자는 이 법에 따라 증여세를 납부할 의무가 있다. 단, 다음의 요건을 모두 갖춘 경우에는 증여세 납부의무를 면제한다.

• 수증자가 증여자의 국세기본법에 따른 특수관계인이 아닐 것

• 해당 증여재산에 대하여 외국의 법령에 따라 증여세(실질적으로 같은 성질을 가지는 조세를 포함한다)가 부과될 것. 이 경우 세액을 면제받은 경우를 포함한다.

71 정답 ⑤

생명보험 또는 손해보험의 보험금 지급은 보험사고가 발생한 날을 증여재산의 취득시기로 본다.

72 정답 ⑤

• 동일인으로부터 재차증여를 받는 경우 10년간 합산하여 1천만원 이상인 경우 합산과세한다. 단, 증여자의 직계존속이 증여하는 경우 그 배우자도 동일인으로 간주한다.

• 주식 등의 상장 등에 따른 이익 등 재산의 증여 이후의 후발사건으로 발생한 증여이익은 합산배제 증여재산이다.

• 최대주주 등의 특수관계인이 비상장주식을 증여받은 경우 그 주식을 증여받은 날부터 5년 이내에 그 주식이 증권시장에 상장됨에 따라 그 가액이 증가한 경우로서 그 주식을 증여받은 자가 당초 증여세 과세가액 또는 취득가액을 초과하여 이익을 얻은 경우에는 그 이익에 상당하는 금액을 그 이익을 얻은 자의 증여재산가액으로 하여야 하지만 10년이 경과하였으므로 해당하지 않는다.

∴ 증여세 과세가액 = 아버지 증여액 500만원 + 어머니 증여액 1,000만원 = 1,500만원

73 정답 ③

특수관계가 없더라도 정당한 사유 없이 재산을 시가의 30% 이상의 차액이 발생하도록 양수·양도하는 경우 증여로 본다.

핵심개념 특수관계 없는 자 간의 저가양수·고가양도

• 특수관계 없는 자 간의 저가양수 시 증여재산가액 = (시가 – 대가) – 3억원

• 특수관계 없는 자 간의 고가양도 시 증여재산가액 = (대가 – 시가) – 3억원

74   정답 ④

부동산 무상사용에 따른 이익이 1억원 이상인 경우 증여로 본다.

핵심개념 부동산 무상사용에 따른 이익의 증여

• 타인의 부동산(그 부동산 소유자와 함께 거주하는 주택과 그에 딸린 토지는 제외한다)을 무상으로 사용함에 따라 이익을 얻은 경우에는 그 무상사용을 개시한 날을 증여일로 하여 그 이익에 상당하는 금액을 부동산 무상 사용자의 증여재산가액으로 한다. 다만, 그 이익에 상당하는 금액이 1억원 미만인 경우는 제외한다.
• 특수관계인이 아닌 자 간의 거래인 경우에는 거래의 관행상 정당한 사유가 없는 경우에 한정하여 적용한다.

75   정답 ④

• 증여재산공제액은 10년간 합산하며, 2 이상의 증여가 증여시기를 달리하는 경우 최초의 증여가액으로부터 순차적으로 공제한다.
• 5년 전 할아버지에게 받은 2천만원 전액이 직계존속공제되며 공제한도 5천만원 중 남은 3천만원만큼 올해 아버지에게 받은 증여액에서 공제한다.

76   정답 ③

신고세액공제는 3%이다.

77   정답 ④

일반적으로 과세물건의 취득일로부터 60일 이내에 취득세를 신고·납부하여야 한다. 단, 상속 또는 실종으로 인한 취득의 경우는 상속개시일 또는 실종신고일이 속하는 달의 말일부터 6개월(외국에 주소를 둔 상속인이 있는 경우에는 각각 9개월) 이내로 하며, 그 외의 무상취득의 경우에는 취득일이 속하는 달의 말일부터 3개월 이내로 한다.

78   정답 ⑤

재산세는 토지, 건축물, 주택, 항공기 및 선박을 과세대상으로 한다.

79   정답 ③

재산세의 과세기준일은 매년 6월 1일이다.

80   정답 ②

해당 연도에 부과할 세액이 20만원 이하인 경우에는 7월 16일부터 7월 31일까지로 하여 한꺼번에 부과·징수할 수 있다.

제3과목 보험 및 은퇴설계(20문항)

81   정답 ④

실손보상의 원칙에 대한 설명이다.

핵심개념 보험의 기본 원칙

구 분	내 용
수지상등의 원칙	순보험료 총액과 지급보험금 총액은 같아야 함
급부반대급부 균등의 원칙	나이나 병력 등 개별 계약자의 위험을 측정한 후 그 위험에 맞는 보험료가 산출되어야 함
대수의 법칙	어떠한 사건이라도 관찰의 횟수를 늘려 가면 일정한 발생 확률이 나옴
실손보상의 법칙	보험계약은 보험사고 시 피보험자가 입은 손해에 대해서만 보상함

82   정답 ④

예정사업비율이 낮아지면 보험료는 낮아진다.

핵심개념 예정기초율 변화에 따른 보험료의 변화

구 분	보험료와의 관계
예정위험률 (예정사망률)	예정사망률이 낮아지면 사망보험료는 낮아지고, 생존보험료는 높아짐
예정이율	• 예정이율이 낮아지면 보험료는 높아짐 • 보험기간이 길수록, 납입기간이 짧을수록 보험료 변동폭이 큼 • 순수보장형보다 만기환급형의 보험료 변동폭이 큼
예정사업비율	예정사업비율이 낮아지면 보험료는 낮아짐

83   정답 ④

보험금 청구권, 보험료 또는 환급금 반환청구권의 소멸시효 기간은 3년이다. 또한 보험수익자는 보험금 청구권을 갖는 사람이기 때문에 K씨의 아내가 보험금을 청구할 수 있다.

84   정답 ③

배당보험은 주로 상호회사에서, 무배당보험은 주로 주식회사에서 판매된다.

85
정답 ④

① 우리나라 보험업법은 보험업을 생명보험업, 손해보험업, 제3보험업으로 구분하고 있다.
② 생명보험, 손해보험의 고유영역을 제외한 상해보험, 질병보험, 간병보험으로 구분할 수 있다.
③ 생명보험의 정액보상적 특성과 손해보험의 실손보상적 특성을 동시에 가진다.
⑤ 보험업법은 원칙적으로 리스크의 상이성으로 생명보험업과 손해보험업의 겸영을 금지하고 있으나, 제3보험업에 대해서는 겸영을 허용하고 있다.

핵심개념 제3보험의 특징

제3보험은 생명보험의 정액보상적 특성과 손해보험의 실손보상적 특성을 동시에 가지는 보험을 말하며, 생명·손해보험 고유영역을 제외한 상해·질병·간병보험으로 구분할 수 있다.

구 분	내 용
상해보험	우연하고 급격한 외래 사고로 소요되는 비용 및 사망 등을 보장하는 보험
질병보험	• 질병은 원인이 신체에 내재하여 상해와 달리 외래성은 인정되지 않음 • 암보험 　– 암진단·치료·수술 등과 관련된 비용을 보장하는 상품 　– 면책기간 설정 : 보험계약일로부터 90일이 지난날의 다음 날부터 보장을 받을 수 있음(보험가입 후 1년 내 사고 발생 시 보험금 삭감 지급)
간병보험	• 신체적·정신적 장애로 활동에 제한이 있거나 인식불명 상태가 원인이 되어 장기적인 의료서비스가 필요한 상태를 보장하는 보험 • 일반적으로 위험률 변동제도를 채택하기도 하며, 보험기간은 대부분 종신형 • 수발필요상태(90일 혹은 180일)의 정의에 따라 보험료 차이가 발생 • 일상생활장해상태에 대한 보장개시일은 90일, 치매상태에 대한 보장개시일은 2년의 면책기간 설정

86
정답 ④

화재, 폭발, 파열이 발생했을 때 도난 또는 분실에 의한 손해와 화재, 폭발, 파열과 관련 없는 수도관, 수압기 등의 파열로 생긴 손해는 보상하지 않는다.

핵심개념 보상하지 않는 주요 손해

• 계약자, 피보험자 또는 그 관련인이 고의나 중대한 과실로 일으킨 손해
• 화재, 폭발, 파열 시 도난 또는 분실에 의한 손해
• 보험목적물의 발효, 자연발열 또는 자연발화로 생긴 손해(단, 그로 인해 연소된 다른 보험의 목적에 생긴 손해는 보상)
• 발전기, 전압기 등의 전기적 사고에 의한 손해(단, 그 결과로 생긴 화재, 폭발, 파열 손해는 보상)
• 화재, 폭발, 파열과 관련 없는 수도관, 수압기 등의 파열로 생긴 손해

87
정답 ⑤

보수월액보험료는 가입자의 보수월액에 보험료율을 곱하여 산정한 후에 경감률 등을 적용하여 가입자 단위로 부과한다.

핵심개념 직장가입자 보험료 산정방법

> 건강보험료 = 보수월액* × 건강보험료율
> 장기요양보험료 = 건강보험료 × 장기요양보험료율
> * 보수월액은 동일사업장에서 당해연도에 지급받은 보수총액을 근무월수로 나눈 금액임

88
정답 ④

① 유족급여는 연금지급이 원칙이다.
② 휴업급여의 1일 지급액은 평균임금의 70%에 상당하는 금액으로 한다.
③ 장해급여는 장해등급 제1급부터 제3급까지는 장해보상연금으로만 지급한다.
⑤ 근로자가 업무상의 사유로 사망한 경우, 평균임금의 120일분에 상당하는 금액을 장제를 지낸 유족에게 지급한다.

핵심개념 산업재해보상 보험급여

구 분	내 용
요양급여	• 현물급여가 원칙이나 부득이 할 경우 현금으로도 지급 가능 • 진료비는 공단이 의료기관에 직접 지급하나, 비급여 항목은 산재환자 본인이 부담 • 업무상 부상 또는 질병이 3일 이내의 요양으로 치유될 수 있으면 요양급여를 지급하지 않음
휴업급여	• 산재근로자가 요양으로 인해 취업하지 못한 기간에 대해 평균임금의 70%를 휴업급여로 지급 • 취업하지 못한 기간이 3일 이내인 근로자에게는 지급하지 않음
간병급여	치유 후 의학적으로 상시 또는 수시 간병이 필요한 경우 지급
장해급여	장해등급에 따른 지급(등급 : 제1급~제14급) • 제1급~제3급 장해 : 연금으로만 보상(노동력으로 완전히 상실한 등급) • 제4급~제7급 장해 : 연금과 일시금 중 선택이 가능 • 제8급~제14급 장해 : 일시금으로만 지급
유족급여	• 연금지급이 원칙이나 연금 수급권자가 일시금으로 원할 경우 유족일시금의 50%를 일시금으로 지급하고, 유족보상연금은 50%를 감액하여 지급 • 유족연금 수급권의 순위 : 배우자, 자녀, 부모, 손자녀, 조부모 및 형제자매 순
장애(유족)특별급여	• 사업주의 고의 또는 과실로 업무상 재해가 발생하여 근로자가 장해등급 제1급~제3급을 입거나 사망 시 수급권자가 민법에 의한 손해배상청구 대신 장애(유족)특별급여를 청구하면 장해급여, 진폐보상연금 또는 유족연금 외에 장애(유족)특별급여를 지급할 수 있음 • 수급권자가 장애특별급여를 받으면 사업주에게 손해배상을 청구할 수 없음

상병보상연금	요양급여를 받는 근로자가 병원에서 치료를 시작한 지 2년이 경과된 날 이후에도 치유되지 아니하고 그 부상 또는 질병에 의한 폐질의 정도가 제1급에서 제3급에 해당하는 경우에는 휴업급여 대신 상병보상연금을 지급
장의비	근로자가 업무상 이유로 사망 시, 평균임금의 120일분에 상당하는 금액을 장제를 지낸 유족에게 지급
직업재활급여	직업훈련 비용 및 수당, 직장복귀 지원금, 적응 훈련비 및 재활운동비

89 정답 ④

투사화법에 대한 설명이다.

① 개방형 질문 : 고객의 생각이나 느낌을 확인하는 질문으로, 상담 초기에 주로 사용할 수 있다.

③ 현상파악 질문 : 특정 정보를 확인하거나 고객의 결심을 요구할 때 활용하는 기법이다.

⑤ 요점화법 : 대화의 주요내용을 간략하게 요약 설명하는 방법이다.

90 정답 ⑤

고객은 특별한 이유 없이 계약을 반대하거나 회피하는 경우가 있기 때문에 거절에 대한 지나친 공감보다는 자신의 신념을 가지고 결정적인 순간을 포착하여 고객의 생각을 바꾸어 놓아야 한다.

핵심개념 계약체결 시 고객의 저항심리와 거절을 대하는 자세

• 고객의 저항심리
  - 고객이 계약을 체결하지 않는 이유를 알기 어려운 경우도 있다.
  - 고객은 돈을 지출하는 것에 대한 거부반응이 있다.
  - 고객은 결정을 뒤로 미루려는 경향이 있다.
  - 기본적인 의사결정에 약점이 있다("예"보다는 "아니오"라고 말함으로써 가장 손쉬운 결정을 함, 중요한 결정을 내리는 것을 부담스러워 함, 미래에 대한 걱정만 함)

• 고객의 거절을 대하는 자세
  - 거절의 의사를 존중하고, 쉬운 의사결정이 아니라는 점을 인식해야 한다.
  - 고객의 질문에 정성껏 응대해야 한다. 모르는 부분은 솔직하게 시인하여, 최대한 빠른 시간 안에 응대해야 한다.
  - 고객의 입장을 지나치게 고려할 필요는 없으며, 가입여력이 충분히 있다고 믿어야 한다.
  - 거절은 제안이 마음에 들지 않은 것이다. 사람이 미운 것이 아니므로, 대안을 준비하여 다시 상담한다.

91 정답 ③

기초연금은 자녀 등 부양의무자의 소득·재산은 조사하지 않고 본인 및 배우자의 소득·재산만을 조사하여 수급자격을 결정한다. 다만, 본인 또는 배우자의 주민등록상 주소지 주택이 자녀 명의이고, 시가표준액 6억원 이상인 경우 무료임차소득을 적용하여 본인의 소득인정액에 포함한다.

핵심개념 기초연금제도

구 분	내 용
목 적	고령자들에게 연금을 지급하여 안정적인 소득기반을 제공함으로써 고령자의 생활안정과 복지를 증진하고자 함
지급대상 및 선정기준	만 65세 이상이고 대한민국 국적을 가지고 있으며 국내에 거주하는 고령자 중 가구의 소득인정액이 선정기준액 이하인 자
선정기준액(2024년)	• 단독가구 : 2,130,000원 • 부부가구 : 3,408,000원
신청방법	• 본인 및 대리인을 통한 신청 • 만 65세 생일이 속하는 달의 1개월 전부터 신청 • 주소지 관할 동 주민센터 및 읍·면사무소 또는 국민연금공단(인터넷 신청도 가능)

92 정답 ⑤

연금보험료 추후 납부제도에서 보험료 납부에 적용되는 기준소득월액은 과거 소득 기준이 아니라 현재 소득 기준이다.

핵심개념 국민연금제도

구 분	내 용
가입대상	• 만 18세 이상 ~ 만 60세 미만 국민 • 최소 가입기간은 10년임

국민연금보험료	• 가입자의 기준소득월액에 연금보험료율을 곱해서 결정
	• 연금보험료율
	  - 사업장가입자의 경우 : 본인 4.5%, 사용자 4.5%
	  - 지역가입자의 경우 : 본인 9%

급여의 종류와 산정방법	• 연금 급여
	  - 노령연금 : 국민연금의 가장 기초가 되는 급여, 매월 지급
	  - 장애연금 : 장애가 발생했을 때 지급
	  - 유족연금 : 가입자 사망 시 유족에게 지급
	• 일시금 급여
	  - 반환일시금 급여 : 더 이상 가입할 수 없는 경우 지급
	  - 사망일시금 급여 : 유족연금이나 반환일시금을 받지 못할 경우 지급

93 정답 ⑤

유족연금특별부가금에 대한 설명이다.

① 퇴직연금일시금 : 10년 이상 재직한 후 퇴직한 공무원이 퇴직연금에 갈음하여 일시금으로 지급받고자 할 때

② 퇴직연금공제일시금 : 10년 이상 재직한 후 퇴직한 공무원이 10년을 초과하는 재직기간 중 일부기간을 일시금으로 지급받고자 할 때

③ 유족연금 : 10년 이상 재직한 공무원이 재직 중 사망한 때, 퇴직연금 또는 조기퇴직연금 수급자가 사망한 때, 장해연금 수급자가 사망할 때

④ 유족연금부가금 : 10년 이상 재직한 공무원이 재직 중 사망하여 유족연금을 청구할 때

94 정답 ①

국민연금 또는 특수직역연금의 어느 한쪽이나 또는 양쪽 모두 수급권자가 아니면서 합산한 가입기간이 10년 또는 20년 이상일 경우 연계연금을 신청할 수 있다.

핵심개념 공적연금 연계제도

구 분	내 용
개 념	국민연금과 직역연금의 연금을 수령하기 위한 가입(재직) 기간을 채우지 못하고 이동하는 경우 각각 일시금으로만 받아야 했던 것을 연금 간 가입기간을 합하여 최소연계기간(10년 또는 20년)을 충족하면 지급연령부터 연금을 받을 수 있도록 하여 국민의 노후생활을 보장하고자 하는 제도
최소 가입기간	• 국민연금 : 10년 • 군인연금 : 20년 • 공무원 사립학교교직원 별정우체국연금 : 10년 (2016.1.2.이후 퇴직자)
연계신청대상	법률 시행일 2009년 8월 7일 이후 국민연금과 직역연금 간 이동한 자부터 연계제도 적용
지급연령	1969년 이후 출생자부터 65세에 지급(연금연계법 2009.2.6. 부칙 제3조)

95 정답 ③

①·②·④·⑤는 확정급여형(DB형)에 대한 내용이다.

핵심개념 확정급여형(DB) VS 확정기여형(DC)

구 분	확정급여형(DB)	확정기여형(DC)
개 념	• 퇴직 시 지급할 급여의 수준을 노사합의를 통해 사전에 확정 • 근로자 퇴직 시 사용자는 사전에 약정된 퇴직급여를 지급	• 기업이 부담할 부담금 수준을 노사가 사전에 확정 • 근로자 퇴직 시 적립금 운용실적에 따라 퇴직급여 수령
운용 주체	기 업	근로자
기업부담금	적립금 운용실적에 따라 기업의 부담금 변동	가입자 연간 임금총액의 1/12에 해당하는 금액 이상
제도 간 이전	어려움, 퇴직 시 IRP로 이전	직장이동 시 이전 용이
퇴직급여 수령	55세 이상, 가입기간 10년 이상, 수령기간 5년 이상	55세 이상, 가입기간 10년 이상, 수령기간 5년 이상
중도인출	불 가	사유충족 시 가능
적합한 근로자	• 장기근속이 가능하고 임금상승률이 높으며 도산 위험이 적은 기업 • 자산운용에 자신이 없는 근로자	• 연봉제 도입기업 • 체불위험이 있는 기업 • 이직과 전직이 잦은 근로자 • 자산운용에 자신이 있는 근로자

96 정답 ④

근로소득이 있는 경우 총급여액이 5,500만원 이하이는 납입액의 16.5%를 세액공제를 받고, 5,500만원을 초과할 경우 13.2%를 세액공제를 받는다.

핵심개념 연금저축계좌

구 분	내 용
개 념	일정조건 충족 시 납입액에 대해 세액공제를 받을 수 있는 상품
연금 개시기간	상품 가입 후 5년 이상 납입, 55세 이후부터 수령
납입한도	연 1,800만원
세액공제	연 600만원 한도 – 근로소득만 있는 경우 총급여가 5,500만원 이하, 종합소득금액 기준 4,000만원 이하이면 16.5% 공제 – 근로소득만 있는 경우 총급여가 5,500만원 초과, 종합소득금액 기준 4,000만원 초과이면 13.2% 공제
연금소득세	3.3%~5.5%

97
정답 ③

① 부부 중 1명이 만 55세 이상이면 가입이 가능하다.
② 부부기준 공시가격 12억원 이하의 주택보유자이거나 다주택 보유자인 경우 보유주택을 합산한 공시가격이 12억원 이하면 가입이 가능하다.
④ 부부 두 사람 모두가 사망했을 때 연금 수령액이 집값을 초과해도 상속인에게 초과분을 청구하지 않는다.
⑤ 부부 두 사람 모두가 사망했을 때 집값이 연금 수령액을 초과하여 잔금이 있으면 상속인에게 돌아간다.

핵심개념 주택연금제도

구 분	내 용
개 념	집을 소유하고 있지만 소득이 부족한 고령자가 평생 또는 일정기간 집을 담보로 맡긴 후 국가가 보증하는 연금을 수령하는 대출상품
가입조건	• 부부 중 1명이 대한민국 국민 • 부부 중 1명이 만 55세 이상 • 부부기준 공시가격 등이 12억원 이하인 주택소유자 • 다주택자인 경우 합산 공시가격 12억원 이하 • 12억원 초과 2주택는 3년 이내에 1주택 팔면 가입 가능 • 주택연금 가입주택을 가입자 또는 배우자가 실제 거주해야 함
특 징	• 가입자 및 배우자 모두 거주가 평생 보장되면서 부부 중 한 명이라도 사망해도 동일한 금액으로 연금지급이 보장 • 부부 두 사람 모두가 사망하여 주택을 처분 정산했을 때 연금수령액이 집값을 초과해도 상속인에게 별도의 청구를 하지 않음(반대로 정산 후 잔금이 있으면 상속인에게 돌아감) • 물가상승률이 반영되지 않아 처음 가입 시보다 주택가격이 상승해도 연금액은 동일

98
정답 ②

① 특정후견의 경우 의사나 전문지식이 있는 사람의 의견을 들어야 한다.
③ 한정후견의 경우 본인의 정신상태에 대한 의사의 감정이 필요하다.
④ 성년후견의 경우 본인이 정신적 제약으로 사무처리능력이 지속적으로 결여된 경우 가능하다.
⑤ 후견인은 여러 명도 가능하며 가족, 친척, 친구 등은 물론 변호사, 법무사, 세무사 등 전문가도 될 수 있다.

핵심개념 성년후견제도

내 용	법정후견			임의후견
	성년후견	한정후견	특정후견	
개시 사유	정신 제약으로 사무처리 능력이 지속적으로 결여된 자	정신 제약으로 사무처리 능력이 부족한 자	정신 제약으로 일시적 후원, 특정사무 후원이 필요한 자	장래 정신 기능악화로 사무처리능력이 부족한 것을 대비해 미리 스스로 후견인을 정하는 것
본인의 행위능력	원칙적 행위능력 상실자	원칙적 행위능력자	행위능력자	행위능력자
후견인의 권한	원칙적으로 포괄적인 대리권, 취소권	법원이 정한 범위 내에서 대리권, 동의권, 취소권	법원이 정한 범위 내에서 대리권	각 계약에서 정한 바에 따름

99
정답 ④

일반적으로 고객은 가족문제나 금전문제 등 처음부터 문제의 핵심을 말하고 싶어 하지 않으므로, 문제해결을 위해 "실례가 안 된다면 말씀해 주시겠습니까?"라는 질문을 먼저 하는 것이 효과적이다.

100
정답 ①

고객과의 관계정립에 해당하는 단계이다. 고객과의 관계를 정립할 때 다음 사항에 대해 미리 고객에게 설명해야 한다.
– 은퇴설계의 목적과 컨설팅 서비스 전체 흐름에 대한 설명
– 고객에게 제공하는 서비스 내용과 은퇴설계 제안서 작성을 위해 필요한 고객 정보
– 고객과 FP의 책임에 대한 사항
– 컨설팅 보수와 관련된 사항

핵심개념 은퇴설계 프로세스 3단계

구 분	내 용
1단계 고객과 관계정립 및 정보수집	• 고객과의 관계를 정립한 후 고객의 니즈를 파악 • 면담과 질문지를 이용한 고객에 대한 정보수집 • 은퇴설계 목표의 구체화 • 라이프 이벤트 표 작성
2단계 고객 분석 및 은퇴설계 제안	• 현금흐름표, 가계 대차대조표, 사망 및 의료 보장, 금융자산의 포트폴리오, 세금 분석 및 작성 • 제안서 작성 및 고객에게 설명
3단계 실행 지원 및 사후 관리	• 제안 내용의 실행 지원 • 매년 1~2회 정도의 사후 관리

제3회 정답 및 해설

01	02	03	04	05	06	07	08	09	10
④	②	③	⑤	④	③	①	⑤	③	①
11	12	13	14	15	16	17	18	19	20
③	②	②	②	⑤	①	④	⑤	④	⑤
21	22	23	24	25	26	27	28	29	30
②	⑤	④	①	②	①	②	②	⑤	②
31	32	33	34	35	36	37	38	39	40
④	①	③	③	⑤	②	①	②	①	④
41	42	43	44	45	46	47	48	49	50
⑤	④	⑤	③	①	⑤	③	⑤	②	⑤
51	52	53	54	55	56	57	58	59	60
①	①	④	⑤	④	②	③	⑤	④	③
61	62	63	64	65	66	67	68	69	70
④	⑤	④	⑤	④	③	②	④	③	③
71	72	73	74	75	76	77	78	79	80
⑤	②	⑤	①	③	③	④	③	⑤	③
81	82	83	84	85	86	87	88	89	90
③	②	③	①	③	④	④	②	④	②
91	92	93	94	95	96	97	98	99	100
③	②	③	③	③	⑤	③	③	③	①

제1과목 자산관리 기본지식(40문항)

01
정답 ④

개인 재무설계는 재무상담을 통한 단기적 문제해결 능력을 포함한 중장기적 목표달성을 포함한다고 할 수 있다.

02
정답 ②

저출산 및 고령화는 인구 통계적 배경에 해당한다.

핵심개념 개인 재무설계의 필요성

구 분	내 용
사회 경제적 배경	• 자산 및 부채의 증가 • 금융시장 개방 및 국제화 • 금융상품 다양화 및 금융 관련 법규 강화
인구 통계적 배경	• 1인 가구의 증가 • 저출산 및 고령화 • 노동환경의 변화
소비자의식 변화	• 개인주의적 사고방식 • 개별성 추구 • 비재무적 요구의 증가 • 재무설계의 중요성 인식

03
정답 ③

유망고객의 4가지 조건

• 재무목표가 있는 사람
• 금융상품에 가입할 경제적 능력이 있는 사람
• 만남이 가능한 사람
• 실행력이 있는 사람

04
정답 ⑤

SMS는 늦은 밤이나 새벽에는 발송을 금지한다(발송시간 주의).

05
정답 ④

자료수집 과정을 빠르게 진행할 수 있고 고객의 생각 반영도가 높은 장점이 있는 것은 설문서로 정보수집을 하는 경우이다.

핵심개념 고객 정보수집 방법별 특징

구 분	내 용
직접면담	• 재무적·비재무적 정보 등 많은 자료 수집 가능 • 고객의 인생관이나 성향, 경험 등에 대한 파악을 통해 고객을 잘 이해할 수 있음 • 고객과의 신뢰 증대
설문서	• 빠른 정보수집이 가능하여 시간 절약 • 고객의 생각이 잘 반영됨 • 고객의 정보를 정확하게 점검 가능
인터넷	• 시간과 비용 절약 • 고객과의 쌍방향 의사소통 극대화 • 상담업무의 효율성 증대
전 화	• 이미 수집한 정보 중 간단한 질문이 필요할 경우 사용 • 답변에 대한 확인이 필요한 경우 유용함

06
정답 ③

㉠·㉡·㉣ 정성적 정보(비재무적 정보)
㉢·㉤·㉥ 정량적 정보(재무적 정보)

핵심개념 정량적 정보와 정성적 정보의 구분

정량적 정보는 수치로 표현 또는 파악이 가능한 정보이고, 정성적 정보는 어떤 수치나 치수로 측정하거나 표현할 수 없는 정보를 의미한다.

정량적 정보	정성적 정보
• 소득자료	• 가치관
• 지출자료	• 꿈
• 자산 및 부채 자료	• 생활방식
• 세금 관련 자료	• 관심과 취미생활
• 은퇴 관련 자료	• 사회적 지지
• 보험 관련 자료	• 예상수명
• 종업원복지 관련 자료	• 개인 재무설계 관련 경험 및 지식
• 개인사업 관련 자료	• 위험수용성향
• 증여·상속 관련 자료	

07
정답 ①

무형상품인 금융상품의 특성을 고려하여 가입을 미루거나 거절하는 고객을 설득할 수 있는 거절 처리 기법을 무장해야 한다.

08
정답 ⑤

⑤는 기업부문의 기능이다.

핵심개념 거시경제의 주체별 기능

구 분	내 용
가계부문	• 생산물시장 : 재화와 용역의 수요 • 요소시장 : 생산요소의 공급 • 대부자금시장 : 대부자금의 공급 • 정부부문 : 조세의 납부
기업부문	• 생산물시장 : 재화와 용역의 공급, 자본재의 수요(투자) • 요소시장 : 생산요소의 수요 • 대부자금시장 : 대부자금의 수요
정부부문	• 생산물시장 : 공공재의 공급, 재정지출을 통한 재화와 용역의 수요 • 가계부문 : 조세의 징수

해외부문	• 생산물시장과 외환시장
	  – 수출 : 국내에서 생산된 재화와 용역에 대한 수요
	  – 수입 : 해외에서 생산된 재화와 용역의 공급
	• 외환시장과 대부자금시장 : 대부자금의 공급과 수요

중앙은행	대부자금시장과 외환시장 : 통화량과 이자율의 조절

09
정답 ③

경기침체기와 같이 잠재GDP에 비해 상당히 낮은 수준에서 조업이 이루어질 때 단기 총공급곡선은 물가와 실질GDP 평면에서 완만한 형태로 물가 변동에 대해 단기 총공급이 민감하게 변동한다.

핵심개념 단기 총공급곡선과 장기 총공급곡선의 형태

구 분	내 용
단기 총공급곡선	명목임금이 경직적인 상태에서 물가가 상승할 경우 생산물 단위당 이윤이 증가하고, 그에 따라 총생산이 증가하여 단기 총공급곡선은 물가와 실질국민소득의 평면에서 우상향의 기울기를 가짐
장기 총공급곡선	물가가 상승하여도 실질임금이 변하지 않으면 고용량과 총생산량도 변동이 없어 일정시점에 장기 총공급곡선은 물가와 실질국민소득의 평면에서 수직의 형태를 가짐

10
정답 ①

기대 인플레이션 상승에 따라 임금이 상승하면 총공급이 감소하여 단기 총공급곡선은 왼쪽으로 이동한다.

핵심개념 단기 총공급곡선의 이동 요인

구 분	내 용
우측 이동 요인	• 경제활동인구의 증가 • 투자를 통한 자본량의 증가 • 기술향상에 의한 요소생산성 향상 • 임금 등 생산요소가격 하락 • 총수요 증가 예상 • 신기술 개발 등의 긍정적 공급충격
좌측 이동 요인	• 기대 인플레이션 상승에 따른 임금 상승 • 환율 상승에 따른 수입원자재 등 생산요소가격 상승 • 자연재해 등 부정적 공급충격

11
정답 ③

실질임금이 변동하면 노동공급곡선상에서 노동공급량이 변동하고, 실질임금 이외의 노동공급에 영향을 미치는 요인이 변동하게 되면 각각의 실질임금 수준에서 노동공급이 변동하여 노동공급곡선이 움직이게 된다.

12
정답 ②

현금보유에 따른 기회비용을 줄이기 위한 비용을 발생시킨다.

13
정답 ②

• 노동가능인구 60만명 = 비경제활동인구 10만명 + 경제활동인구
• 경제활동인구 50만명 = 실업자 + 취업자 45만명
따라서 실업자 = 5만명이므로,

• 실업률 = $\dfrac{실업자}{경제활동인구} \times 100 = \dfrac{5만명}{50만명} \times 100 = 10\%$

핵심개념 경제활동참가율과 고용률 공식

- 경제활동참가율 = $\dfrac{경제활동인구}{노동가능인구} \times 100$

- 고용률 = $\dfrac{취업자}{노동가능인구} \times 100$

14 정답 ②

재정흑자가 발생하면 정부는 여유자금을 대부자금시장에 공급할 수 있게 되어 이자율이 하락하고, 그에 따라 가계 소비와 기업 투자가 증가하여 총수요가 증가하는 피드백효과가 있지만 전체적으로는 총수요가 감소한다.

15 정답 ⑤

⑤는 본원통화 증가정책이다. 은행 등 금융기관으로부터 대출을 회수해야 본원통화가 감소한다.

핵심개념 본원통화 증가정책
- 재화와 용역의 매입
- 국채 및 주식 등 금융자산의 매입
- 외환의 매입
- 은행 등 금융기관에 대한 대출

16 정답 ①

지급준비율을 올리면 은행의 대출여력이 감소하여 통화량이 감소하고, 지급준비율을 낮추면 통화량이 증가한다.

17 정답 ④

실질GDP가 증가할 경우 조세수입이 증가하고 실업급여 등 이전지출이 감소하므로 정부의 대부자금 수요는 감소한다.

18 정답 ⑤

중앙은행이 외환을 매입하면 외환수요가 증가하여 환율이 상승한다.
① 국내물가 하락 → 수출 증가 → 환율 하락
② 국내 실질이자율 상승 → 투자자금 국내 순유입 → 환율 하락
③ 민간수지 흑자 → 외환공급 증가 → 환율 하락
④ 국내 생산성 증가 → 국내물가 하락 → 환율 하락

19 정답 ④

원화로 엔화를 구매할 때는 원화로 달러를 사고, 달러를 원화로 사는 교차환율을 적용한다.

교차환율 = $\dfrac{환전금액}{원달러\ 환율} \times 엔달러\ 환율$

$= \dfrac{100만원}{1,200원} \times 150엔$

$= 125,000엔$

핵심개념 교차환율의 개념
자국통화가 개입되지 않은 외국통화 간의 환율

20 정답 ⑤

소득분배 불균형 확대는 경기확장국면에 나타나는 현상이다.

핵심개념 경기확장국면과 경기수축국면

경기확장국면	경기수축국면
• 생산 활발	• 생산 둔화
• 고용 · 소득 및 총수요 증가	• 실업 증가
• 물가 상승	• 재고 누증
• 투자 증대	• 총수요 감소
• 상대가격 변동성 확대	• 물가상승 둔화
• 소득분배 불균형 확대	• 신규투자 위축

21 정답 ②

경기변동은 총생산 · 이익 · 고용 · 물가 등과 같은 총체적 변수에 파급되며, 이 변수들은 같은 시기에 동일한 방향으로 움직이지만(공행운동) 변동의 크기는 각기 다르며 일정한 시차를 두고 변동한다.

22 정답 ⑤

경제지표의 증감은 실제 발생한 경기변동의 진폭과는 관련성이 낮다는 단점이 있다.

핵심개념 경제지표를 이용한 경기예측의 문제점

구 분	내 용
거짓신호	경제지표는 경기전환을 예측하였으나 실제로는 경기전환이 발생하지 않을 수 있는 거짓신호의 존재
리드타임	경제지표가 경기전환을 예측한 시점부터 실제로 경기전환이 발생하는 시점까지의 기간이 일정하지 않음
월간변동	경제지표가 상승 또는 하락 방향으로 몇 달 동안 움직여야 경기전환을 예측한다고 해석할 것인가에 대한 모호성
진폭과의 관련성	경제지표의 증감은 실제 발생한 경기변동의 진폭과는 관련성이 낮음
상반된 신호	서로 다른 경제지표들이 경기에 대해 상반된 신호를 나타낼 수 있음

경기대응성	경제구조가 빠르게 변화할 경우 경제지표의 경기대응성이 저하될 가능성이 커져 적절한 시기에 경제지표의 개편이 요구됨

23　　　정답 ④
기업실사지수

$$= \frac{긍정적\ 응답업체\ 수 - 부정적\ 응답업체\ 수}{전체\ 응답업체\ 수} \times 100 + 100$$

$$= \frac{(70 - 30)}{100} \times 100 + 100$$

$$= 140$$

핵심개념 기업실사지수(BSI)에 의한 경기예측

구 분	내 용
확장국면	100 < BSI ≤ 200
경기전환점(정점 또는 저점)	BSI = 100
수축국면	0 ≤ BSI < 100

24　　　정답 ①
시계열모형은 경제이론보다는 자기시차 또는 일부 관심 경제변수 간의 상관관계에 바탕을 두고 작성된다.

25　　　정답 ②
부동산물권에 관해서는 등기를, 동산물권에 관해서는 점유를 그 공시방법으로 하고 있으며, 그 밖에 판례는 수목의 집단·미분리의 과실 등의 공시방법으로 명인방법을 인정하고 있다.

핵심개념 명인방법
수목의 집단 등의 소유권이 누구에게 속하고 있는지를 제3자가 명백하게 인식할 수 있도록 하는 관습법상의 공시방법

26　　　정답 ①
채권 및 소유권 이외의 재산권은 20년간 행사하지 아니하면 소멸시효가 완성된다.

27　　　정답 ②
(상계)란 채권자와 채무자가 서로 같은 종류를 목적으로 하는 채권·채무를 가지고 있는 경우에 그 채무들을 대등액에서 소멸하게 하는 단독행위이고, (경개)란 채무의 중요한 부분을 변경함으로써 신채무를 성립시키는 동시에 구채무를 소멸시키는 계약이다.

핵심개념 채권의 소멸원인

구 분	내 용
변 제	채무자 또는 제3자가 채무의 내용인 급부를 실현하는 것
대물변제	채무자가 채무의 목적물에 갈음하여 다른 물건으로 채무를 소멸시키는 변제당사자 사이의 계약
공 탁	금전, 유가증권, 기타의 물건을 공탁소에 임차하는 것
상 계	채권자와 채무자가 서로 같은 종류를 목적으로 하는 채권·채무를 가지고 있는 경우에 그 채무들을 대등액에서 소멸하게 하는 단독행위
경 개	채무의 중요한 부분을 변경함으로써 신채무를 성립시키는 동시에 구채무를 소멸시키는 계약
면 제	채권자가 일방적인 의사표시로 채무자의 채무를 대가 없이 면하여 주는 것
혼 동	채권과 채무가 동일인에게 귀속하는 사실

28　　　정답 ②
합자회사는 업무집행권과 대표권을 가진 무한책임사원과 업무집행에는 참가하지 못하고 감시권을 가진 유한책임사원으로 구성된 회사이다.

29　　　정답 ⑤
발기설립의 경우 주식회사의 설립등기는 검사인에 의한 변태설립사항의 조사보고 후 또는 법원의 변태설립사항의 변경처분 후 2주간 내에 하여야 하고, 모집설립의 경우에는 창립총회의 종결 후 또는 창립총회에 의한 변태설립사항의 변경 후 2주간 내에 하여야 한다.

30　　　정답 ②
신주인수권은 의무가 아니라 권리이므로 신주인수권자가 반드시 신주인수권을 행사하여 출자해야 하는 것은 아니다.

핵심개념 신주인수권
회사가 신주를 발행하는 경우 주주가 소유주식수의 비율에 따라 우선적으로 신주를 인수할 수 있는 권리

31　　　정답 ④
은행여신거래기본약관은 은행이 상계를 실행하는 경우에 채권·채무의 이자 등과 자연배상금의 계산기간은 은행의 상계통지가 채무자에게 도달한 날로 하도록 규정하고 있다.

32 정답 ①

약관과 개별약정이 충돌할 때에는 충돌부분에 대해서는 개별약정이 우선한다.

핵심개념 약관의 해석원칙

구 분	내 용
개별약정 우선의 원칙	약관과 개별약정이 충돌할 때에는 충돌부분에 대해서는 개별약정이 우선함
신의성실의 원칙	약관은 대중을 상대로 한 대량거래에 이용되는 것이므로 그 해석에 있어서는 직접적인 당사자들의 이해관계 외에 공공이익도 고려되어야 함
객관적 해석의 원칙	약관은 고객에 따라 다르게 해석되어서는 안되며 모든 고객에게 통일적으로 해석되어야 함
작성자 불이익의 원칙	약관의 뜻이 명백하지 아니하여 둘 이상의 해석이 가능한 경우에는 고객에게 유리하게, 은행에게 불리하게 해석되어야 함
엄격해석의 원칙	고객의 법률상의 지위에 중대한 영향을 미치는 약관 조항은 더욱 엄격하게 해석하여야 함

33 정답 ③

신탁행위에 의하여 수익자로 지정된 자는 별도의 수익의 의사표시 없이 수익권이 발생된 시점에 당연히 수익권을 취득한다.

34 정답 ③

은행법에 따라 산업자본은 은행의 의결권 있는 주식의 (4%)를 초과 소유할 수 없으며, 의결권이 없는 경우에도 (10%)를 초과하여 은행의 주식을 소유할 수 없다.

35 정답 ⑤

금융투자업자는 금융소비자보호법에서 규정하고 있는 설명의무를 위반하면 이로 인해 발생한 일반투자자의 손해를 배상할 책임이 있다. 여기서 손해액은 금융투자상품의 취득으로 인하여 일반투자자가 지급하였거나 지급하여야 할 금전 등의 총액에서 그 금융투자상품의 처분, 그 밖의 방법으로 그 일반투자자가 회수하였거나 회수할 수 있는 금전 등의 총액을 뺀 금액으로 추정한다.

36 정답 ②

도난·분실된 신용카드의 부정사용으로 인해 발생한 손해는 분실·도난 등의 통지를 받은 날로부터 60일 전까지 발생한 신용카드의 사용에 대해서도 신용카드업자가 책임을 지도록 하고 있다.

37 정답 ①

합병의 효과는 합병등기를 함으로써 발생한다. 또한 합병의 효과로서 합병당사회사의 전부 또는 일부가 소멸하고 새로운 회사가 설립되거나 존속회사의 정관이 변경된다.

38 정답 ②

의심거래보고제도는 금융거래와 관련하여 수수한 재산이 불법재산이라고 의심되는 합당한 근거가 있거나 금융거래의 상대방이 자금세탁행위를 하고 있다고 의심되는 합당한 근거가 있는 경우 이를 금융정보분석원장에게 보고하도록 한 제도이다.

39 정답 ①

투자권유를 받은 투자자가 이를 거부하는 취지의 의사표시를 하였음에도 불구하고 투자권유를 계속 하는 행위는 금지사항이다. 다만, 투자성 있는 보험계약에 대하여 투자권유를 하는 행위, 투자권유를 받은 투자자가 이를 거부하는 취지의 의사표시를 한 후 1개월이 지난 후에 다시 투자권유를 하는 행위, 다른 종류의 금융투자상품에 대하여 투자권유를 하는 행위는 제외한다.

40 정답 ④

국적은 신용정보법에 따른 개인식별정보에 해당한다.

핵심개념 민감정보

- 사상·신념
- 정치적 견해
- 건 강
- 범죄경력자료에 해당하는 정보
- 노동조합·정당의 가입탈퇴
- 성생활 등에 관한 정보
- 유전정보

제2과목 세무설계(40문항)

41 정답 ⑤

거주자란 국내에 주소를 두거나 183일 이상 거소를 둔 개인을 말한다.

핵심개념 거주자 또는 비거주자가 되는 시기

- 비거주자가 거주자로 되는 시기
  - 국내에 주소를 둔 날
  - 국내에 주소를 가지거나 국내에 주소가 있는 것으로 보는 사유가 발생한 날
  - 국내에 거소를 둔 기간이 183일이 되는 날
- 거주자가 비거주자로 되는 시기
  - 거주자가 주소 또는 거소의 국외 이전을 위하여 출국하는 날의 다음 날
  - 국내에 주소가 없거나 국외에 주소가 있는 것으로 보는 사유가 발생한 날의 다음 날

• 거주기간의 계산
- 국내에 거소를 둔 기간은 입국하는 날의 다음 날부터 출국하는 날까지로 한다.
- 국내에 거소를 두고 있던 개인이 출국 후 다시 입국한 경우에 생계를 같이하는 가족의 거주지나 자산소재지 등에 비추어 그 출국목적이 관광, 질병의 치료 등으로서 명백하게 일시적인 것으로 인정되는 때에는 그 출국한 기간도 국내에 거소를 둔 기간으로 본다.
- 국내에 거소를 둔 기간이 1과세기간 동안 183일 이상인 경우에는 국내에 183일 이상 거소를 둔 것으로 본다.
- 재외동포가 입국한 경우 생계를 같이하는 가족의 거주지나 자산소재지 등에 비추어 그 입국목적이 관광, 질병의 치료 등 기획재정부령으로 정하는 사유에 해당하여 그 입국한 기간이 명백하게 일시적인 것으로 기획재정부령으로 정하는 방법에 따라 인정되는 때에는 해당 기간은 국내에 거소를 둔 기간으로 보지 아니한다.

42
정답 ④

종합소득세 기본세율은 8단계 초과누진세율 구조로 되어 있으며 최고세율은 45%이다.

43
정답 ⑤

종합소득이 있는 거주자는 1월 1일부터 6월 30일까지의 기간을 중간예납기간으로 하여 전년도의 종합소득에 대한 소득세의 1/2에 해당하는 금액을 (11월 30일)까지 납부하여야 한다.

핵심개념 확정신고와 예외

• 확정신고기간
해당 과세기간의 종합소득금액이 있는 거주자는 그 종합소득 과세표준을 그 과세기간의 다음 연도 5월 1일부터 5월 31일까지 납세지 관할 세무서장에게 신고하여야 한다.

• 확정신고납부
거주자는 해당 과세기간의 과세표준에 대한 산출세액에서 감면세액과 세액공제액을 공제한 금액을 과세표준 확정신고기한까지 납세지 관할 세무서, 한국은행 또는 체신관서에 납부하여야 한다.

• 확정신고의 예외
다음 어느 하나에 해당하는 거주자는 확정신고를 하지 아니할 수 있다.
(1) 근로소득만 있는 자
(2) 퇴직소득만 있는 자
(3) 공적연금소득만 있는 자
(4) 원천징수되는 사업소득으로서 간편장부대상자가 받는 사업소득
(5) 원천징수되는 기타소득으로서 종교인소득만 있는 자
(6) (1) 및 (2)의 소득만 있는 자
(7) (2) 및 (3)의 소득만 있는 자
(8) (2) 및 (4)의 소득만 있는 자
(9) (2) 및 (5)의 소득만 있는 자
(10) 분리과세되는 소득만 있는 자
(11) (1) ~ (9)에 해당하는 사람으로서 (10)에 해당하는 소득이 있는 자

44
정답 ③

공적연금소득에 대해서는 기본세율을 적용한다.

핵심개념 연금소득의 과세방법

• 과세방법
우리나라 연금은 크게 공적연금과 사적연금으로 구분되며, 납입단계, 운용단계, 수령단계로 대별할 수 있다. 소득세법에서는 납입단계와 운용단계에서는 과세하지 않고 과세이연하였다가 수령단계에서 과세하는 체계를 갖추고 있다.

• 공적연금소득
공적연금 관련법에 따라 받는 각종 연금

• 사적연금소득
다음 어느 하나에 해당하는 금액을 그 소득의 성격에도 불구하고 연금계좌에서 연금형태로 인출하는 경우의 연금
- 퇴직소득 과세이연분
- 연금계좌 세액공제를 받은 연금계좌 납입액
- 연금계좌 운용실적에 따라 증가된 금액
- 연금계좌에 이체 또는 입금되어 해당 금액에 대한 소득세가 이연된 소득
- 기타 위 소득과 유사하고 연금형태로 받는 소득

• 연금소득의 계산

> 연금소득금액 = 총연금액 − 연금소득공제액

연금소득금액은 과세대상 연금소득의 합계액에서 연금소득공제를 한 금액으로 한다. 연금소득공제액이 900만원을 초과하는 경우 900만원을 한도로 공제한다.

45
정답 ①

금융소득종합과세는 개인별 금융소득의 합계액이 2천만원을 초과하는 경우 그 초과금액을 다른 종합소득과 합산하여 누진세율로 과세하는 제도로서 부부의 경우라도 합산하지 않는다.

핵심개념 금융소득의 원천징수시기

• 원 칙
원천징수의무자가 이자소득 또는 배당소득을 지급할 때

• 배당소득 원천징수시기에 대한 특례

구 분	원천징수시기
법인이 이익 또는 잉여금의 처분에 따른 배당소득을 그 처분을 결정한 날부터 3개월이 되는 날까지 지급하지 아니한 경우	그 3개월이 되는 날
법인세 과세표준 결정·경정 시 배당으로 소득처분된 금액	소득금액변동통지서를 받은 날
법인세 과세표준 신고 시 배당으로 소득처분된 금액	신고일 또는 수정신고일

• 이자소득 원천징수시기에 대한 특례

구 분	원천징수시기
금융회사가 매출 또는 중개하는 어음, 단기사채 등, 은행 및 상호저축은행이 매출하는 표지어음으로서 보관통장으로 거래되는 것의 이자와 할인액	할인매출하는 날

외국법인 또는 비거주자로부터 지급받는 소득으로서 당해 소득을 지급하는 외국법인 또는 비거주자의 국내사업장과 실질적으로 관련하여 그 국내사업장의 소득금액계산에 있어서 손금 또는 필요경비에 산입된 것	당해 소득을 지급하는 외국법인 또는 비거주자의 당해 사업연도 또는 과세기간의 소득에 대한 과세표준의 신고기한의 종료일
조세특례제한법에 의한 동업기업으로부터 배분받는 이자소득으로서 해당 동업기업의 과세기간 종료 후 3개월이 되는 날까지 지급하지 아니한 소득	해당 동업기업의 과세기간 종료 후 3개월이 되는 날

46 정답 ⑤

환매조건부 매매차익은 이자소득에 해당한다.

핵심개념 배당소득의 종류

- 내국법인으로부터 받는 이익이나 잉여금의 배당 또는 분배금
- 법인으로 보는 단체로부터 받는 배당금 또는 분배금
- 법인과세 신탁재산으로부터 받는 배당금 또는 분배금
- 의제배당
- 법인세법에 따라 배당으로 처분된 금액
- 집합투자기구로부터의 이익
- 파생결합증권 또는 파생결합사채로부터의 이익
- 외국법인으로부터 받는 이익이나 잉여금의 배당 또는 분배금
- 국제조세조정에 관한 법률에 따라 배당받은 것으로 간주된 금액
- 출자공동사업자의 손익분배비율에 해당하는 금액
- 위 소득과 유사한 소득으로서 수익분배의 성격이 있는 것
- 위 소득 중 어느 하나에 해당하는 소득을 발생시키는 거래 또는 행위와 결합된 파생상품의 거래 또는 행위로부터의 이익

47 정답 ③

배당소득에 대한 가산액은 법인의 소득금액에 대하여 법인단계에서 부담한 법인세의 일정부분을 주주단계의 배당소득에 대한 종합소득세에서 공제하기 위하여 10%를 가산하는 금액이다.

핵심개념 그로스업 가산율 산출 근거

t = 법인세율, N = 법인세 과세 후 소득, T = 법인세 과세가액이라 할 때, T = N/(1 − t) × t가 되고, 이것을 다시 정리하면 T = N × t/(1 − t)가 된다. 실제 법인세율이 과세표준 2억원 이하인 경우 9%로 적용되기 때문에 위 식의 t에 9%를 대입하면 가산율인 t/(1 − t)는 약 10%가 산출되지만 9% 세율이 적용되는 과세표준 구간 외에서는 그러하지 못하므로 완전한 이중과세 조정이 되지 못한다.

48 정답 ⑤

거주자의 예금에 대한 이자로 2,000만원 이하인 소득은 14%의 세율로 원천징수된다.

49 정답 ②

원천징수시기는 소득 지급자가 원천징수를 해야 하는 시기를 의미하는 반면, 수입시기는 소득 수령자가 소득세 신고를 해야 하는 연도를 결정하는 시기를 의미한다.

핵심개념 원천징수시기와 수입시기가 다른 금융소득

구 분	수입시기	원천징수시기
이자소득이 발생하는 상속재산이 상속되거나 증여되는 경우	상속개시일 또는 증여일	당해 이자소득의 원천징수일
잉여금의 처분에 의한 배당	당해 법인의 잉여금처분 결의일	지급받은 날
출자공동사업자의 배당	과세기간 종료일	지급받은 날
법인세법에 의해 처분된 배당	당해 사업연도 결산확정일	• 세무서장 또는 지방국세청장이 법인소득금액을 결정 또는 경정한 경우 : 소득금액변동통지서를 받은 날 • 법인세 과세표준을 신고한 경우 : 법인세과세표준 및 세액의 신고기일 또는 수정신고일

50 정답 ④

보통예금·정기예금·적금 또는 부금의 이자의 수입시기는 (1) 실제로 이자를 지급받는 날, (2) 원본에 전입하는 뜻의 특약이 있는 이자는 그 특약에 의하여 원본에 전입된 날, (3) 해약으로 인하여 지급되는 이자는 그 해약일, (4) 계약기간을 연장하는 경우에는 그 연장하는 날, (5) 정기예금연결정기적금의 경우 정기예금의 이자는 정기예금 또는 정기적금에 해약되거나 정기적금의 저축기간이 만료되는 날 순으로 한다.

51 정답 ①

② 비거주자의 국내원천 부동산소득과 관련된 금융소득은 크기에 관계없이 종합과세한다.
③ 국내사업장 또는 부동산소득과 관련 없는 비거주자의 금융소득은 원천징수로 납세의무가 종결된다.
④·⑤ 조세조약 체결국가 여부와는 상관없이 국내사업장 또는 부동산소득과 관련 있는 비거주자의 금융소득은 거주자와 동일한 기본세율을 적용한다.

52 정답 ①

계약자 1명당 납입할 보험료 합계액이 (1억원) 이하인 일시납 보험으로서 최초납입일부터 만기일 또는 중도해지일까지의 기간이 10년 이상인 것

핵심개념 저축성보험의 보험차익

보험은 그 기능에 따라 저축성보험과 보장성보험으로 구분되는데, 저축성보험은 만기 또는 보험 계약기간 중에 지급되는 보험금이 납입보험료 총액을 초과하는 보험상품이며, 보장성보험은 보험사고가 발생할 경우에는 약정보험금이 지급되지만 보험사고 없이 계약이 만료되는 경우에는 보험회사의 급부금이 납입보험료 총액을 하회하는 보험상품을 말한다. 저축성보험의 보험차익은 그 성격이 이자와 동일하기 때문에 이자소득으로 보아 과세대상이 된다.

53 정답 ④

양도란 자산에 대한 등기 또는 등록과 관계없이 매도, 교환, 법인에 대한 현물출자 등을 통하여 그 자산을 유상으로 사실상 이전하는 것을 말한다. 부담부증여 시 수증자가 부담하는 채무액에 해당하는 부분은 양도로 보기 때문에 증여일이 곧 양도일이 된다. 부담부증여 시 양도소득세 예정신고기한 또한 증여세 예정신고기한과 동일하게 증여일이 속하는 달의 말일부터 3개월이 된다.

핵심개념 양도소득세의 신고ㆍ납부

예정신고ㆍ납부를 누락할 경우 무신고가산세와 납부지연가산세를 부과한다. 또한 양도소득이 있는 거주자는 그 양도소득 과세표준을 양도한 연도의 다음 연도 5월 1일부터 5월 31일까지 주소지 관할세무서장에게 신고하고 세액을 자진납부하여야 한다. 그러나 중복양도가 아니면서 양도소득세 예정신고를 한 자는 확정신고를 하지 않아도 된다.

54 정답 ⑤

1984년 12월 31일 이전에 취득한 부동산, 부동산에 관한 권리, 기타자산은 1985년 1월 1일자에 취득한 것으로 본다.

핵심개념 양도자산의 취득시기에 관한 의제

• 부동산, 부동산에 관한 권리, 기타자산
  1984년 12월 31일 이전에 취득한 자산은 1985년 1월 1일에 취득한 것으로 본다.
• 주권상장법인주식, 주권비상장법인주식, 국외주식
  1985년 12월 31일 이전에 취득한 자산은 1986년 1월 1일에 취득한 것으로 본다.

55 정답 ④

거주자가 양도일부터 소급하여 10년 이내에 그 배우자 또는 직계존비속으로부터 증여받은 부동산, 부동산을 취득할 수 있는 권리, 시설물 이용권ㆍ회원권 등의 자산의 양도차익을 계산할 때 취득가액은 그 배우자 또는 직계존비속의 (취득 당시) 실지거래가액, 매매사례가액, 감정가액, 환산취득가액을 순차적으로 적용한 금액으로 한다.

56 정답 ②

양도소득금액은 양도차익에서 장기보유 특별공제액을 공제한 금액으로 하며, 해당 과세기간에 양도소득금액이 있는 거주자는 그 양도소득 과세표준을 그 과세기간의 다음 연도 5월 1일부터 5월 31일까지 납세지 관할 세무서장에게 신고를 하므로 2024년 5월 확정신고 시 포함되는 양도소득금액에는 2023년 양도분만 포함된다.

핵심개념 양도소득세 계산구조

```
   양도가액
 − 취득가액
 − 기타의 필요경비
 ─────────────
   양도차익
 − 장기보유 특별공제
 ─────────────
   양도소득금액
 − 양도소득 기본공제
 ─────────────
   양도소득 과세표준
```

57 정답 ③

건설기계와 같은 사업용 유형자산을 양도함으로써 발생하는 소득은 사업소득에 해당한다.

핵심개념 사업용 유형자산의 종류

• 건물 및 구축물
• 차량 및 운반구, 공구, 기구 및 비품
• 선박 및 항공기
• 기계 및 장치
• 동물과 식물
• 위 항목과 유사한 유형자산

58 정답 ⑤

장기보유 특별공제를 적용할 때 보유기간은 그 자산의 취득일부터 양도일까지로 하며 양도자가 양도일로부터 소급하여 10년 이내 배우자 또는 직계존비속으로부터 증여받은 자산을 양도하는 경우의 보유기간 계산은 당초 증여자가 당해 자산을 취득한 날부터 기산한다.

핵심개념 장기보유 특별공제의 적용배제

• 미등기양도자산
• 1세대 2주택 이상의 다주택자가 조정대상지역 내에 있는 주택을 양도하는 경우

59   정답 ④

주택과 이에 딸린 토지의 양도 당시 실지거래가액의 합계액이 (12억원)을 초과하는 고가주택은 제외된다.

핵심개념 1세대 1주택

- 1세대
  거주자 및 그 배우자[*1]가 그들과 같은 주소·거소에서 생계를 같이하는 자[*2]와 함께 구성하는 가족단위
  [*1] 법률상 이혼을 하였으나 생계를 같이하는 등 사실상 이혼한 것으로 보기 어려운 관계에 있는 사람 포함
  [*2] 거주자 및 그 배우자의 직계존비속(그 배우자 포함) 및 형제자매, 취학, 질병의 요양, 근무상·사업상의 형편으로 본래의 주소·거소에서 일시 퇴거한 사람 포함
- 배우자가 없어도 1세대로 보는 경우
  – 거주자의 나이가 30세 이상인 경우
  – 배우자가 사망하거나 이혼한 경우
  – 거주자의 소득이 기준 중위소득 40% 수준 이상이면서 소유하고 있는 주택·토지를 관리·유지하면 독립된 생계를 유지할 수 있는 경우. 단, 미성년자의 경우를 제외하되, 미성년자의 결혼, 가족의 사망 등 1세대의 구성이 불가피한 경우에는 포함한다.
- 주 택
  허가 여부나 공부상의 용도구분과 관계없이 사실상 주거용으로 사용하는 건물을 말하며 그 용도가 분명하지 않으면 공부상의 용도에 따름

60   정답 ③

농지로부터 직선거리 30km 이내의 지역 또는 농지가 소재하는 시, 군, 구 안의 지역 또는 그 지역과 연접한 시, 군, 구 안의 지역에 거주하는 경우 양도소득세 감면을 적용받을 수 있다.

61   정답 ④

대습상속에 대한 설명이다.

핵심개념 대습상속 시 배우자

대습상속의 경우, 상속개시 전에 사망 또는 결격된 자의 배우자는 대습상속에 의한 상속인과 동순위로 공동상속인이 되고 그 상속인이 없는 때에는 단독상속인이 된다.

62   정답 ⑤

상속개시일 전 10년 이내에 피상속인이 상속인에게 진 증여채무와 상속개시일 전 5년 이내에 피상속인이 상속인이 아닌 자에게 진 증여채무는 과세가액에서 차감하지 아니하는데, 이는 세금탈루에 악용될 가능성이 있고, 상속개시일 전 10년 이내 상속인에게 증여한 재산과 5년 이내 상속인 이외의 자에게 증여한 재산은 상속세 과세가액에 가산한다는 세법의 취지와도 맞지 않기 때문이다.

핵심개념 증여채무

피상속인이 생전에 증여를 약속하였으나 상속개시일 현재까지 이행하지 못하여 상속개시 이후에 상속인이 이행해야하는 경우 부담하는 채무

63   정답 ④

- 일반장례비용의 공제한도는 1천만원이며, 봉안시설비용의 공제한도는 5백만원이다.
- 상속인의 귀책사유로 인한 가산금, 강제징수비, 벌금, 과료, 과태료 등과 상속등기에 따른 취득세는 공제대상이 아니다.
- ∴ 상속세 과세가액 = 토지 5억원 – 일반장례비용 1천만원 – 봉안시설비용 5백만원 – 은행차입금 3억원 – 미납이자 5백만원 = 1억 8천만원

64   정답 ⑤

일괄공제 5억원에 대한 설명이다.

핵심개념 일괄공제

- 거주자의 사망으로 상속이 개시되는 경우에 상속인이나 수유자는 기초공제와 기타인적공제에 따른 공제액을 합친 금액과 5억원 중 큰 금액으로 공제받을 수 있다. 다만, 상속세 과세표준신고 또는 기한 후 신고가 없는 경우에는 5억원을 공제한다.
- 단, 피상속인의 배우자가 단독으로 상속받는 경우에는 기초공제와 기타인적공제에 따른 공제액을 합친 금액으로만 공제한다.

65   정답 ④

- 나혼자 씨의 법정상속분 = 5억원 × (1/2.5) = 2억원
- 직계비속의 유류분은 법정상속분의 50%이므로 1억원이 된다.

핵심개념 유류분

피상속인과의 관계	유류분
배우자	법정상속분의 1/2
직계비속	법정상속분의 1/2
직계존속	법정상속분의 1/3

※ 피상속인의 형제·자매에 대한 유류분 청구권리는 2024년 4월 25일 위헌판정되었다.

66   정답 ③

상속세 및 증여세의 세율은 5단계 누진세율 구조로 동일하다.

핵심개념 용어해설

- 누진세 : 과세표준의 증가와 함께 세율이 높아지는 세금
- 역진세 : 과세표준의 증가와 함께 세율이 낮아지는 세금

67   정답 ②

상속세의 연부연납은 상속세 납부세액이 (2천만원)을 초과하는 경우 가능하며, 연부연납을 허가받은 경우에는 상속세 분납이 허용되지 않는다.

68 정답 ④

배우자상속공제액 = Min[①, ②, ③] = 30억원

① 70억원
② 100억원 × (1.5/2.5)
③ 30억원

핵심개념 배우자상속공제액

배우자상속공제액 = Min[①, ②, ③]
① 배우자가 실제 상속받은 금액
② 상속재산가액 × 배우자의 법정상속지분비율 − 상속재산에 가산한 증여재산 중 배우자에게 증여한 재산에 대한 과세표준
③ 30억원

69 정답 ③

15억원 − 5억원 − Min(15억원 × 20%, 2억원) = 8억원

핵심개념 상속추정액

상속추정액 = 처분재산가액 − 사용처 소명액 − Min[처분재산가액 × 20%, 2억원]

70 정답 ③

증여세는 원칙적으로 (수증자의 주소지)를 관할하는 세무서장 등이 과세하지만, 수증자가 비거주자이거나 수증자의 주소 및 거소가 분명하지 아니한 경우 (증여자의 주소지)를 관할하는 세무서장 등이 과세하며, 수증자와 증여자 모두 주소 또는 거소가 분명하지 아니한 경우 혹은 수증자와 증여자가 모두 비거주자인 경우에는 (증여재산의 소재지)를 관할하는 세무서장 등이 과세한다.

71 정답 ⑤

특수관계자의 금전무상대부에 따른 이익은 포괄적인 의미의 증여에 해당하며, 대출금액에 대한 적정이자금액(또는 그 차액)이 천만원 이상이면 그 금액(또는 차액)을 증여재산가액으로 본다.

72 정답 ②

부담부증여에 대한 문제로 증여세과세가액은 증여재산가액 10억원에서 채무액 4억원을 뺀 6억원이다.

73 정답 ⑤

시가와 대가의 차액이 5억원으로 시가의 30%인 9억원보다 작아 증여세 과세대상이 아니다.

74 정답 ①

재산취득액 중 자금출처가 입증되지 않은 금액을 증여로 추정한다. 단, 그 금액이 Min(취득재산가액의 20%, 2억원)에 미달하는 경우에는 제외한다.

핵심개념 자금출처로 인정되는 경우

(1) 본인 소유재산의 처분사실이 증빙에 따라 확인되는 경우 그 처분금액에서 양도소득세 등 공과금 상당액을 뺀 금액
(2) 기타 신고하였거나 과세받은 소득금액은 그 소득에 대한 소득세 등 공과금 상당액을 뺀 금액
(3) 농지경작소득
(4) 재산취득일 이전에 차용한 부채로서 입증된 금액. 단, 원칙적으로 배우자 및 직계존비속 간의 소비대차는 인정하지 아니함
(5) 재산취득일 이전에 자기재산의 대여로서 받은 전세금 및 보증금
(6) 위의 내용 이외의 경우로서 자금출처가 명백하게 확인되는 금액

75 정답 ③

상속재산에 가산하는 증여재산은 당초의 증여일을 평가기준일로 한다.

76 정답 ③

저평가된 재산을 증여하는 것이 좋다.

77 정답 ④

취득가액이 50만원 이하인 경우에는 취득세를 부과하지 아니한다. 또한 토지나 건축물을 취득한 자가 그 취득한 날부터 1년 이내에 그에 인접한 토지나 건축물을 취득한 경우에는 각각 그 전후의 취득에 관한 토지나 건축물의 취득을 1건의 토지 취득 또는 1구의 건축물 취득으로 보아 면세점을 적용한다.

78 정답 ③

주택의 재산세 납부기간은 매년 7월 16일부터 7월 31일까지 세액의 50%를 납부하고, 나머지 50%는 9월 16일부터 9월 30일까지 납부하여야 한다. 단, 해당 연도에 부과할 세액이 20만원 이하인 경우에는 7월 16일부터 7월 31일까지로 하여 한꺼번에 부과·징수할 수 있다.

79 정답 ⑤

관할세무서장은 납부하여야 할 종합부동산세의 세액을 결정하여 해당 연도 12월 1일부터 12월 15일까지 부과·징수한다. 또한 종합부동산세를 신고납부방식으로 납부하고자 하는 납세의무자는 종합부동산세의 과세표준과 세액을 해당 연도 12월 1일부터 12월 15일까지 관할세무서장에게 신고하여야 한다.

80
정답 ③

과세기준일 현재 토지분 재산세의 납세의무자로서 다음의 어느 하나에 해당하는 자는 해당 토지에 대한 종합부동산세를 납부할 의무가 있다.

- 종합합산과세대상인 경우에는 국내에 소재하는 해당 과세대상 토지의 공시가격을 합한 금액이 5억원을 초과하는 자
- 별도합산과세대상인 경우에는 국내에 소재하는 해당 과세대상 토지의 공시가격을 합한 금액이 80억원을 초과하는 자

제3과목 보험 및 은퇴설계(20문항)

81
정답 ③

고빈도·저강도 위험에 대비한 손해복구자금의 경우에는 손해규모가 크지 않기 때문에 외부조달보다는 경상비를 활용한 자체조달이 바람직하다.

핵심개념 위험관리기법의 선택

구 분	내 용
고빈도·고강도 위험	• 개인과 기업을 위협하는 심각한 위험 • 손해통제기법이나 위험재무기법을 적용하기 어려우므로, 위험 그 자체를 피하는 위험회피기법이 가장 바람직함
저빈도·고강도 위험	• 자주 발생하지 않지만 발생할 경우에는 치명적임 • 손해규모가 크기 때문에 경상비로 손해를 복구하는 것은 불가능함 • 자체조달보다는 외부조달이 효과적(보험이 가장 바람직)
고빈도·저강도 위험	• 비교적 예측이 가능한 위험 • 손해규모가 크지 않기 때문에 경상비로 손해를 복구하는 것은 가능함 • 외부조달보다는 자체조달이 바람직함
저빈도·저강도 위험	• 특별한 위험통제기법이나 손해통제기법이 필요 없음 • 경상비로 자체적 손해복구가 가능함

82
정답 ②

급부반대급부 균등의 원칙은 자신의 위험에 상응하는 보험료를 납부해야 한다는 것이다.

핵심개념 보험의 기본 원칙

구 분	내 용
수지상등의 원칙	순보험료 총액과 지급보험금 총액은 같아야 함
급부반대급부 균등의 원칙	나이나 병력 등 개별 계약자의 위험을 측정한 후 그 위험에 맞는 보험료가 산출되어야 함
대수의 법칙	어떠한 사건이라도 관찰의 횟수를 늘려 가면 일정한 발생 확률이 나옴
실손보상의 법칙	보험계약은 보험사고 시 피보험자가 입은 손해에 대해서만 보상함

83
정답 ③

최초 보험료의 납입 없이는 보험자의 책임의무는 개시되지 않는다.

핵심개념 보험계약의 특성

구 분	내 용
불요식 낙성계약	• 의사표시 합치만으로 성립하므로 낙성계약이고, 그 의사표시에는 특별한 방식이 필요 없으므로 법률상 불요식이라고 함 • 보험료의 선지급이 없어도 보험계약은 유효하게 성립됨 • 최초 보험료를 납입하지 않으면 보험자의 책임이 개시되지 않음
유상 쌍무계약	보험계약자는 보험료를 지급할 것을 약정하고 이에 대해 보험자는 보험금액 기타의 급부를 지급할 것을 약정한 것으로서 유상계약이고, 보험금액과 보험료는 서로 대가관계에 있는 채무이므로 쌍무계약임
사행계약	보험자의 보험금지급채무는 우연한 사고(보험사고)의 발생을 조건으로 함
부합계약	보험자는 미리 정한 정형화된 보험약관에 의해 보험계약을 체결하게 됨

84
정답 ①

CI보험에 대한 설명이다. CI(Critical Illness)보험은 종신보험과 건강보험이 결합된 상품으로 사고나 질병 등으로 인해 중병상태가 발생했을 때 사망보험금의 일부를 미리 받을 수 있는 특징이 있다.

② 유니버설보험 : 보험계약자가 납입한 보험료 중 위험보험료와 부가보험료를 분리한 후 나머지 저축보험료로 시장금리에 연동하여 상품을 운용한다.

③ 종신보험 : 보장기간이 평생인 사망보험으로 피보험자의 사망사유에 구애받지 않고 약정된 보험금을 지급해야 하는 상품이다.

④ 연금보험 : 피보험자의 종신, 또는 일정기간 동안 해마다 일정금액을 지불할 것을 약속하는 생명보험이다.

⑤ 변액보험 : 고객의 보험료를 주식이나 채권 등 유가증권에 투자하여 발생한 이익을 배분해 주는 실적배당형 보험이며, 생명보험과 간접투자(펀드)의 성격을 동시에 갖는다.

85
정답 ③

저축성보험은 목돈 마련이나 노후생활에 대비하기 위해 가입하는 보험으로, 생존 시 지급되는 보험금의 합계액이 이미 납입한 보험료를 초과한다. 보장성보험은 사망, 상해, 입원 등 생명과 관련된 사고가 발생했을 때 약속된 보험금을 지급하는 보험으로, 생존 시 지급되는 보험금의 합계액이 이미 납입한 보험료를 초과하지 않는다.

86 정답 ④

암보험은 보험계약일로부터 90일이 지난날의 다음날부터 보장을 받을 수 있는 면책기간이 설정되어 있다. 또한 보험가입 후 일정기간 내에 보험사고 발생 시 보험금을 삭감하여 지급하기도 한다.

핵심개념 제3보험의 특징과 상품

제3보험은 생명보험의 정액보상적 특성과 손해보험의 실손보상적 특성을 동시에 가지는 보험을 말하며, 생명·손해보험 고유영역을 제외한 상해·질병·간병보험으로 구분할 수 있다.

구 분	내 용
상해보험	우연하고 급격한 외래 사고로 소요되는 비용 및 사망 등을 보장하는 보험
질병보험	• 질병은 원인이 신체에 내재하여 상해와 달리 외래성은 인정되지 않음 • 암보험 – 암진단·치료·수술 등과 관련된 비용을 보장하는 상품 – 면책기간 설정 : 보험계약일로부터 90일이 지난날의 다음 날부터 보장을 받을 수 있음(보험가입 후 1년 내 사고 발생 시 보험금 삭감 지급)
간병보험	• 신체적·정신적 장애로 활동에 제한이 있거나 인식불명 상태가 원인이 되어 장기적인 의료서비스가 필요한 상태를 보장하는 보험 • 일반적으로 위험률 변동제도를 채택하기도 하며, 보험기간은 대부분 종신형 • 수발필요상태(90일 혹은 180일)의 정의에 따라 보험료 차이가 발생 • 일상생활장해상태에 대한 보장개시일은 90일, 치매상태에 대한 보장개시일은 2년의 면책기간 설정

87 정답 ④

보험가입금액이 보험가액의 80% 해당액보다 작을 때

지급보험금 = 손해액 × [보험가입금액 / (보험가액 × 80%)]

= 1억원 × [4,000만원 / (1억원 × 80%)]

= 1억원 × [4,000만원 / 8,000만원]

= 5,000만원(보험가입금액이 한도이므로 4,000만원만 지급)

핵심개념 주택화재보험의 지급보험금 계산

구 분	내 용
보험가입금액이 보험가액의 80% 해당액과 같거나 클 때	지급보험금 = 손해액
보험가입금액이 보험가액의 80% 해당액보다 작을 때	지급보험금 = 손해액 × $\dfrac{보험가입금액}{보험가액 \times 80\%}$

88 정답 ②

월 적립식 장기 저축성보험의 경우 월 보험료는 (150만원) 이하이다.

핵심개념 저축성 보험의 비과세 요건〈2017년 4월 1일 가입기준〉

구 분	내 용
일시납 보험	계약자 1인당 납입보험료 합계액이 1억원 이하 + 계약기간 10년 이상(단, 10년 경과 전 납입보험료를 연금형태로 지급받으면 과세)
월납입 보험	보험료 납입기간 5년 이상 + 월 보험료 150만원 이하 + 계약기간 10년 이상(단, 계약 시의 기본보험료 1배 이내 증액은 가능, 기본보험료의 선납기간은 6개월 이내)
종신형 연금보험	다음 조건을 모두 만족시키는 경우 • 사망 시 계약·연금재원이 소멸할 것(단, 통계청장이 고시하는 기대여명 이내 보증기간이 설정된 경우에는 보증기간 종료 시까지 소멸) • 55세 이후 사망 시까지 연금형태로 지급받을 것 • 연금 외의 형태로 보험금·수익 등을 지급하지 않을 것 • 사망 시까지 중도해지 불가

89 정답 ④

장애인이나 상이자를 수익자로 하는 장애인 전용 보험금에 대해 연간 (4,000만원) 한도로 증여세를 비과세한다.

90 정답 ②

계약체결 시 고객의 질문에 정성껏 답하되, 모르는 것은 솔직하게 말하고 최대한 빠른 시일 안에 응대해야 한다.

핵심개념 계약체결 시 고객의 저항심리와 거절을 대하는 자세

• 고객의 저항심리
– 고객이 계약을 체결하지 않는 이유를 알기 어려운 경우도 있다.
– 고객은 돈을 지출하는 것에 대한 거부반응이 있다.
– 고객은 결정을 뒤로 미루려는 경향이 있다.
– 기본적인 의사결정에 약점이 있다("예"보다는 "아니오"라고 말함으로써 가장 손쉬운 결정을 함, 중요한 결정을 내리는 것을 부담스러워 함, 미래에 대한 걱정만 함)
• 고객의 거절을 대하는 자세
– 거절의 의사를 존중하고, 쉬운 의사결정이 아니라는 점을 인식해야 한다.
– 고객의 질문에 정성껏 응대해야 한다. 모르는 부분은 솔직하게 시인하여, 최대한 빠른 시간 안에 응대해야 한다.
– 고객의 입장을 지나치게 고려할 필요는 없으며, 가입여력이 충분히 있다고 믿어야 한다.
– 거절은 제안이 마음에 들지 않은 것이다. 사람이 미운 것이 아니므로, 대안을 준비하여 다시 상담한다.

91
정답 ③

기대수명이란 성별·연령별 사망률이 현재 수준으로 유지된다고 가정했을 때 0세 출생자가 향후 몇 년을 더 생존할 것인가를 통계적으로 추정한 기대치이다. 건강수명이란 '수명의 질'이라고 할 수 있는 건강상태를 반영한 것으로, 평균수명에서 질병이나 부상 등으로 몸이 아픈 기간을 제외한 기간을 말한다.

핵심개념 은퇴환경의 변화

구 분	내 용
기대수명 증가	• 기대수명 : 나이대·성별 사망률이 현재의 수준으로 유지된다고 가정했을 때 당해연도에 태어난 출생아가 향후 얼마나 살아갈 것인지 기대되는 연수, 즉 0세의 기대여명을 의미함 • 기대여명 : 특정 연령의 사람이 앞으로 얼마나 더 살 것인가 기대되는 생존연수이며, 은퇴설계 시 중요한 참고지표가 됨 • 건강수명 : 몸이나 정신에 문제없이 즉, 어떠한 질병이 없이 건강하게 사는 기간을 의미함. 평균수명에서 질병을 앓는 기간(평균 장애기간)을 뺀 기간을 말함
고령화의 문제점	노후준비 부족, 노후빈곤 문제, 의료비 증가, 장기 간병 문제

92
정답 ②

제3기 인생은 퇴직 후 비교적 건강하게 생활하는 20~30년의 시기를 말하며, '자아 성취의 시기(=제2의 사춘기, 인생의 2차 성장)'이다.

핵심개념 노후에 대한 인식 전환

구 분	내 용
액티브 에이징	• 2002년 세계보건기구가 고령화 문제의 대안으로 제시 • 활동적 노화를 의미하는 것으로, 고령의 나이에 개의치 않고 새로운 것에 도전하며 인생의 제2막을 즐기는 것을 말함
제3기 인생	• 피터 라스렛은 인생을 4기로 나누어 분류 　- 1기는 의존의 시기, 2기는 독립·의무·책임의 시기, 3기는 자기 성취의 시기(=제2의 사춘기, 인생의 2차 성장), 4기는 의존의 시기로 구분 • 제3기의 인생을 어떻게 보내느냐에 따라 행복한 노후의 갈림길이 될 수 있음
앙코르 커리어	은퇴 후 스스로 원하는 것을 함으로써 진정한 자아실현을 추구하는 인생 후반의 일자리를 의미
종 활	• 일본에서 생긴 신조어로 수동적으로 받아들이던 죽음을 밝고 적극적으로 자세로 설계하고 맞이하는 것 • 죽음을 미리 생각하고 준비하여 마지막을 아름답게 마무리하기 위한 모든 활동을 의미

93
정답 ③

사적 연금상품의 경우에는 세제 변화 등을 고려하여 절세 혜택을 누릴 수 있는 범위에서 인출 금액을 설정하여야 하고, 최대한 인출시기를 늦추어 장수 리스크에 대비해야 한다.

핵심개념 은퇴자금 설계 시 주요 포인트

구 분	내 용
은퇴 크레바스	• 은퇴 후 연금을 받기 전까지 생기는 소득 공백기간 • 재취업이나 사적연금을 활용하여 극복
적립과 인출	• 적립 : 목적별로 계좌를 만들어 따로 관리, 연령에 관계없이 빨리 시작하는 것이 중요 • 인출 : 최대한 인출시기를 늦춰 장수 리스크에 대응하는 전략 필요
부동산과 은퇴설계	• 부동산 리스크 : 부동산을 팔고자 할 때 팔리지 않는 유동성 리스크와 부동산 가격하락 리스크로 현금 확보에 어려움이 있음 • 부동산 규모를 줄여 노후자금을 확보하거나 주택연금을 고려할 필요가 있음
부부 중심의 은퇴설계	• 개인연금, 부부형 연금은 부부 중 누군가가 사망해도 남은 배우자가 계속해서 연금을 받을 수 있도록 설계 • 배우자를 피보험자로 하는 종신보험 활용
노후 필수 자금	노후생활비, 의료비, 장기 간병비용

94
정답 ③

노후의 거주지를 선택할 때에는 본인의 여가 및 사회활동을 고려하여 선택해야 한다. 전원주택은 도시와의 접근성이 불편해질 수 있으므로, 여가 및 사회활동을 하는 데 어려움을 줄 수 있다.

95
정답 ③

국민연금제도(1988년 도입) → 개인연금제도(1994년 도입) → 퇴직연금제도(2005년 도입) → 기초연금제도(2008년 도입) → 개인형 퇴직연금제도(2017년 도입)

96

정답 ⑤

장기근속 가능성이 높고 임금인상률이 높으면 확정급여형이 유리하다.

핵심개념 확정급여형(DB) VS 확정기여형(DC)

구 분	확정급여형(DB)	확정기여형(DC)
개 념	• 퇴직 시 지급할 급여의 수준을 노사합의를 통해 사전에 확정 • 근로자 퇴직 시 사용자는 사전에 약정된 퇴직급여를 지급	• 기업이 부담할 부담금 수준을 노사가 사전에 확정 • 근로자 퇴직 시 적립금 운용실적에 따라 퇴직급여 수령
운용 주체	기 업	근로자
기업부담금	적립금 운용실적에 따라 기업의 부담금 변동	가입자 연간 임금총액의 1/12에 해당하는 금액 이상
제도 간 이전	어려움, 퇴직 시 IRP로 이전	직장이동 시 이전 용이
퇴직급여 수령	55세 이상, 가입기간 10년 이상, 수령기간 5년 이상	55세 이상, 가입기간 10년 이상, 수령기간 5년 이상
중도인출	불 가	사유충족 시 가능
적합한 근로자	• 장기근속이 가능하고 임금상승률이 높으며 도산위험이 적은 기업 • 자산운용에 자신이 없는 근로자	• 연봉제 도입기업 • 체불위험이 있는 기업 • 이직과 전직이 잦은 근로자 • 자산운용에 자신이 있는 근로자

97

정답 ③

근로자 또는 근로자의 배우자 그리고 부양가족이 질병 또는 부상으로 6개월 이상의 요양을 필요로 하고 근로자가 요양비용을 부담하는 경우 중도인출이 가능하다.

핵심개념 퇴직연금 중 DC형과 IRP형의 중도인출이 가능한 경우

• 무주택자인 가입자가 본인 명의로 주택을 구입하는 경우
• 무주택자인 근로자가 주거를 목적으로 전세금 또는 보증금을 부담하는 경우
• 근로자, 근로자의 배우자 또는 부양가족이 질병 또는 부상으로 6개월 이상 요양을 필요로 하는 경우
• 중도인출을 신청한 날부터 역산하여 5년 이내에 근로자가 파산선고를 받은 경우
• 중도인출을 신청하는 날부터 역산하여 5년 이내에 근로자가 개인회생절차개시 결정을 받은 경우

98

정답 ③

상담장소는 비밀이 보장되는 곳이어야 하며, 밝고 청결해야 한다.

99

정답 ③

수익률을 너무 높게 설정하고 이를 달성하기 위해 주식이나 주식형 펀드에 너무 과도하게 투자하고 있는지 점검이 필요하다. 이런 경우에는 고객의 목표수익률과 리스크 허용도를 감안하여 포트폴리오를 재조정할 필요가 있다.

핵심개념 가계 대차대조표 분석 시 점검사항

• 안전자산에 너무 편중되어 있지 않은가?
• 노후자금을 위한 연금상품에는 가입해 있는가?
• 주식이나 주식형 펀드 등 위험자산의 비중이 너무 많지는 않은가?
• 분산투자는 실행되고 있는가?
• 자산이 부동산에 너무 편중되어 있지 않은가?
• 고령자일 경우 증여나 상속을 감안한 자산구성이 되어 있는가?

100

정답 ①

제안서를 작성할 때에는 고객이 이해하기 쉽도록 전문용어를 피하고, 알기 쉽게 설명한다.

아이들이 답이 있는 질문을 하기 시작하면 그들이 성장하고 있음을 알 수 있다.

－존 J. 플롬프－

많이 보고 많이 겪고 많이 공부하는 것은 배움의 세 기둥이다.

– 벤자민 디즈라엘리 –

배우기만 하고 생각하지 않으면 얻는 것이 없고, 생각만 하고 배우지 않으면 위태롭다.

- 공자 -

2024~2025 은행FP 자산관리사 1부 [최신출제동형 100문항＋모의고사 3회분＋특별부록] PASSCODE

개정2판1쇄 발행	2024년 07월 05일 (인쇄 2024년 06월 28일)
초 판 발 행	2023년 01월 05일 (인쇄 2022년 09월 22일)
발 행 인	박영일
책 임 편 집	이해욱
편 저	시대금융자격연구소
편 집 진 행	김준일 · 이보영 · 백한강
표지디자인	하연주
편집디자인	차성미 · 하한우
발 행 처	(주)시대고시기획
출 판 등 록	제10-1521호
주 소	서울시 마포구 큰우물로 75 [도화동 538 성지 B/D] 9F
전 화	1600-3600
팩 스	02-701-8823
홈 페 이 지	www.sdedu.co.kr
I S B N	979-11-383-7404-0 (14320)
	979-11-383-7403-3 (세트)
정 가	17,000원

특별부록

핵심포인트
파이널체크 O/X 퀴즈

www.sdedu.co.kr

시대
에듀

자산관리 기본지식

제**1**장 재무설계의 의의 및 재무설계 프로세스(10문항 대비)

01 ☐× 자산 및 부채의 증가, 금융시장 개방 및 국제화, 금융상품 다양화 및 금융 관련 법규 강화, 저출산 및 고령화는 개인 재무설계의 필요성 중 사회 경제적 배경에 해당한다.

02 ☐× 개인 재무설계의 필요성 중 소비자의식 변화에는 개인주의적 사고방식과 개별성 추구, 비재무적 요구의 증가, 재무설계의 중요성 인식 등이 있다.

03 개인 재무설계의 필요성 중 (   )에는 1인 가구의 증가, 저출산 및 고령화, 노동환경의 변화 등이 있다.

04 재무설계의 6단계 절차는 1단계 고객과의 관계 정립 → 2단계 고객 정보수집 및 재무목표 설정 → 3단계 (   ) → 4단계 재무설계 제안 → 5단계 재무설계 실행 → 6단계 정기점검 및 사후관리의 순서로 이루어진다.

05 유망고객의 4가지 조건에는 재무목표가 있는 사람, 금융상품에 가입할 경제적 능력이 있는 사람, (   ), 실행력이 있는 사람이 해당된다.

06 고객 접촉 채널 중 (   )은(는) 심리적 부담을 줄여주고, 상대적으로 저렴한 비용으로 동시에 많은 사람을 접촉할 수 있으며, 통화가 되지 않아도 가능하다는 장점이 있다.

정답 **01** ✕ ▶ 저출산 및 고령화는 인구 통계적 배경에 해당한다.
02 ○
03 인구 통계적 배경
04 고객의 재무상태 분석 및 평가
05 만남이 가능한 사람
06 SMS

07 ☐○ ☐× 고객 접촉 채널 중 TA는 상품판매를 위한 목적으로 활용해야 한다.

08 ☐○ ☐× 고객 접촉 채널 중 DM은 일반적 DM 발송 시 고객 불만을 초래할 가능성이 높으므로 고객에게 맞춤화된 DM을 제작하여 발송해야 한다.

09 고객과의 (   )에서는 ① 고객에게 재무설계 및 절차에 대해 설명하고, ② 자산관리사의 경력, 서비스 분야에 대해 설명하며, ③ 정보수집의 중요성을 설명한다.

10 ☐○ ☐× '거래하는 자산관리사가 있으신가요?'는 상황 파악 질문에 해당한다.

11 ☐○ ☐× '중대질병에 걸려 막대한 치료비가 필요한 경우 남은 가족의 생활은 어떨까요?'는 문제 인식 질문에 해당한다.

12 ☐○ ☐× '가족 보장 및 필요할 때마다 자금을 찾는 기능이 부가된 상품이면 어떨까요?'는 해결 질문에 해당한다.

13 생애주기 단계 중 (   ) 단계에서는 자녀들의 교육자금 및 결혼자금 마련, 주택확장자금 마련 등이 일반적인 재무관심사에 해당한다.

14 자녀들의 교육자금 마련, 주택자금 마련 등의 재무관심사에 해당하는 생애주기 단계는 (   )이다.

15 ☐○ ☐× 고객 정보 중 자산 및 부채 자료, 은퇴 관련 자료, 증여·상속 관련 자료 등은 정량적 정보에 해당한다.

정답	
07	✕ ▸ TA는 방문약속을 잡기 위한 목적으로 활용해야 한다(상품판매 목적 활용 금지).
08	○
09	최초 면담
10	○
11	✕ ▸ 시사 질문에 해당한다.
12	○
13	자녀성장기
14	자녀양육기
15	○

16 ○× 고객 정보 중 예상수명, 위험수용 성향, 개인 재무설계 관련 지식 등은 정성적 정보에 해당한다.

17 고객 정보수집 방법 중 고객의 재무적·비재무적 정보를 포함한 많은 자료를 수집하여 고객을 잘 이해할 수 있는 것은 (　　　　)이다.

18 ○× 인터넷을 통해 정보를 수집하는 방법은 고객과의 재무설계 업무 진행과정의 쌍방향 의사소통을 극대화할 수 있는 장점이 있다.

19 ○× 전화는 자료 수집과정을 빠르게 진행할 수 있고, 고객의 생각 반영도가 높다는 장점이 있다.

20 ○× 현금흐름표는 총소득과 총지출의 규모를 통해 저축 및 투자금액을 알 수 있다.

21 ○× 자산부채상태표는 일정 기간 동안 가계의 자산, 부채, 순자산의 상태를 나타낸다.

22 ○× 전형적인 현금성자산에는 보통예금, 수시 입·출금 예금, 단기간 저축을 위한 CMA, MMF, MMDA 등이 있다.

23 ○× 대표적인 금융투자자산에는 단기 투자금융상품의 잔액, ELS, ELD, ELF 등이 있다.

정답　**16** ○
　　　17 직접면담
　　　18 ○
　　　19 × ▸자료 수집과정을 빠르게 진행할 수 있고, 고객의 생각 반영도가 높다는 장점이 있는 방법은 설문서이다. 전화는 간단한 질문 또는 일부 답변 확인 시 유용한 방법이다.
　　　20 ○
　　　21 × ▸자산부채상태표는 일정 시점의 가계의 자산, 부채, 순자산의 상태를 나타낸다.
　　　22 ○
　　　23 × ▸단기 투자금융상품의 잔액(만기가 6개월 미만인 양도성 예금증서)은 현금성자산에 해당한다.

24 ⃞O⃞X 부동산자산은 투자목적 또는 거주목적의 부동산을 모두 포함한다.

25 ⃞O⃞X 세금, 주택관리비, 사교육비 등은 고정지출에 해당한다.

26 ⃞O⃞X 대출금 상환금, 건강의료비, 교통통신비 등은 변동지출에 해당한다.

27 ⃞O⃞X 자산관리사는 제안서 작성 시 최대한 많은 대안을 나열하여 고객의 선택권을 넓혀줘야 한다.

28 ⃞O⃞X 제안서의 실행 단계에서 자산관리사는 고객이 가입해야 하는 이유에 대해 논리적으로 설명하되 감성을 자극하는 스토리텔링을 제공해야 한다.

29 '△△기업 김 과장님도 지난주에 이 상품에 가입하셨습니다.'는 계약 체결 기법 중 (   )에 해당한다.

30 '배우자님 생년월일은 어떻게 되시죠? 그럼 만기 수익자는 배우자님으로 할까요?'는 (   )에 해당한다.

정답 **24** O
25 X ▸ 사교육비는 변동지출에 해당한다.
26 X ▸ 대출금 상환금은 고정지출에 해당한다.
27 X ▸ 자산관리사는 제안서 작성 시 너무 많은 대안을 나열하지 말고, 고객의 가치관이나 생활방식을 고려한 대안을 제시해야 한다.
28 O
29 예화법
30 묵시적 동의법

제**2**장　경제동향분석 및 예측(15문항 대비)

01 거시경제에서의 단기에는 가격과 임금이 (신축적 / 경직적)이다.

02 거시경제에서의 장기에는 (　　)이 달성된다.

03 ○× 거시경제에서의 최장기에는 기술발전이 가능하고, 자본·노동 등 생산요소 총량이 고정되어 있다.

04 개방경제 하에서 생산물시장에서는 (　　)와 (　　)이 일치하는 점에서 한 나라의 균형 실질GDP와 물가가 결정된다.

05 개방경제 하에서 요소시장에서는 (　　)만을 가변 생산요소로 가정한다.

06 거시경제의 경제주체 중 (　　)부문에서는 생산물시장에 재화와 용역을 공급한다.

07 ○× 거시경제의 경제주체 중 가계부문은 요소시장에서 생산요소를 수요한다.

08 생산물시장에 공공재를 공급하고, 가계부문으로부터 조세를 징수하는 거시경제주체는 (　　)이다.

09 ○× 개방경제 하에서 물가변동을 언급하지 않는 한 물가는 변동이 없고, 물가변동을 고려할 경우 모든 변수는 실질변수이다.

정답 01 경직적
02 완전고용
03 × ▶ 거시경제에서의 최장기에는 기술발전이 가능하고, 자본·노동 등 생산요소 총량이 가변적이다.
04 총수요, 총공급
05 노 동
06 기 업
07 × ▶ 가계부문은 요소시장에서 생산요소를 공급한다.
08 정 부
09 × ▶ 개방경제 하에서 물가변동을 언급하지 않는 한 물가는 변동이 없고, 모든 변수는 실질변수라고 가정한다. 다만, 물가변동을 고려할 경우에는 명목변수와 실질변수를 구별한다.

10 ☐○☐× 개방경제 하에서 단기에 실물과 화폐의 교환비율은 1:1이라고 가정하고, 실물의 흐름과 반대방향으로 동액의 화폐의 흐름이 있다.

11 임금 등 생산요소 가격이 하락하면 총공급이 (증가 / 감소)하고 단기 총공급곡선이 (우측 / 좌측)으로 이동한다.

12 ☐○☐× 환율이 상승하면 총공급이 증가하여 단기 총공급곡선이 우측으로 이동한다.

13 총수요곡선이 물가와 실질소득 좌표 평면에서 우하향하는 이유에는 구매력 효과, 실질통화 공급 효과, (　　　　), (　　　　)가 있다.

14 (　　) 이외에 총수요에 영향을 미치는 요인이 변동할 경우 총수요가 변화한다.

15 실질이자율이 상승하면 소비지출이 (증가 / 감소)하여 총수요곡선이 (우측 / 좌측)으로 이동한다.

16 상대물가가 상승하면 순수출이 (증가 / 감소)하여 총수요곡선이 (우측 / 좌측)으로 이동한다.

17 ☐○☐× 예기치 못한 인플레이션의 경우 채권자로부터 채무자에게 또는 노동자로부터 기업가에게 부가 재분배된다.

18 실업률을 구하는 공식은 $\dfrac{\text{실업자}}{(\qquad)} \times 100$이다.

정답　**10** ○

11 증가, 우측

12 × ▸ 환율 상승에 따라 수입 원자재 등 생산요소가격이 상승하면 총공급이 감소하여 단기 총공급곡선이 좌측으로 이동한다.

13 부의 효과, 순수출 효과 ▸ 부의 효과는 물가가 하락하면 부의 실질구매력이 증가하여 소비지출이 늘어나는 것이고, 순수출 효과는 물가가 하락하면 국내 생산물의 상대적 가격경쟁력이 커져 수출은 늘어나고 수입이 감소하여 총수요량이 증가하는 것을 의미한다.

14 물 가

15 감소, 좌측

16 감소, 좌측 ▸ 상대물가 $= \dfrac{\text{자국물가}}{\text{상대국물가}}$

17 ○

18 경제활동인구

19 ○× 노동가능인구는 실업자와 취업자를 합산한 값이다.

20 완전고용수준 하에서 발생하는 실업률을 (   )이라고 한다.

21 ○× 자연실업률 수준에서는 마찰적 실업이나 구조적 실업 없이 계절적 실업과 경기적 실업만 존재한다.

22 (   )GDP는 노동, 자본 등 생산요소를 완전 고용한 상태 하에서의 GDP를 말한다.

23 실제GDP가 잠재GDP보다 크면 (   )국면, 실제GDP가 잠재GDP보다 작으면 (   )국면으로 판단한다.

24 정부가 국채를 발행하여 공개시장에서 매각하는 방법으로 자금을 조달할 경우 대부자금시장에서 이자율이 상승하여 민간부문의 소비지출과 투자지출이 감소하는 (   )가 발생한다.

25 ○× 재정지출 확대의 재원을 조세를 통해 조달할 경우 가계의 가처분소득이 감소하므로 소비가 감소하게 된다.

26 (   ) = M_2 + 2년 이상 장기금융상품 등 + 생명보험계약준비금 및 증권금융예수금

27 ○× 중앙은행이 보유하고 있는 자산을 매각하거나 대출을 회수하면 본원통화는 증가한다.

28 본원통화에 대해 증가한 통화량의 비율을 (   )라고 한다.

정답 **19** × ▶ 노동가능인구는 비경제활동인구와 경제활동인구를 합산한 값이며, 실업자와 취업자를 합산한 값은 경제활동인구이다.
　　　20 자연실업률
　　　21 × ▶ 자연실업률 수준에서는 계절적 실업이나 경기적 실업이 없이 마찰적 실업과 구조적 실업만 존재한다.
　　　22 잠재
　　　23 확장, 수축
　　　24 구축효과
　　　25 ○
　　　26 금융기관유동성(L_f) ▶ M_2 = 광의통화
　　　27 × ▶ 중앙은행이 보유하고 있는 자산을 매각하거나 대출을 회수하면 본원통화는 감소한다.
　　　28 통화승수

29 지급준비율이 상승하면 통화승수는 (증가 / 감소)한다.

30 현금보유비율이 상승하면 통화승수는 (증가 / 감소)한다.

31 준통화비율이 상승하면 통화승수는 (증가 / 감소)한다.

32 초과지급준비율이 상승하면 통화승수는 (증가 / 감소)한다.

33 무위험이자율이 (높을수록 / 낮을수록) 현재 소비를 줄이고 저축을 많이 할 것이며, 무위험이자율이 (높을수록 / 낮을수록) 저축보다는 현재 소비를 늘리려고 할 것이다.

34 조세는 실질이자율을 (상승 / 하락)시키는 요인이고, 정부보조는 실질이자율을 (상승 / 하락)시키는 요인이다.

35 미 달러 1단위를 기준으로 하여 외국통화의 교환비율을 표시하는 방법을 (American terms / European terms)라 하고, 외국통화 1단위를 기준으로 하여 미 달러와의 교환비율을 표시하는 방법을 (American terms / European terms)라 한다.

36 ○× 교차환율은 자국통화가 개입되지 않은 외국통화 간의 환율을 말한다.

37 (명목 / 실질)환율은 자국과 상대국의 물가수준을 고려하지 않고 단순하게 외환시장에서 고시되는 이종통화 간의 교환비율을 말한다.

정답 **29** 감 소
30 감 소
31 증 가
32 감 소
33 높을수록, 낮을수록
34 상승, 하락
35 European terms, American terms
36 ○
37 명 목

---

38 국내 물가가 하락하면 환율은 (상승 / 하락)한다.

39 ○× 중앙은행이 외환을 매입하면 환율이 하락한다.

40 환율이 하락하면 수출이 (증가 / 감소)하고, 수입은 (증가 / 감소)한다.

41 환율이 상승하면 수입원자재가격이 (상승 / 하락)하고, 물가는 (상승 / 하락)한다.

42 경기가 침체국면에 있으면 노동공급곡선은 (가파른 / 완만한) 기울기를 가지고 있어 기업은 실질임금 상승 압력 없이 고용량을 늘릴 수 있다.

43 확장적 재정정책에 따라 물가는 (상승 / 하락)하고 실질GDP와 명목GDP는 (증가 / 감소)한다.

44 ○× 확장적 재정정책은 본원통화와 통화공급량에 영향을 미치지 않는다.

45 ○× 지급준비율을 낮춰 확장적 통화정책을 실시한다고 가정하면 본원통화는 증가하고, 통화승수가 커져 통화공급량은 증가한다.

46 경기변동은 확장국면, 정점, 수축국면, 저점의 4단계로 구분되는데, 정점에서 정점까지 또는 저점에서 저점까지를 (　　), 정점에서 저점까지를 (　　), 정점과 저점을 (　　)이라 한다.

정답 **38** 하락 ▸ 국내 물가가 하락하면 수출이 증가하여 환율은 하락한다.
39 × ▸ 중앙은행이 외환을 매입하면 외환수요가 증가하여 환율은 상승한다.
40 감소, 증가
41 상승, 상승
42 완만한 ▸ 고용량의 실질임금에 대한 탄력성이 커서 작은 실질임금 변동에도 고용량이 크게 변동한다.
43 상승, 증가
44 ○
45 × ▸ 지급준비율을 낮춰 확장적 통화정책을 실시한다고 가정하면 본원통화에는 변동이 없고, 통화승수가 커져 통화공급량은 증가한다.
46 주기, 진폭, 경기전환점

47 ☐○☐× 경기변동은 반복적으로 나타나며 그 주기도 일정하다.

48 생산성의 변동성은 GDP 변동성과 비슷하며 경기변동에 (선행 / 후행)하는 경향이 있다.

49 실업률의 변동성은 GDP 변동성보다 (크고 / 작고), 경기(순응적 / 역행적)이며, 경기변동에 (선행 / 후행)한다.

50 ☐○☐× 취업자수, CP유통수익률 등은 선행종합지수이다.

51 ☐○☐× 건설기성액, 소매판매액지수, 수입액 등은 후행종합지수이다.

52 경제심리지수, 건설수주액, 수출입물가비율 등은 (   )종합지수이다.

53 ☐○☐× 경기종합지수는 경기변동의 단기예측이 가능하고 비교적 정확한 경기상태를 반영한다.

54 ☐○☐× 경기종합지수의 증감률 크기에 의해 경기변동의 진폭, 방향, 속도까지도 분석할 수 있다.

55 ($\qquad$) $= \dfrac{\text{긍정적 응답업체 수} - \text{부정적 응답업체 수}}{\text{전체 응답업체 수}} \times 100 + 100$

정답 **47** × ▸경기변동은 반복적으로 나타나지만 그 주기는 일정하지 않다.
  48 선행
  49 작고, 역행적, 후행
  50 × ▸취업자수, CP유통수익률 등은 후행종합지수이다.
  51 × ▸건설기성액, 소매판매액지수, 수입액 등은 동행종합지수이다.
  52 선행
  53 ○
  54 ○
  55 기업실사지수(BSI)

56 시계열 모형은 과거 행태가 반복되고 경제의 외부충격이 없는 경우 (단기 / 장기)예측에 유용한 예측 방법이다.

57 (시계열 / 거시계량경제) 모형은 경제이론보다는 자기시차 또는 일부 관심 경제변수 간의 상관관계에 바탕을 두고 작성된다.

58 ○× 거시계량경제모형은 경제이론에 바탕을 두고 있어 거시경제변수들의 움직임과 변수 간의 파급효과 등을 구체적으로 측정할 수 있다.

59 ○× 거시계량경제모형은 모형의 작성 및 유지에 투입되는 시간을 절약할 수 있는 장점이 있다.

60 (시계열 / 거시계량경제) 모형은 모형에 표기되지 않은 변수의 충격이 클 경우 오차 발생 가능성이 높아진다.

정답 **56** 단기
57 시계열
58 ○
59 × ▸ 거시계량경제모형은 모형의 작성 및 유지에 막대한 시간과 노력이 소요된다.
60 거시계량경제

제**3**장 법률(15문항 대비)

01 근대민법은 기본원리로 개인의 자유와 평등을 기본이념으로 하는 (   )의 원칙, (   )의 원칙, (   )의 원칙을 인정하였다.

02 부동산물권에 관해서는 (   )를, 동산물권에 대해서는 (   )를 그 공시방법으로 하고 있다.

03 ○× 물권의 포기는 물권자가 자기의 물권을 포기한다는 의사표시를 하는 물권적 단독행위이다.

04 (   )은 서로 대립하는 두 개의 법률적 지위 또는 자격이 동일인에게 귀속되는 경우에는 어느 한쪽이 다른 한쪽에 소멸하는 것을 말한다.

05 다른 사람의 물권을 일정한 범위 안에서 사용·수익할 수 있는 권리를 (   )이라 한다.

06 ○× 담보물권에는 유치권, 질권, 저당권 등이 있다.

07 ○× 경개는 채권자와 채무자가 서로 같은 종류를 목적으로 하는 채권·채무를 가지고 있는 경우에 그 채무들을 대등액에서 소멸하게 하는 단독행위이다.

08 ○× 합명회사는 유한책임사원으로만 구성된 회사형태이다.

정답 **01** 사유재산권 존중, 사적자치, 과실책임
02 등기, 점유
03 ○
04 혼 동
05 용익물권
06 ○
07 × ▸상계에 대한 설명이다. 경개는 채무의 중요한 부분을 변경함으로써 신채무를 성립시키는 동시에 구채무를 소멸시키는 계약이다.
08 × ▸합명회사는 회사채무에 대해서 무한·직접·연대책임을 부담하며 회사의 업무집행권과 대표권을 가지는 무한책임사원만으로 구성된 회사형태이다.

---

09 ○× 합자회사는 무한책임사원과 유한책임사원으로 구성된 회사형태이다.

10 자본금 총액이 (　　　) 미만인 회사는 주주전원의 동의가 있을 경우에는 소집절차 없이 주주총회를 개최할 수 있고, 서면에 의한 결의로써 주주총회의 결의를 갈음할 수 있다.

11 ○× 주주의 의결권은 1주식마다 1개만이 부여되는 것이 원칙이다.

12 특별결의는 출석한 의결권의 (　　　) 이상이며 발행주식총수의 (　　　) 이상인 수로써 하는 결의이다.

13 ○× 대표이사는 이사 중에서 이사회의 결의로 선임되는 것이 원칙이며, 대표이사의 인원수에 관하여는 제한이 없으므로 1명 또는 여러 명이 대표이사로 선임될 수 있다.

14 감사위원회는 반드시 (　　　) 이상의 위원(이사)으로 구성되며, (　　　) 이상은 사외이사이어야 한다.

15 자본금 감소는 회사채권자의 이익에 중대한 영향을 주므로 채권자를 보호하기 위하여 회사는 자본금 감소의 주주총회 결의일로부터 (　　　) 내에 회사채권자에 대하여 (　　　) 이상의 일정한 기간 내에 자본금 감소에 대한 이의를 제출할 것을 공고 및 최고하여야 한다.

16 ○× 현금입금에 의한 예금계약은 예금원장에 입금의 기록이 된 때에 예금계약이 성립한다.

17 ○× 대출계약은 차주가 금전소비대차약정서를 작성하여 은행에 제출하고 은행이 이를 이의 없이 수리한 때 성립한다.

정답 **09** ○ ▶ 무한책임사원은 업무집행권과 대표권을 가지나 유한책임사원은 업무집행에는 참가하지 못하고 감시권을 가진다.
10 10억원
11 ○
12 3분의 2, 3분의 1
13 ○
14 3명, 3분의 2
15 2주, 1월
16 × ▶ 현금입금에 의한 예금계약은 예금자가 예금의 의사표시와 함께 제공한 금전을 은행직원이 예금자가 청약한 금액과 일치함을 확인한 때 성립한다. 다만, 현금으로 계좌송금하거나 계좌이체하는 경우에는 예금원장에 입금의 기록이 된 때에 예금계약이 성립한다.
17 ○

18 일반적인 상계의 요건은 ① (   )의 채권이 서로 (   )하고 있을 것, ② 자동채권과 수동채권 모두 변제기에 있을 것, ③ 채권의 성질상 상계가 허용될 것, ④ (   )에 의한 상계통지를 할 것 등이다.

19 보험자는 보험계약을 체결할 때 보험계약자에게 보험약관을 의무적으로 교부하여야 하고, 그 약관의 중요한 내용을 설명하여야 한다. 만약 보험자가 이를 위반하면 보험계약자는 보험계약이 성립한 날부터 (   ) 이내에 그 계약을 취소할 수 있다.

20 (   )란 신탁을 설정하고 수탁자에 대하여 일정한 목적에 따라 재산의 관리 또는 처분을 하도록 재산권의 이전, 기타 처분을 하는 자를 말한다.

21 ○× 수탁자는 자신의 고유한 재산과 신탁재산을 구분하여 관리하여야 한다.

22 ○× 수탁자가 사망하는 경우 신탁재산은 명의인인 수탁자의 상속재산에 귀속된다.

23 (   )은 부동산의 소유자가 자신 또는 타인의 채무이행을 담보하기 위하여 자기소유의 부동산을 부동산신탁회사에게 이전하는 것이다.

24 금융소비자보호법상 6대 판매원칙 중 (   )원칙은 금융소비자가 자발적으로 구매하려는 상품이 해당 소비자의 재산상황 등에 비추어 적정하지 않을 경우 고지해야 하는 의무이다.

25 금융회사가 5대 판매규제를 위반한 경우, 금융소비자는 금융상품 계약을 체결한 날부터 최대 (   )년 이내, 위법 사실을 안 날로부터 (   )년 이내에 계약해지를 요구할 수 있다.

정답 **18** 동종, 대립, 서면
19 3개월
20 위탁자
21 ○
22 × ▸ 수탁자가 사망하는 경우 신탁재산은 명의인인 수탁자의 상속재산에 귀속되지 않는다.
23 부동산담보신탁
24 적정성
25 5, 1

26 은행법은 비금융주력자(산업자본)의 은행 소유를 엄격히 금지하고 있다. 산업자본은 비금융부문의 자본비중이 (　　　)% 이상인 동일인, 비금융부문 자산총액이 (　　　)원 이상인 동일인, 또는 이들 동일인이 (　　　)% 이상 주식을 소유하고 있는 투자회사 등을 말한다.

27 은행법에 따라 산업자본은 은행의 의결권 있는 주식의 (　　　)%를 초과 소유할 수 없다. 의결권이 없는 경우에도 (　　　)%를 초과하여 은행의 주식을 소유할 수 없다.

28 (　　　)이란 누구의 명의로 하든지 타인의 계산으로 금융투자상품의 매도·매수, 그 청약의 권유, 청약, 청약의 승낙 또는 증권의 발행·인수에 대한 청약의 권유, 청약, 청약의 승낙을 영업으로 하는 것을 말한다.

29 손실보전·이익보장의 금지 규정에 위반한 금융투자업자의 행위에 대해서는 (　　　) 이하의 징역 또는 (　　　) 이하의 벌금에 처한다.

30 ◯✕ 신용카드는 권리 또는 재산권을 표창하는 증권이다.

31 ◯✕ 민법은 부부재산의 귀속에 관하여 별산제를 채용하고 있다.

32 재산분할청구권은 이혼한 날부터 (　　　)이 지나면 소멸한다.

33 부부의 일방이 다른 일방의 재산분할청구권 행사를 회피하기 위해서 재산을 처분할 경우 다른 일방은 그 취소 및 원상회복을 가정법원에 청구할 수 있다. 다만, 가정법원에 대한 청구는 취소사유를 안 날로부터 (　　　), 처분행위가 있는 날로부터 (　　　) 내에 해야 한다.

정답		
26	25, 2조, 4	
27	4, 10	
28	투자중개업	
29	3년, 1억원	
30	✕ ▶ 신용카드는 권리 또는 재산권을 표창하는 증권은 아니고, 다만 회원자격을 증명하는 증거증권에 불과하다고 보는 것이 통설이다.	
31	◯	
32	2년	
33	1년, 5년	

34 ○× 한정후견은 질병·장애·노령·그 밖의 사유로 인한 정신적 제약으로 사무를 처리할 능력이 부족한 때 활용할 수 있는 제도이다.

35 (   )은 장애·질병·노령 등으로 인해 사무처리 능력이 지속적으로 결여된 성인에게 가정법원의 결정을 통해 선임된 후견인이 재산관리·일상생활 등과 관련된 신상보호를 지원하도록 하는 제도이다.

36 ○× 상속인의 제1순위는 피상속인의 직계존속이다.

37 상속인이 상속을 포기할 때에는 (   )의 고려기간 내에 가정법원에 포기의 신고를 하여야 한다.

38 유류권자의 유류분은 피상속인의 직계비속과 배우자는 그의 법정상속분의 (   )이고, 피상속인의 직계존속과 형제자매는 그의 법정상속분의 (   )이다.

39 ○× 합병의 효력은 존속회사의 본점소재지에서 변경등기를 한 때 또는 신설회사의 본점소재지에서 설립등기를 한 때 발생한다.

40 회사의 분할은 (   )를 함으로써 효력이 발생한다.

41 개인회생제도에서 채무액수의 제한은 유치권·질권·저당권·양도담보권·가등기담보권·전세권 또는 우선특권으로 담보된 개인회생채권은 (   ), 그 밖의 무담보 개인회생채권은 (   ) 이하이어야 한다.

42 ○× 법원은 신청일부터 3월 이내에 개인회생절차의 개시 여부를 결정하여야 한다.

정답 **34** ○

35 성년후견

36 × ▸상속인의 제1순위는 피상속인의 직계비속이다. 직계비속이란 자기로부터 직계로 이어져 내려가는 혈족(아들, 딸, 손자, 증손 등)을 의미하고, 직계존속이란 조상으로부터 직계로 내려와 자기에 이르는 사이의 혈족(부모, 조부모 등)을 말한다.

37 3개월

38 2분의 1, 3분의 1

39 ○

40 등 기

41 15억원, 10억원

42 × ▸법원은 신청일부터 1월 이내에 개인회생절차의 개시 여부를 결정하여야 한다.

핵심포인트 ○/× 퀴즈

43 변제계획안은 채무자만이 신청할 수 있고, 개인회생절차 개시신청일로부터 (　　　) 이내에 제출하여야 한다.

44 ○ × 1천만원 또는 그에 상당하는 다른 통화로 표시된 금액 이상의 전신송금은 고객확인대상이 되는 일회성금융거래이다.

45 ○ × 개인의 주소, 주민등록번호, 운전면허번호, 여권번호, 외국인등록번호는 개인정보보호법에 따른 고유식별정보에 해당한다.

46 ○ × 개인정보보호법에 따른 민감정보는 사상·신념, 노동조합·정당의 가입탈퇴, 정치적 견해, 건강, 성생활 등에 관한 정보, 유전정보, 범죄경력자료에 해당하는 정보 등이다.

정답 **43** 14일
　　44 × ▶1백만원 또는 그에 상당하는 다른 통화로 표시된 금액 이상의 전신송금은 고객확인대상이 되는 일회성금융거래이다.
　　45 × ▶개인의 주소는 신용정보법에 따른 개인식별정보에 해당한다.
　　46 ○

세무설계

제**1**장 소득세 개요(4문항 대비)

01 ○× 우리나라 소득세법은 소득을 종합소득, 연금소득, 양도소득의 3가지로 구분하여 과세한다.

02 ○× 소득세법상 거주자·비거주자의 구분은 국적이나 직업과는 상관없다.

03 원칙적으로 국내에 주소를 두거나 (   ) 이상 거소를 둔 개인은 국내외 모든 소득에 대해서 납세의무가 있다.

04 ○× 국외원천소득만 있는 비거주자는 소득세법상 납세의무가 없다.

05 종합소득세의 기본세율은 최고 (   )%의 (   )단계 초과누진세율 구조로 되어 있다.

06 소득세의 과세기간은 일반적으로 (   )부터 (   )까지 1년이다.

07 거주자가 사망한 경우의 소득세 과세기간은 (   )부터 (   )까지이다.

정답 **01** × ▸ 소득세법상 소득은 종합소득, 퇴직소득, 양도소득으로 구분하며, 2025년부터 금융투자소득이 추가된다.

02 ○ ▸ 거주자·비거주자의 구분은 주소와 거소의 판정에 따른다.

03 183일

04 ○ ▸ 비거주자는 국내원천소득에 대해서만 납세의무가 있다.

05 45, 8

06 1월 1일, 12월 31일

07 1월 1일, 사망한 날

08 거주자가 주소 또는 거소의 국외이전으로 출국하여 비거주자가 되는 경우의 과세기간은 (   )부터 (   )까지 이다.

09 ☐○☒ 거주자의 소득세 납세지는 국내사업장이다.

10 ☐○☒ 부동산 임대소득은 기타소득이다.

11 ☐○☒ 교통사고 시 수령하는 위자료, 이혼 시 수령하는 위자료는 기타소득에 포함되어 소득세가 과세된다.

12 일용근로자의 근로소득공제액은 1일 (   )이다.

13 ☐○☒ 연금소득공제의 한도는 900만원이다.

14 인적공제는 (   )공제와 (   )공제를 의미한다.

15 배우자공제를 받으려면 배우자의 연간 소득금액 합계액이 (   ) 이하여야 한다(단, 근로소득만 있는 배우자는 제외한다).

16 ☐○☒ 공제대상자를 판별할 때 연간 소득금액에는 일시적으로 발생한 양도소득과 퇴직소득은 포함하지 않는다.

17 ☐○☒ 부양가족이 장애인인 경우 나이 제한 없이 기본공제를 적용받을 수 있다.

정답 **08** 1월 1일, 출국한 날
09 ✕ ▸ 거주자의 납세지는 주소지로 하며, 주소지가 없는 경우 거소지로 한다.
10 ✕ ▸ 부동산 임대소득은 사업소득에 해당한다.
11 ✕ ▸ 소득세법에 열거되어 있지 않은 소득으로 과세되지 않는 소득이다.
12 15만원
13 ○ ▸ 공제액이 900만원을 초과하는 경우에는 900만원을 공제한다.
14 기본, 추가
15 100만원 ▸ 근로소득만 있는 배우자의 경우에는 500만원 이하이다.
16 ✕ ▸ 일시적으로 발생한 양도소득과 퇴직소득도 연간 소득금액에 포함하여 판별한다.
17 ○

18 ○✕ 부녀자공제와 한부모가족공제에 모두 해당하는 경우 한부모가족공제만 적용한다.

19 ○✕ 근로소득이 있는 무주택 세대주의 경우 주택임차자금차입금의 원리금 상환액도 공제가 가능하다.

20 기본공제대상자에 해당하는 (   )세 이상의 자녀가 있는 경우 자녀세액공제를 적용받을 수 있다.

21 연금계좌세액공제 대상액 계산 시 연금계좌 중 연금저축계좌에 납입한 금액이 연 (   )을 초과하는 경우 그 초과분은 없는 것으로 한다.

22 ○✕ 보험료세액공제의 경우 장애인전용 보장성보험료와 기타 보장성보험료 모두 100만원 한도로 세액공제가 가능하다.

23 ○✕ 미용·성형수술을 위한 비용, 건강증진 의약품 구입을 위해 지출한 비용은 의료비세액공제 대상에서 제외된다.

24 ○✕ 직계비속을 위하여 지급한 대학원 등록금과 학원 및 체육시설 교육비는 교육비세액공제 대상이다.

25 ○✕ 연금소득은 납입단계와 운용단계에서는 과세이연하였다가 수령단계에서 과세한다.

26 ○✕ 사망일까지 중도 해지할 수 없는 종신연금은 기본세율로 원천징수한다.

정답 **18** ○ ▸ 공제액이 더 큰 한부모가족공제를 적용한다.

19 ○ ▸ 특별소득공제로 주택임차자금차입금의 원리금 상환액, 장기주택저당차입금의 이자 상환액 등을 공제할 수 있다.

20 8

21 600만원 ▸ 퇴직연금납입액이 있는 경우 연금저축계좌에 납입한 금액 중 600만원 이내의 금액과 퇴직연금계좌에 납입한 금액을 합한 금액이 연 900만원을 초과하는 경우에는 그 초과하는 금액은 없는 것으로 한다.

22 ○ ▸ 장애인전용 보장성보험료는 15%, 기타 보장성보험료는 12%의 세액공제가 적용된다.

23 ○ ▸ 진찰, 치료, 질병예방 등을 위하여 지급한 의료비가 공제 대상이다.

24 ✕ ▸ 대학원 등록금의 경우 거주자 본인분만 공제가 가능하며, 학원 및 체육시설에 지급한 교육비는 취학 전 아동을 위하여 지급한 경우에만 공제 대상이다.

25 ○

26 ✕ ▸ 공적연금소득은 기본세율로 원천징수하고, 사적연금 중 종신연금은 4%, 그 외 연금소득은 연금소득자의 나이에 따라 3% ~ 5%의 세율로 원천징수한다.

27 ○× 종업원이 임원이 되거나 법인의 상근임원이 비상근임원이 되더라도 퇴직급여를 실제로 받지 않으면 퇴직으로 보지 않는다.

28 종합소득이 있는 거주자는 (　　　)부터 (　　　)까지의 기간을 중간예납기간으로 하여 직전 과세기간의 종합소득에 대한 소득세로서 납부하였거나 납부하여야 할 세액의 (　　　)에 해당하는 금액을 11월 30일까지 납부하여야 한다.

29 해당 과세기간의 종합소득금액이 있는 거주자는 그 종합소득 과세표준을 다음 연도 (　　　)부터 (　　　)까지 납세지 관할 세무서장에게 신고하여야 한다.

30 거주자로서 납부할 세액이 (　　　)을 초과하는 경우 납부할 세액의 일부를 납부기한이 지난 후 (　　　) 이내에 분할납부할 수 있다.

31 ○× 거주자가 사망한 경우 신고납부기한은 상속 개시일이 속하는 달의 말일부터 2개월이 되는 날까지이다.

32 ○× 거주자가 주소 또는 거소의 국외 이전으로 출국하는 경우 신고납부기한은 출국일까지이다.

정답 **27** ○ ▸ 비정규직 근로자가 정규직 근로자로 전환되는 경우나 합병·분할 등 조직변경, 사업양도, 직·간접으로 출자관계에 있는 법인으로의 전출 또는 동일한 사업자가 경영하는 다른 사업장으로의 전출이 이루어진 경우에도 퇴직급여를 실제로 받지 않은 경우는 퇴직으로 보지 않을 수 있다.

28 1월 1일, 6월 30일, 2분의 1

29 5월 1일, 5월 31일

30 1천만원, 2개월

31 × ▸ 거주자가 사망한 경우 신고납부기한은 상속 개시일이 속하는 달의 말일부터 6개월이 되는 날까지이다.

32 × ▸ 출국일 전날

제2장 금융소득종합과세(8문항 대비)

01 2천만원 이하의 금융소득은 (　　　)의 원천징수세율로 분리과세된다.

02 ○× 비과세·분리과세 금융소득은 종합과세 기준금액을 따질 때 제외한다.

03 ○× 금융소득의 수입시기는 금융자산을 금융회사에서 인출하는 시기를 말한다.

04 ○× 종합과세 대상이 된 금융소득은 이중과세된다.

05 이자소득과 배당소득은 (　　　)가 인정되지 않기 때문에 총수입금액이 바로 소득금액이 된다.

06 ○× 법인의 소득금액에 대하여 법인단계에서 부담한 법인세의 일정 부분을 주주단계의 배당소득에 대한 종합소득세에서 공제하기 위하여 배당액에 가산하는 제도를 의제배당 제도라고 한다.

07 ○× Gross-up율 10%를 통해 완전한 이중과세 조정이 가능하다.

정답 **01** 14%
02 ○ ▶비과세 금융소득은 과세대상이 아니고 분리과세 금융소득은 원천징수로 납세의무가 종결되므로 종합과세 대상에서 제외한다.
03 × ▶수입시기란 총수입금액이나 필요경비가 발생한 시기를 파악하여 귀속연도를 결정하는 시기를 말한다.
04 × ▶종합과세 대상이 된 금융소득은 이중과세를 방지하기 위해 종합소득 신고 시 원천징수세액을 공제한다.
05 필요경비
06 × ▶Gross-up(그로스업) 제도에 대한 설명으로 의제배당은 형식적으로는 실지배당의 방법과 다르지만 실질적으로 동일한 경제적 이익을 주는 경우 배당으로 간주하는 것을 말한다.
07 × ▶과세표준 2억원 이하인 경우 9%의 법인세율이 적용되어 이중과세가 조정되지만 과세표준이 2억원을 초과하는 경우 19%, 21%, 24%가 적용되므로 완전한 이중과세 조정이라고 할 수는 없다.

08 이자소득과 배당소득이 혼재한 경우 (　　　) 먼저 종합과세 기준금액에 합산한다.

09 Gross-up을 적용하기 위해선 (　　　)법인으로부터 받은 배당이어야 한다.

10 ○×　Gross-up을 적용하기 위해선 종합소득세율(누진세율) 적용분이어야 한다.

11 ○×　집합투자기구로부터의 이익은 집합투자기구에게 그 소득이 귀속되는 것으로 본다.

12 세금우대종합저축에서 발생하는 금융소득은 (　　　) 세율로 원천징수된다.

13 ○×　개인종합자산관리계좌에서 비과세 한도금액을 초과하여 발생하는 금융소득은 종합과세 대상이 된다.

14 종신형 연금보험이 비과세되기 위해선 계약자가 연금을 보험료 납입 계약기간 만료 후 (　　　) 이후부터 사망 시까지 연금방식으로 지급받아야 한다.

15 장기저축성보험 중 일시납보험의 보험차익은 계약자 1명당 납입할 보험료 합계액이 (　　　) 이하인 경우 비과세한다.

16 ○×　월적립식 저축성보험의 보험차익이 비과세되기 위해선 납입기간이 10년 이상이고 계약자 1명당 매월 납입하는 보험료 합계액이 100만원 이하여야 한다.

정답 **08** 이자소득

　　　09 내 국

　　　10 ○ ▶ 종합과세 대상 배당소득이면서 종합소득세율(누진세율) 적용분이어야 한다.

　　　11 × ▶ 집합투자란 2인 이상의 투자자로부터 모은 금전 등을 투자자로부터 일상적인 운용지시를 받지 아니하면서 재산적 가치가 있는 투자대상자산을 취득·처분, 그 밖의 방법으로 운용하고 그 결과를 투자자에게 배분하여 귀속시키는 것으로, 집합투자기구로부터의 이익은 배당소득으로 과세한다.

　　　12 9%

　　　13 × ▶ 비과세 한도금액을 초과하는 금액에 대해서는 9% 세율로 분리과세한다.

　　　14 55세

　　　15 1억원

　　　16 × ▶ 납입기간이 5년 이상이고, 매월 납입하는 보험료 합계액이 150만원 이하여야 한다.

17 ○× 비영업대금의 이익과 출자공동사업자의 배당소득을 거주자에게 지급하는 경우 원천징수세율이 동일하다.

18 ○× 비영업대금의 이익의 경우 거주자에게 지급하는 경우와 법인에게 지급하는 경우의 원천징수세율이 동일하다.

19 (   )은 금전의 대여를 사업목적으로 하지 아니하는 자가 일시적·우발적으로 대여함에 따라 지급받는 이자·수수료 등을 말한다.

20 ○× 채권의 만기상환 전 또는 이자지급 전에 중도매매가 있는 경우 해당 채권에서 발생하는 이자소득은 최종소지 자의 소득으로 귀속시킨다.

21 ○× 채권의 보유기간은 채권 등의 매수일부터 매도일까지의 기간을 월수로 계산한 기간을 말한다.

22 ○× 중도매매 시 보유기간 이자상당액을 계산하여 해당 기간의 보유자의 소득으로 귀속시키는 채권 등의 범위에 는 소득세가 면제된 채권은 제외한다.

23 ○× 채권의 중도매매가 발생한 경우 해당 채권의 이자소득은 최종소지자의 소득으로 보아 소득금액을 계산한다.

24 실지명의가 확인된 거주자의 채권이자에 대한 원천징수세율은 (   )이다.

25 ○× 원천징수당한 채권이자는 종합소득 신고 시 공제한다.

정답 **17** ○ ▸비영업대금의 이익과 출자공동사업자의 배당소득을 거주자에게 지급하는 경우 모두 25% 세율로 원천징수된다.

18 ○ ▸소득귀속자가 거주자든 법인이든 25%로 동일하다.

19 비영업대금의 이익

20 × ▸채권의 만기상환 전 또는 이자지급 전에 중도매매가 있는 경우에는 발생이자를 각각의 중도보유자별로 보유기간에 비례하여 안분 계산한 금액을 각자의 이자소득으로 귀속시킨다.

21 × ▸채권의 보유기간은 채권 등의 매수일부터 매도일까지의 기간을 일수로 계산한 기간을 말하며, 매수일은 채권 등의 발행일 또는 직전 원천징수일, 매도일은 이자 등의 지급일 또는 실제로 매도된 날을 말한다.

22 ○

23 × ▸채권을 중도매매하는 경우 각각의 중도 보유자가 그 보유기간에 비례한 발생이자분을 안분하여 각자의 이자소득으로 귀속시켜야 한다.

24 14%

25 ○ ▸기납부세액으로 공제한다.

26 채권을 금융회사에 개설된 계좌에 의하여 거래하는 경우 보유기간의 입증방법은 해당 금융회사의 전산처리체계 또는 (　　　)에 의해 확인한다.

27 ☐○ ☐× 국내사업장과 부동산소득이 없는 비거주자가 국내원천 금융소득이 발생하였을 경우 납세의무가 없다.

28 ☐○ ☐× 국내사업장이 있는 비거주자의 금융소득이 국내사업장에 실질적으로 관련되어 있는 경우에는 금융소득의 금액과 상관없이 국내원천소득과 금융소득을 합산하여 종합과세한다.

29 ☐○ ☐× 조세조약을 체결하지 않은 국가의 거주자에게 지급한 이자에 대한 소득세 원천징수세율은 기본세율의 최고세율인 45%를 적용한다.

30 ☐○ ☐× 당연히 법인으로 보는 단체의 경우 법인설립등기가 되어 있지 않아도 세법상 법인으로 보아 법인세법을 적용한다.

31 ☐○ ☐× 법인으로 보는 단체 외의 법인 아닌 단체가 국내에 주사무소 또는 실질적 관리장소를 둔 경우 1거주자로 보아 소득세를 납부할 의무가 있다.

32 법인으로 보는 단체 외의 법인 아닌 단체 중 수익을 구성원에게 배분하지 않는 단체로서 단체명을 표기하여 금융거래를 하는 단체가 금융회사로부터 받는 금융소득은 금액에 상관없이 (　　　)한다.

33 ☐○ ☐× 금융소득은 종합과세가 되더라도 최소한 원천징수세액만큼은 과세한다.

34 금융소득종합과세의 절세방법으로 사용되는 신탁으로, 위탁자와 수익자가 다른 신탁을 (　　　)이라고 한다.

정답 **26** 통장원장
　　　 27 × ▶ 국내사업장이나 부동산소득이 없는 비거주자의 국내원천 금융소득은 원천징수로 납세의무가 종결된다.
　　　 28 ○
　　　 29 × ▶ 조세조약을 체결한 경우 제한세율, 체결하지 않은 경우 일반적으로 20%의 세율을 적용한다.
　　　 30 ○
　　　 31 ○
　　　 32 분리과세
　　　 33 ○ ▶ 금융소득은 종합과세 시 산출세액이 원천징수세액보다 적어지는 일이 없도록 하기 위하여 비교과세 제도를 두고 있다.
　　　 34 타익신탁

제3장 양도소득세(8문항 대비)

01 (   )이란 허가 여부나 공부상의 용도구분과 관계없이 사실상 주거용으로 사용하는 건물을 말한다.

02 ⓞⓧ 부담부증여의 경우도 일부는 양도가 될 수 있다.

03 ⓞⓧ 미등기된 자산은 유상으로 사실상 이전되더라도 양도로 보지 않는다.

04 ⓞⓧ 취득시기 및 양도시기는 대금을 청산한 날이 분명하지 아니한 경우 등 예외적인 경우를 제외하고는 해당 자산의 대금을 청산한 날로 하는 것을 원칙으로 한다.

05 ⓞⓧ 자기가 건설한 건축물의 경우 완공일을 양도 또는 취득시기로 한다.

06 ⓞⓧ 1985년 12월 31일 이전에 취득한 부동산은 1986년 1월 1일에 취득한 것으로 본다.

07 양도소득 기본공제란 양도소득이 있는 거주자에 대해서 소득별로 해당 과세기간의 양도소득금액에서 각각 (   )을 공제하는 것을 말한다.

08 ⓞⓧ 미등기양도자산은 양도소득 기본공제 대상에서 제외된다.

정답 **01** 주 택
02 ○ ▶부담부증여 시 수증자가 부담하는 채무액에 해당하는 부분은 양도로 본다.
03 × ▶등기·등록에 관계없이 그 자산이 유상으로 사실상 이전되는 경우 양도로 본다.
04 ○ ▶대금을 청산한 날이 분명하지 아니한 경우에는 등기·등록접수일 또는 명의개서일을 취득시기 및 양도시기로 본다.
05 × ▶자기가 건설한 건축물의 경우 사용승인서 교부일을 양도 또는 취득시기로 한다. 단, 사용승인서 교부일 전에 사실상 사용하거나 임시사용승인을 얻은 경우에는 그 사용일 또는 임시사용일 중 빠른 날로 한다.
06 × ▶양도자산 중 1984년 12월 31일 이전에 취득한 부동산, 부동산에 관한 권리, 기타자산은 1985년 1월 1일에 취득한 것으로 본다.
07 250만원
08 ○ ▶토지, 건물, 부동산에 관한 권리를 취득한 자가 그 자산 취득에 관한 등기를 하지 아니하고 양도하는 것을 미등기양도자산이라고 하며, 양도소득 기본공제 대상에서 제외된다.

핵심포인트 O/X 퀴즈

09 ○× 미등기양도자산은 양도소득세율 중 최고세율을 적용한다.

10 양도하는 주택이 1세대 1주택에 해당하더라도 양도 당시 (   ) 합계액이 12억원을 초과하면 양도소득세가 과세된다.

11 (   )은 양도가액에서 취득가액, 기타의 필요경비, 장기보유 특별공제액을 공제한 금액으로 한다.

12 ○× 1세대 1주택이 장기보유 특별공제를 받기 위해선 보유기간과 거주기간이 모두 3년 이상이어야 한다.

13 ○× 미성년자만으로는 1세대 구성이 불가능하다.

14 ○× 법률상 이혼을 한 배우자의 경우 생계를 같이하더라도 1세대에서 제외한다.

15 60세 이상의 직계존속을 동거봉양하기 위한 세대합가로 인하여 1세대 2주택이 되는 경우 합가한 날부터 (   ) 이내에 먼저 양도하는 주택은 양도소득세가 비과세된다.

16 ○× 종전의 주택을 취득한 날부터 1년 이상 지난 후 자기가 주택을 건설하여 취득하고 자기가 건설한 주택을 취득한 날부터 3년 이내에 종전의 주택을 양도하는 경우 양도소득세가 비과세된다.

17 피상속인이 상속개시 당시 2 이상의 주택을 소유한 경우에는 피상속인이 (   )이 가장 긴 1주택을 1순위로 1세대 1주택의 특례에 해당하는 주택으로 본다.

정답 **09** ○ ▸ 미등기양도자산에 적용되는 세율은 70%로 양도소득세율 중 최고세율이다.
     10 실지거래가액
     11 양도소득금액
     12 × ▸ 보유기간은 3년, 보유기간 중 거주기간은 2년 이상이어야 한다.
     13 × ▸ 미성년자의 결혼, 가족의 사망 등으로 1세대의 구성이 불가피한 경우에는 1세대의 구성이 가능하다.
     14 × ▸ 생계를 같이하는 경우 법률상 이혼을 하였어도 사실상 이혼한 것으로 보기 어렵기 때문에 1세대에 포함한다.
     15 10년
     16 ○ ▸ 종전의 주택을 취득한 날부터 1년 이상 지난 후 신규 주택(자기가 건설하여 취득한 경우 포함)을 취득하고 신규 주택을 취득한 날부터 3년 이내에 종전의 주택을 양도하는 경우 양도소득세가 비과세된다.
     17 소유한 기간

18 ○× 자경농지에 대한 양도소득세 감면을 받기 위해선 9년 이상 직접 경작해야 한다.

19 ○× 농지로부터 직선거리 30km 이내의 지역에 거주하는 경우 농지가 소재하는 시·군·구 안의 지역에 거주하지 않아도 자경농지에 대한 양도소득세 감면을 받을 수 있다.

20 거주자가 그 소유농지에서 농작업의 (   ) 이상을 자기의 노동력에 의하여 경작·재배하는 경우 직접 경작한 것으로 본다.

21 ○× 자경농지에 대한 자경기간 계산 시 사업소득금액이 –500만원이고 총급여액이 4,000만원인 과세기간이 존재하는 경우 해당 과세기간은 경작한 기간에서 제외한다.

22 ○× 자경농지에 대한 양도소득세의 감면 요건을 모두 충족한 경우 해당 자경농지의 양도로 발생하는 모든 소득에 대해서 전액 감면한다.

23 ○× 부동산을 양도한 경우 양도일이 속하는 달의 말일부터 3개월 이내에 납세지 관할 세무서장에게 예정신고·납부를 해야 한다.

24 ○× 부담부증여의 채무액에 해당하는 부분으로서 양도로 보는 경우 양도일이 속하는 달의 말일부터 3개월 이내에 납세지 관할 세무서장에게 신고하여야 한다.

25 납부할 양도소득세가 (   )을 초과하는 경우 납부할 세액의 2분의 1 이하의 금액을 분납할 수 있다.

정답 **18** × ▸8년 이상 직접 경작해야 한다.
19 ○ ▸해당 농지로부터 직선거리 30km 이내의 지역, 농지가 소재하는 시·군·구 안의 지역, 농지가 소재하는 시·군·구 안의 지역과 연접한 시·군·구 안의 지역 중 한 곳에 거주하면 된다.
20 2분의 1
21 ○ ▸사업소득금액과 총급여액 합계액이 3,700만원 이상인 과세기간은 경작한 기간에서 제외하며, 사업소득금액이 음수인 경우에는 해당 금액을 0으로 본다.
22 × ▸감면 한도 금액까지만 감면하고 초과하는 금액은 감면하지 않는다.
23 × ▸양도일이 속하는 달의 말일부터 2개월 이내에 예정신고·납부하여야 한다.
24 ○ ▸부담부증여의 채무액에 해당하는 부분으로서 양도로 보는 경우 양도일이 속하는 달의 말일부터 3개월 이내에 예정신고·납부하여야 한다.
25 2천만원

26 ⭕❌ 양도차익을 계산할 때 양도자산의 수익적 지출액은 필요경비로 공제가 가능하다.

27 ⭕❌ 보유한 기간과 거주한 기간이 모두 10년 이상인 1세대 1주택을 양도하는 경우 양도차익에 대하여 80%의 공제율을 적용받을 수 있다.

28 ⭕❌ 다주택자가 보유기간 2년 미만의 조정대상지역 주택을 양도하는 경우 장기보유 특별공제를 적용할 수 없다.

29 ⭕❌ 1주택을 여러 사람이 공동으로 소유한 경우 그 지분이 30%를 넘지 않는 사람의 경우 해당 주택을 소유한 것으로 보지 않는다.

30 해당 과세기간의 양도소득금액이 있는 거주자는 그 양도소득 과세표준을 그 과세기간의 다음 연도 (　　　)까지 납세지 관할세무서장에게 확정신고·납부를 해야 한다.

31 ⭕❌ 건설기계와 같은 사업용 유형자산의 양도로 발생하는 소득은 양도소득세 과세대상이 아니다.

32 ⭕❌ 사업용 유형자산과 함께 양도하는 영업권은 양도소득세를 과세하지만 사업용 유형자산 없이 단독으로 양도하는 경우 기타소득으로 보아 종합소득세를 과세한다.

33 1세대 2주택 이상의 다주택자가 조정대상지역 내 주택 중 보유기간이 (　　　) 이상인 주택을 2025년 5월 9일까지 양도하는 경우 양도세 중과대상에서 한시적으로 배제된다.

34 ⭕❌ 비사업용 토지를 양도하는 경우 양도소득세 중과대상이지만, 사업용 토지를 양도하는 경우 양도소득세 감면대상이다.

정답 **26** ✕ ▸ 취득가액, 자본적 지출액, 양도비 등이 필요경비로 공제가 가능하다.
27 ○ ▸ 보유기간과 거주기간이 모두 10년 이상인 1세대 1주택의 경우 양도차익에 대한 보유기간별 공제율과 거주기간별 공제율은 각각 40%이다.
28 ○ ▸ 미등기양도자산을 양도하는 경우와 다주택자가 조정대상지역의 주택을 양도하는 경우 장기보유 특별공제에서 배제한다.
29 ✕ ▸ 그 지분이 극히 적더라도 공동 소유자 각자가 그 주택을 소유한 것으로 본다.
30 5월 31일
31 ○
32 ○
33 2년
34 ✕ ▸ 공익사업용 토지를 양도하는 경우가 감면대상이다.

제**4**장 상속·증여세(16문항 대비)

01 ⓞⓧ 태아는 상속순위에 관하여는 이미 출생한 것으로 본다.

02 ⓞⓧ 상속순위에 관하여 피상속인의 배우자는 피상속인의 직계비속과 동순위로 공동상속인이 되며, 직계비속이 없는 경우 단독상속인이 된다.

03 피상속인이 지정상속을 통해 상속인 외의 자에게 모든 재산을 유증했다고 하더라도 상속인은 (　　　) 제도를 통해 법정상속분에 대한 일정비율까지는 그 재산을 승계받을 수 있다.

04 ⓞⓧ 상속순위에 관하여 상속인이 될 직계비속 또는 형제·자매가 상속개시 전에 사망하거나 결격자가 된 경우에 그 직계비속이 사망하거나 결격된 자의 순위에 갈음하여 상속인이 된다.

05 상속세법상 상속개시일 전 (　　　) 이내에 피상속인이 상속인에게 증여한 재산가액과 상속개시일 전 (　　　) 이내에 피상속인이 상속인이 아닌 자에게 증여한 재산가액은 상속세 과세가액에 합산한다.

06 ⓞⓧ 상속세법상 피상속인이 위탁자인 타익신탁의 경우에는 신탁재산을 상속재산에서 제외한다.

07 상속세법상 피상속인이 재산을 처분하여 받은 금액이나 피상속인의 재산에서 인출한 금액이 상속개시일 전 1년 이내에 재산 종류별로 계산하여 (　　　) 이상인 경우와 상속개시일 전 2년 이내에 재산 종류별로 계산하여 (　　　) 이상인 경우로서 그 용도가 객관적으로 명백하지 아니한 경우 상속받은 것으로 추정하여 상속세 과세가액에 산입한다.

정답　**01** ○
　　　02 ✕ ▸피상속인의 배우자는 피상속인의 직계비속 또는 직계존속과 공동상속인이 되며, 직계존비속이 모두 없는 경우 단독상속인이 된다.
　　　03 유류분
　　　04 ○ ▸대습상속에 대한 설명이다.
　　　05 10년, 5년
　　　06 ○ ▸위탁자와 수익자가 다른 신탁을 타익신탁이라고 하며, 피상속인이 수익자인 타익신탁의 경우에는 신탁재산을 상속재산에 포함한다.
　　　07 2억원, 5억원

08 ○× 상속재산 중 상속인이 상속세 과세표준 신고기한 이내에 국가, 지방자치단체 또는 공공단체에 기증한 재산에 대해서는 상속세를 과세하지 않는다.

09 ○× 상속세 과세표준이 100만원 미만이면 상속세를 부과하지 않으며 이는 증여세도 동일하다.

10 ○× 상속공제 적용 시 배우자가 실제 상속받은 재산이 없거나 상속받은 가액이 5억원 미만인 경우에는 배우자상속 공제로 5억원을 공제한다.

11 ○× 비거주자의 사망으로 상속이 개시되는 경우에는 모든 상속공제가 허용되지 않는다.

12 ○× 상속공제 적용 시 피상속인의 배우자가 연로자 또는 미성년자인 경우 배우자공제와 함께 연로자공제 또는 미성년자공제를 중복하여 적용받을 수 있다.

13 ○× 상속공제 적용 시 자녀공제는 1인당 5천만원이나 그 자녀가 미성년자인 경우 2천만원만 공제한다.

14 ○× 상속에 관하여 배우자는 피상속인과 법률혼 관계뿐 아니라 사실혼 관계의 배우자도 인정한다.

15 ○× 법정상속분은 상속인 간에 균등하지만 배우자의 경우에는 상속분의 5할을 가산하여 받는다.

16 ○× 상속공제 적용 시 기타인적공제가 3억원 미만인 경우에는 일괄공제를 적용하는 것이 유리하다.

정답 **08** ○

09 × ▸ 상속세와 증여세 모두 과세표준이 50만원 미만인 경우 세금을 부과하지 않는다.

10 ○ ▸ 배우자상속공제액의 최저한에 대한 설명이다. 배우자상속공제액은 최대 30억원까지 가능하다.

11 × ▸ 비거주자의 경우에도 기초공제 2억원을 상속세 과세가액에서 공제한다.

12 × ▸ 연로자공제와 미성년자공제의 공제대상자에서 배우자는 제외되며 장애인공제의 경우에는 배우자도 공제대상자에 포함된다.

13 × ▸ 자녀의 나이와 상관없이 자녀공제(태아 포함)는 5천만원이며 미성년자(태아 포함)인 경우 미성년자공제(1천만원에 19세가 될 때까지의 연수를 곱한 금액만큼)를 추가로 받을 수 있다.

14 × ▸ 배우자는 법적으로 혼인신고를 마친 배우자를 의미하며 원칙적으로 사실혼 관계는 그 지위를 인정받을 수 없다.

15 ○

16 ○ ▸ 기초공제 2억원과 기타인적공제의 합계액이 일괄공제 5억원에 미치지 못하는 경우 일괄공제를 선택하는 것이 유리하다.

17 ○× 상속세법상 피상속인의 직계존비속이 존재하지 않아 배우자가 단독상속인인 경우에는 일괄공제를 적용할 수 없다.

18 상속세법상 금융재산 상속공제의 최고한도액은 (   )이다.

19 세대를 건너뛴 상속에 관한 상속세 할증과세율은 30%이다. 단, 피상속인의 자녀를 제외한 직계비속이면서 미성년자에 해당하는 상속인이 받을 상속재산의 가액이 (   )을 초과하는 경우에는 40%이다.

20 ○× 대습상속의 경우에는 세대생략 할증과세를 적용하지 않는다.

21 ○× 상속세 납부의무가 있는 상속인은 상속개시일로부터 6개월 이내에 상속세의 과세가액 및 과세표준을 납세지 관할세무서장에게 신고하여야 한다.

22 ○× 상속세 신고기한 이내에 과세표준신고를 하는 경우에는 산출세액의 3%를 공제해 준다.

23 상속세의 연부연납은 상속세 납부세액이 (   )을 초과하는 경우에 가능하다.

24 ○× 증여는 당사자 일방이 무상으로 재산을 상대방에게 수여하는 의사를 표시하면 상대방의 동의가 없더라도 그 효력이 생긴다.

정답 **17** ○ ▶직계존비속이 존재하지만 상속인 간 협의분할에 의하여 배우자가 단독으로 상속받거나 다른 공동상속인이 상속포기하여 배우자 단독으로 상속받는 경우에는 일괄공제의 적용이 가능하다.

18 2억원

19 20억원

20 ○

21 × ▶상속개시일이 속하는 달의 말일부터 6개월 이내에 신고하여야 한다.

22 ○ ▶신고세액공제에 대한 설명이다.

23 2천만원

24 × ▶증여는 증여자와 수증자 사이의 의사의 일치로 성립하는 계약이다.

25 ⬜✕ 비영리법인이 증여를 받은 경우 증여세 납부의무가 있지만, 영리법인의 경우에는 증여세 납부의무가 없다.

26 ⬜✕ 비거주자가 수증자인 경우 대한민국에 증여세를 납부할 의무가 없다.

27 ⬜✕ 증여세법상 사인증여는 증여세가 과세되지 않는다.

28 ⬜✕ 이혼 등에 의한 정신적 또는 재산상의 손해배상의 대가로 받는 위자료는 조세포탈의 목적이 있다고 인정되는 경우를 제외하고는 증여로 보지 않는다.

29 특수관계인이 아닌 자 간의 거래에서 그 대가와 시가의 차액이 시가의 30% 이상인 경우에는 그 대가와 시가의 차액에서 (   )을 뺀 금액을 증여재산가액으로 본다.

30 ⬜✕ 해당 증여일 전 10년 이내에 동일인(증여자가 직계존속인 경우에는 그 직계존속의 배우자를 포함한다)으로부터 받은 증여재산가액을 합친 금액이 1천만원 이상인 경우에는 그 가액을 증여세 과세가액에 가산한다. 다만, 합산배제증여재산의 경우에는 그러하지 아니하다.

31 거주자가 배우자로부터 증여를 받은 경우 증여재산 공제한도액는 (   )이다.

32 ⬜✕ 증여세법상 미성년자가 직계존속으로부터 증여를 받은 경우에 증여재산 공제액은 2천만원을 한도로 한다.

정답 **25** ○ ▶영리법인이 증여를 받은 경우 수증된 재산에 대해서 법인세가 부담되기에 증여세 납부의무가 없다.
26 ✕ ▶수증자가 비거주자라 하더라도 국내에 있는 수증재산에 대해서는 증여세를 납부할 의무가 있다.
27 ○ ▶증여자의 사망으로 그 효력이 발생하는 사인증여는 상속세가 과세된다.
28 ○
29 3억원
30 ○ ▶재차증여재산의 합산과세에 대한 설명이다.
31 6억원
32 ○ ▶성년자인 경우에는 5천만원이다.

33 ○× 증여세 납부의무가 있는 자는 증여받은 날이 속하는 달의 말일부터 3개월 이내에 증여세의 과세가액 및 과세 표준을 납세지 관할세무서장에게 신고하여야 한다.

34 ○× 상속재산의 경우 상속개시일 전후 6개월 이내의 기간 중 매매·감정·수용·경매 또는 공매가 있는 경우 확인되는 가액을, 증여재산의 경우 증여일 전 6개월부터 증여일 후 3개월까지의 기간 중 매매·감정·수용·경매 또는 공매가 있는 경우 확인되는 가액을 시가로 한다.

35 ○× 상속재산 및 증여재산의 매매·감정·수용·경매 또는 공매에 대한 시가로 보는 가액이 2 이상인 경우에는 그 평가기준일을 전후하여 가장 가까운 날에 해당하는 가액으로 한다.

36 ○× 상속재산 및 증여재산 중 상장주식은 평가기준일 전후 2개월간 공표된 매일의 한국거래소 최고시세가액의 평균액(거래실적 유무 불문)을 시가로 한다.

37 ○× 저평가된 재산을 증여하는 것이 세부담을 줄이는 데 도움이 된다.

38 ○× 배우자가 있고 상속재산이 10억원 이하인 경우라도 세부담 측면에서 사전증여를 하는 것이 유리하다.

39 ○× 세부담을 줄이기 위해서는 자녀가 아닌 직계비속에 대한 상속 및 증여는 반드시 피해야 한다.

40 ○× 부담부증여를 한다고 해서 반드시 절세가 되는 것은 아니다.

정답 **33** ○

34 ○ ▸ 상속세와 증여세의 시가에 대한 설명이다.

35 ○

36 × ▸ 최종시세가액의 평균액으로 한다.

37 ○

38 × ▸ 배우자 단독상속의 경우 기초공제 2억원, 배우자공제 30억원(최대)을 적용할 수 있고 배우자와 직계존속 또는 직계비속이 있는 경우에는 일괄공제 5억원, 배우자공제 5억원(최소)을 적용할 수 있으므로 배우자가 있고 상속재산이 10억원 이하인 경우에는 세부담을 줄이기 위해 사전증여할 필요가 없다.

39 × ▸ 2차 상속 등 자녀 세대의 상황 등에 따라 할증과세를 받더라도 절세되는 경우가 있으므로 반드시 피해야 하는 것은 아니다.

40 ○ ▸ 채무부분은 세법상 양도에 해당하므로 양도소득세가 부과된다. 일반적으로 양도소득세보다는 증여세의 세부담이 크지만 경우에 따라서 세부담이 더 커질 수도 있다.

제5장 취득세 · 재산세 · 종합부동산세(4문항 대비)

01 (   )는 부동산, 차량, 기계장비, 항공기, 선박, 입목, 광업권, 어업권, 양식업권, 골프회원권, 승마회원권, 콘도미니엄 회원권, 종합체육시설 이용회원권 또는 요트회원권을 취득한 자에게 부과한다.

02 취득세 납세의무자는 취득세 과세대상 재산의 취득자이며 취득일로부터 (   ) 이내에 취득세를 신고 · 납부하여야 한다.

03 ○× 취득가액이 50만원 이하인 경우에는 취득세를 부과하지 아니한다.

04 ○× 납세의무자가 취득세 과세물건을 사실상 취득한 후 취득세를 신고하지 아니하고 매각한 경우에는 산출세액에 80%를 가산한 금액을 세액으로 하여 징수한다.

05 ○× 재산세의 과세기준일은 매년 12월 1일이다.

06 ○× 과세기준일 현재 사실상 자동차를 보유하고 있는 자는 재산세를 납부할 의무가 있다.

07 ○× 주택에 대한 재산세의 경우 해당 연도에 부과할 세액이 20만원 이하인 경우 납기를 9월 16일부터 9월 30일까지 한꺼번에 부과 · 징수할 수 있다.

08 ○× 주택 부속토지 외의 토지에 대한 재산세는 매년 9월 16일부터 9월 30일까지 한꺼번에 납부한다.

정답 01 취득세
02 60일
03 ○
04 ○ ▸ 중가산세율에 대한 설명이다.
05 × ▸ 매년 6월 1일
06 × ▸ 자동차세를 납부할 의무가 있다.
07 × ▸ 20만원 이하인 경우 7월 16일부터 7월 31일까지 한꺼번에 부과 · 징수할 수 있다.
08 ○

---

09 ○× 주택 외의 건물에 대한 재산세는 매년 9월 16일부터 9월 30일까지 한꺼번에 납부한다.

10 주택을 제외한 당해 재산에 대한 재산세 산출세액은 해당 재산에 대한 직전연도 재산세액 상당액의 최대 (　　　) 까지 징수할 수 있다.

11 ○× 종합부동산세 과세기준일은 매년 6월 1일이다.

12 과세기준일 현재 토지분 재산세의 납세의무자로서 다음의 어느 하나에 해당하는 자는 해당 토지에 대한 종합부동산세를 납부할 의무가 있다.
- 종합합산과세대상인 경우에는 국내에 소재하는 해당 과세대상토지의 공시가격을 합한 금액이 (　　　)을 초과하는 자
- 별도합산과세대상인 경우에는 국내에 소재하는 해당 과세대상토지의 공시가격을 합한 금액이 (　　　)을 초과하는 자

13 ○× 종합부동산세의 납세의무자가 해당 연도에 납부하여야 할 종합합산과세대상인 토지에 대한 총세액상당액이 직전연도에 해당 토지에 부과된 종합합산과세 대상인 토지에 대한 총세액상당액의 150%을 초과하는 경우에는 그 초과하는 세액에 대해서는 이를 없는 것으로 본다.

14 ○× 관할세무서장은 납부하여야 할 종합부동산세의 세액을 결정하여 해당 연도 12월 1일부터 12월 15일까지 부과·징수한다.

15 ○× 관할세무서장은 종합부동산세로 납부하여야 할 세액이 250만원을 초과하는 경우에는 그 세액의 일부를 납부기한이 지난 날부터 6개월 이내에 분납하게 할 수 있다.

16 ○× 취득세 과세표준은 취득자가 신고한 취득 당시의 가액에 의한다.

정답 **09** × ▸ 매년 7월 16일부터 7월 31일까지 한꺼번에 납부한다.
10 150%
11 ○
12 5억원, 80억원
13 ○ ▸ 종합부동산세 세부담 상한선에 대한 설명이다.
14 ○ ▸ 종합부동산세를 신고납부방식으로 납부하고자 하는 납세의무자는 종합부동산세의 과세표준과 세액을 해당 연도 12월 1일부터 12월 15일까지 관할세무서장에게 신고하여야 한다.
15 ○
16 ○

핵심포인트 O/× 퀴즈

17 ○× 2024년 12월 31일까지 무주택자가 서민주택을 취득하여 1가구 1주택자가 되는 경우 취득세를 감면한다.

18 ○× 재산세 및 종합부동산세의 경우 6월 1일 이전에 부동산을 양도하면 세부담을 줄일 수 있다.

19 ○× 부동산을 취득할 때 부부 공동으로 취득 및 등기하면 취득세와 재산세에 대한 세부담을 줄일 수 있다.

20 ○× 종합부동산세법은 고액의 부동산 보유자에 대하여 종합부동산세를 부과하여 부동산보유에 대한 조세부담의 형평성을 제고하고, 부동산의 가격안정을 도모함으로써 지방재정의 균형발전과 국민경제의 건전한 발전에 이바지함을 목적으로 한다.

정답 **17** ○

18 ○ ▶ 재산세와 종합부동산세의 과세기준일 이전에 양도하고 과세기준일 이후에 양수받는 것이 세부담을 줄이는 방법이다.

19 × ▶ 취득세와 재산세는 단독과 공동 모두 세액이 동일하며 부부 공동으로 취득 등기하는 경우 양도세와 종합부동산세 및 상속세가 절세된다.

20 ○ ▶ 세법에서 명시한 종합부동산세법의 목적이다.

보험 및 은퇴설계

제**1**장 **보험설계(10문항 대비)**

01 ○× 위험이 자주 발생하지는 않지만 발생할 경우 치명적인 위험은 자체조달보다는 외부조달이 효과적이다.

02 ○× 실손보상의 원칙이란 개별 보험계약자는 자신의 위험에 상응하는 보험료를 납부해야 한다는 원칙이다.

03 ○× 예정사망률이 낮아지면 사망보험료는 높아지고, 생존보험의 보험료는 낮아진다.

04 순보험료는 (   )와 (   )로 구성된다.

05 ○× 보험계약법상으로 보험은 손해보험과 인보험으로 분류하고, 인보험은 다시 생명보험과 상해보험으로 분류된다.

06 ○× 보험계약은 쌍무계약이면서, 무상계약이다.

07 보험계약자는 보험증권을 받은 날로부터 (   ) 이내에 청약을 철회할 수 있다.

정답 **01** ○

02 × ▸ 급부반대급부 균등의 원칙에 대한 설명이다. 실손보상의 원칙은 보험계약은 보험사고 시 피보험자가 입은 손해에 대해서만 보상한다는 원칙이다.

03 × ▸ 예정사망률이 낮아지면 사망보험료는 낮아지고, 생존보험의 보험료는 높아진다.

04 위험보험료, 저축보험료

05 ○

06 × ▸ 보험계약은 쌍무계약이면서, 유상계약이다.

07 15일

08 ☐☒ 퇴직연금·퇴직보험·연금저축·변액보험·자산연계형보험은 특별계정에서 별도로 관리된다

09 보험회사의 성격상 배당보험은 (　　　)가, 무배당보험은 (　　　)가 주로 판매한다.

10 (　　　)은 암·심근경색·뇌졸중 등 중대한 질병이 발생하면 치료비, 생활비 등 생존자금 보장을 위해 사망보험금의 일부를 미리 지급해 주는 보험이다.

11 제3보험은 생명보험의 (　　　　　)과 손해보험의 (　　　　　)을 동시에 지닌다.

12 ☐☒ 간병보험은 일상생활장해상태에 대한 보장개시일이 60일, 치매상태에 대한 보장개시일은 1년의 면책기간이 설정되어 있다.

13 ☐☒ 콘도미니엄, 오피스텔, 기숙사 건물, 공장 내 기숙사 등은 주택물건에 해당하지 않는다.

14 장기손해보험의 보험기간은 (　　　) 이내로 하되 보장성 보험의 경우 (　　　) 이상으로 할 수 있다.

15 장기손해보험은 1회의 사고로 지급되는 보험금이 보험가입금액의 (　　　) 미만이면 몇 번의 사고가 발생해도 보험가입금액이 감액되지 않는다.

16 ☐☒ 자동차손해배상보장법에서는 조건부 무과실책임주의를 채택함으로써 운전자에게 과실이 없는 경우에도 피해자는 그 운행자에게 손해배상청구를 할 수 있다.

정답 **08** ○
     09 상호회사, 주식회사
     10 CI보험
     11 정액보상적 특성, 실손보상적 특성
     12 ✕ ▶90일, 2년
     13 ○
     14 15년, 15년
     15 80%
     16 ○

17 ○× 가족운전자 한정특약에서 형제와 자매도 가족의 범위에 포함한다.

18 ○× 건강보험제도는 일정한 법적 요인인 충족되면 본인의 의사와 관계없이 강제 적용되며, 소득수준 등 보험료 부담능력에 따라 차등적으로 부담한다.

19 노인장기보양보험은 일반 수급자의 경우 장기요양급여비용의 (　　　)를, 시설급여의 경우 (　　　)를 본인이 부담한다.

20 ○× 산업재해보상 보험급여 중 휴업급여의 1일당 지급액은 평균임금의 50%에 상당하는 금액으로 한다.

21 ○× 유족급여는 연금지급이 원칙이다.

22 금융소득종합과세는 개인별 연간 금융소득이 (　　　)을 초과하는 경우 금융소득을 다른 종합소득과 합산하여 종합소득세율 (　　　)로 누진과세하는 제도이다.

23 ○× 보험의 유형에 관계없이 보험계약일로부터 10년이 경과하기 전에 중도 해지함으로써 발생한 이자소득세는 과세한다.

24 ○× 보험금수령인(수익자)과 보험료납부자(계약자)가 다른 경우 보험금 상당액을 보험금납부자의 증여재산가액으로 한다.

25 ○× 보험금의 증여 시기는 보험사고 발생일이다.

정답 **17** × ▸ 가족운전자 한정특약에서 형제와 자매는 가족의 범위에서 배제된다.
　　18 ○
　　19 15%, 20%
　　20 × ▸ 휴업급여의 1일당 지급액은 평균임금의 70%에 상당하는 금액으로 한다.
　　21 ○
　　22 2천만원, 6~45%
　　23 ○
　　24 × ▸ 보험금수령인의 증여재산가액으로 한다.
　　25 ○

26 장애인 또는 상이자를 수익자로 하는 장애인 전용 보험금에 대해 연간 (   ) 한도로 증여세를 비과세한다.

27 상품구매의 4단계 절차는 1단계 : (   ) → 2단계 : 욕구 → 3단계 : (   ) → 4단계 : 구매의 순서로 이루어진다.

28 보험상담 프로세스의 5단계 절차는 1단계 : 고객 발굴 → 2단계 : (   ) → 3단계 : 정보수집 및 분석 → 4단계 : (   ) → 5단계 : 증권전달 및 소개확보의 순서로 이루어진다.

29 고객으로 분류되기 위해서는 4가지 조건인 (   )이 가능한 사람, 보험에 (   )가 있는 사람, (   ) 납입 능력이 있는 사람, (   )을 갖춘 사람을 충족해야 한다.

30 정보수집 방법 중 (   )은 거울처럼 감정의 개입 없이 느낀 그대로를 상대에게 표출하는 것을 말한다.

31 정보수집 방법 중 (   )은 대화의 주요내용을 간략하게 요약 설명하는 것으로서, 주요내용이 복잡하고 길게 이어지는 것을 새로운 정보와 접목시키기 위해 활용한다.

32 계약체결 기법 중 (   )은 고객에게 니즈가 있고 보험료 납입능력도 있는 경우, 고객이 가입하기 쉽도록 행동을 유도하는 방법이다.

33 ○× 특정시장을 갖고 있을 경우 동일한 계약체결 화법을 활용하여 성공확률이 낮아진다.

정답	
26	4,000만원
27	불만족, 결정
28	고객접근, 프리젠테이션&클로징
29	접근, 니즈, 보험료, 가입자격
30	투사화법
31	요점화법
32	행동유도법
33	× ▶ 특정시장을 갖고 있을 경우 동일한 계약체결 화법을 활용하여 성공확률이 높아진다.

제2장 은퇴설계(10문항 대비)

01 은퇴설계는 근로소득이 없는 은퇴 이후의 삶을 행복하게 영위하기 위해 (　　) 요소와 (　　) 요소를 균형 있게 설계하는 것을 말한다.

02 ☐ O ☒ 우리나라의 연금제도는 20여 년의 짧은 역사를 가지고 있기 때문에 현재 연금 수급자도 적고 수령액도 낮은 수준에 머물러 있다.

03 (　　)은 성별·연령별 사망률이 현재 수준으로 유지된다고 가정했을 때 0세 출생자가 향후 몇 년을 더 생존할 것인가를 통계적으로 추정한 기대치로, '0세에 대한 기대여명'을 말한다.

04 (　　)은 현재 특정 연령에 있는 사람이 향후 얼마나 더 생존할 것인가 기대되는 연수를 말한다.

05 ☐ O ☒ 고령사회에 대한 인식의 변화로 은퇴기를 인생 제2막으로 받아들이고, 잘 사는 것에서 오래 사는 것을 추구하게 되었다.

06 ☐ O ☒ 프로이드는 심리 사회학적 관점에서 생애 8단계 이론을 통해 노년기를 '자아 통합감 대 절망감'으로 표현하였다.

07 (　　　　)은 활동적 노화를 의미하는 것으로, 고령의 나이에 개의치 않고 새로운 것에 도전하며 인생의 제2막을 즐기는 것을 말한다.

정답 **01** 재무적, 비재무적
　　　02 O
　　　03 기대수명
　　　04 기대여명
　　　05 X ▶오래 사는 것에서 잘 사는 것을 추구하게 되었다.
　　　06 X ▶에릭슨은 심리 사회학적 관점에서 생애 8단계 이론을 통해 노년기를 '자아 통합감 대 절망감'으로 표현하였다.
　　　07 액티브 에이징

---

08 ○× 제4기 인생은 퇴직 후 비교적 건강하게 생활하는 20~30년의 시기를 말하며, '자기 성취의 시기'이다.

09 ○× 종활이란 일본에서 생긴 신조어로 수동적으로 받아들이던 죽음을 밝고 적극적인 자세로 설계하고 맞이하는 것을 말한다.

10 ( )란 물가상승으로 실질 자산가치가 하락하는 리스크를 말한다.

11 ( )는 은퇴 후 연금을 받기 전까지 생기는 소득의 공백기간을 말한다.

12 ○× 부부형 연금은 부부 중 한 명이 사망하면 남은 배우자는 연금을 받지 못하는 상품이다.

13 ( )은 장애, 연령 등에 관계없이 제품이나 서비스 등을 편리하고 안전하게 이용할 수 있도록 하는 설계기법이다.

14 ( )는 장애인이나 고령자들도 편하게 살 수 있도록 주택이나 건물, 도시의 물리적·제도적 장벽을 제거하는 것을 말한다.

15 ○× 기초연금은 대한민국 국적을 갖고 국내에 거주하는 만 65세 이상 고령자 중 소득과 재산을 합한 금액(소득인정액)이 해당 연도 선정기준액 이하인 자에게 지급한다.

16 ○× 기초연금을 부부가 모두 받을 경우에는 각각에 대해 산정된 기초 연금액의 30%를 감액한다.

정답 08 × ▶ 제3기 인생에 대한 설명이다. 제4기 인생은 건강이 나빠져 다른 사람의 도움을 받게 되는 약 10년 정도의 '의존의 시기'를 의미한다.
09 ○
10 인플레이션 리스크
11 은퇴 크레바스
12 × ▶ 부부형 연금은 부부 중 한 명이 먼저 사망해도 남은 배우자가 연금을 받을 수 있다.
13 유니버설 디자인
14 배리어 프리
15 ○
16 × ▶ 각각에 대해 산정된 기초 연금액의 20%를 감액한다.

17 ○× 국민연금은 매년 물가변동률을 반영하여 지급하기 때문에 실질가치가 보전된다는 특징이 있다.

18 ○× 국내에 거주하고 있는 외국인은 국민연금에 가입할 수 없다.

19 ○× 공무원이 1년 이상 재직하고 퇴직 또는 사망하면 퇴직일시금이 지급된다.

20 ○× 군인연금은 복무기간이 20년 이상일 경우 퇴직연금이 지급되고, 20년 미만일 경우 퇴직일시금을 받는다.

21 ○× 공적연금 연계제도 수급요건은 국민연금 또는 특수직역연금의 어느 한쪽이나 또는 양쪽 모두 수급권자가 아니면서 합산한 가입 기간이 10년 또는 20년 이상일 경우만 신청이 가능하다.

22 퇴직연금제도는 (　　　　　), (　　　　　), (　　　　　) 총 3가지 유형으로 구성된다.

23 확정급여형(DB형)제도는 (　　　)가 적립금 운용방법을 결정하고, 확정기여형(DC형)제도는 (　　　)가 적립금 운용방법을 결정한다.

24 ○× DB형과 IRP형은 중도인출이 가능하다.

25 ○× 확정급여형(DB형)제도는 퇴직 시 지급할 급여수준을 노사가 사전에 약정한다.

정답　**17** ○
　　　18 × ▸ 국내에 거주하고 있는 외국인은 국민연금에 가입할 수 있다.
　　　19 × ▸ 퇴직수당이 지급된다.
　　　20 ○
　　　21 ○
　　　22 확정급여형(DB형)제도, 확정기여형(DC형)제도, 개인형퇴직연금제도
　　　23 사용자, 근로자
　　　24 × ▸ 중도인출이 가능한 것은 DC형과 IRP형이다.
　　　25 ○

핵심포인트 O/× 퀴즈

26 ☐○☐× 연금저축계좌는 세제 적격 연금상품에 가입한 후 10년 이상 납입하고 60세 이후부터 연금으로 수령해야 한다.

27 연금저축계좌에서 보험료 납입은 연간 (   )까지 가능하고, 세액공제는 연간 (   )까지 납입액의 13.2% 또는 16.5%를 받을 수 있다.

28 ☐○☐× 주택연금제도는 부부 중 한 명이라도 대한민국 국적을 가지고 있어야 하고, 가입연령은 부부 중 한 명이 만 60세 이상이어야 한다.

29 (   )란 장애, 질병, 노령 등으로 사무처리 능력이 부족한 성년자에게 법률지원을 돕는 제도를 말한다.

30 은퇴설계 프로세스 3단계 절차는 1단계 : (   ) → 2단계 : (   ) → 3단계 : 실행지원 및 사후관리 로 이루어진다.

정답 26 × ▶ 5년 이상, 55세 이후

27 1,800만원, 600만원

28 × ▶ 주택연금제도의 가입연령은 부부 중 한 명이 만 55세 이상이어야 한다.

29 성년후견제도

30 고객과 관계정립 및 정보수집, 고객 분석 및 은퇴설계 제안

우리가 해야할 일은 끊임없이 호기심을 갖고
새로운 생각을 시험해보고 새로운 인상을 받는 것이다.

- 월터 페이터 -

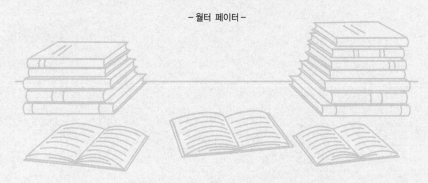

인생이란 결코 공평하지 않다. 이 사실에 익숙해져라.

– 빌 게이츠 –

최신출제동형 100문항

문항 및 시험시간

평가영역	문항 수	시험시간	비 고
자산관리사(FP) 1부	100문항	100분	

※ 이 자료는 저작권법에 의해 보호를 받는 저작물이므로 동영상 제작 및 무단전재와 복제를 금합니다.

최신출제동형 100문항

01 다음 중 개인 재무설계의 의미에 대한 설명으로 옳지 않은 것은?
★★☆

① 재무설계는 개인적 상황의 변화, 경제환경의 변화, 생애 주기상의 변화 등을 고려하여 평생에 걸쳐 지속해서 이루어져야 한다.

② 개인의 재무적 복지를 증진시킨다는 점에서 재무설계와 재무상담은 상호 관련이 깊다.

③ 재무상담이 고객의 문제평가에서 시작한다면 재무설계는 고객의 목표로부터 시작한다.

④ 개인이나 가계의 현재 재정상태를 검토하고 개인이나 가계가 설정한 재무목표를 달성하기 위해 재무적 및 비재무적 자원을 적절하게 관리하는 과정이다.

⑤ 개인 재무설계는 재무상담을 통한 단기적인 목표달성만을 포함한다.

02 다음 〈보기〉에서 개인 재무설계의 필요성 중 사회 경제적 배경을 모두 고른 것은?
★★★

---- 〈보 기〉 ----
㉠ 금융시장의 개방 및 국제화
㉡ 자산 및 부채의 증가
㉢ 저출산 및 고령화
㉣ 재무설계의 중요성 인식
㉤ 금융 관련 법규 강화

① ㉠, ㉡, ㉢
② ㉠, ㉢
③ ㉢, ㉣
④ ㉡, ㉢, ㉣
⑤ ㉠, ㉡, ㉤

03 다음 중 노년부양비와 노령화지수를 구하는 공식으로 옳게 짝지어진 것은?
★★☆

① 노년부양비 : $\dfrac{\text{노년인구}}{\text{생산가능인구}} \times 100$, 노령화지수 : $\dfrac{\text{노년인구}}{\text{유년인구}} \times 100$

② 노년부양비 : $\dfrac{\text{노년인구}}{\text{생산가능인구}} \times 100$, 노령화지수 : $\dfrac{\text{유년인구}}{\text{노년인구}} \times 100$

③ 노년부양비 : $\dfrac{\text{노년인구}}{\text{유년인구}} \times 100$, 노령화지수 : $\dfrac{\text{노년인구}}{\text{생산가능인구}} \times 100$

④ 노년부양비 : $\dfrac{\text{노년인구}}{\text{유년인구}} \times 100$, 노령화지수 : $\dfrac{\text{노년인구}}{\text{경제활동인구}} \times 100$

⑤ 노년부양비 : $\dfrac{\text{노년인구}}{\text{경제활동인구}} \times 100$, 노령화지수 : $\dfrac{\text{유년인구}}{\text{노년인구}} \times 100$

04 고객 접촉 채널 중 하나인 SMS의 장점으로 옳지 않은 것은?
★★★

① 동시에 많은 사람을 접촉할 수 있다.
② 심리적 부담을 줄여준다.
③ 면담을 매끄럽게 진행 가능하게 해준다.
④ 상대적으로 비용이 저렴하다.
⑤ 통화가 되지 않아도 가능하다.

05 다음 중 시사 질문으로 옳은 것은?
★★★

① 100세 시대에 준비 없는 노후를 맞이하면 고객님의 노후 모습은 어떨까요?
② 어떤 상황에서도 가족들의 생활자금이 안전하게 제공될 수 있다면 어떠세요?
③ 만일 한창 일하실 나이에 고객님이 큰 병에 걸리신다면 남은 가족들에겐 무슨 일이 생길까요?
④ 저금리 시대에 이자소득이 전액 비과세되고 복리 이자를 받을 수 있는 상품이 있다면 가입하실 만하다고 생각되지 않으십니까?
⑤ 금융상품은 주로 어떤 상품을 가입하십니까?

06 다음 중 생애주기별 재무관심사가 옳게 연결된 것은?
★★☆

① 청년기 – 자녀들의 교육자금 마련
② 가족형성기 – 주택확장자금 마련
③ 자녀양육기 – 주택자금 마련
④ 자녀성장기 – 노후자금 마련
⑤ 가족축소기 – 자녀들의 결혼자금 마련

07 다음 중 고객 정보수집 방법별 장점의 연결로 옳지 않은 것은?
★★★

① 인터넷 – 고객과의 재무설계 업무 진행과정의 쌍방향 의사소통을 극대화할 수 있어 고객과의 깊은 신뢰감을 쌓을 수 있다.

② 전화 – 이미 수집된 정보 중 간단한 질문이 필요하거나 답변에 대한 확인이 필요한 경우 효과적이다.

③ 설문서 – 면담 전 설문서를 이용하는 방법은 자료수집 과정을 빠르게 진행할 수 있고, 고객 생각의 반영도가 높다.

④ 직접면담 – 고객의 재무적・비재무적 정보 등 많은 자료를 수집할 수 있다.

⑤ 설문서 – 면담을 진행하면서 설문서를 이용하는 방법은 고객의 정보를 정확하게 점검하면서 받을 수 있어 자산관리사들이 많이 사용하는 방법이다.

08 다음 중 자산부채상태표와 현금흐름표에 대한 설명으로 옳지 않은 것은?
★★★

① 자산부채상태표는 특정 시점에서 고객의 자산, 부채, 순자산 등을 한눈에 보여준다.

② 자산부채상태표는 재무상태 변동의 원인을 표시하고, 현금흐름표는 재무상태 변동의 결과를 표시한다.

③ 전형적인 현금성자산에는 보통예금, 수시 입・출금 예금, 단기간 저축을 위한 CMA, MMF, MMDA 등이 있다.

④ 현금흐름표에서는 총소득과 총지출의 규모를 통해 저축 및 투자금액을 알 수 있다.

⑤ 금융투자자산은 금융자산 중에서 투자 목적이 6개월 이상인 금융상품의 잔액, 주식, 채권, 뮤추얼 펀드 등을 지칭하는 것으로, 대표적으로는 ELS, ELD, ELF 등이 있다.

09 다음 중 재무설계 4단계 제안서 작성 및 대안 수립 제시 단계에서 제안서 작성 시 유의할 점에 대한 설명으로 옳지 않은 것은?
★★☆

① 고객의 선택범위를 넓히기 위해 최대한 많은 대안을 나열한다.

② 고객의 상황 변화를 고려한 유연성 있는 대안을 제시한다.

③ 자신의 의견이 주관적이므로 다른 자산관리사에 의해 내용이 달라질 수 있음을 고려한다.

④ 고객의 가치관이나 생활방식을 고려한 대안을 제시한다.

⑤ 고객의 재무목표에 적당한 가장 최선의 대안부터 제시한다.

10 다음 중 재무설계의 정기점검 및 사후관리 단계에 대한 설명으로 옳지 않은 것은?
★☆☆

① 자산관리사는 반드시 고객에게 실행 중인 대안들을 정기적으로 점검하고 있다는 것을 알려주어야 한다.

② 생애주기에 따른 고객의 재무목표를 계획하고 실행하는 재무설계가 효과를 거두려면 정기점검은 필수적 요소이다.

③ 자산관리사는 고객의 자신감을 강화시켜 주는 긍정적 피드백과 개선을 요하는 발전적 피드백을 고객의 상황에 맞게 시의적절하게 해 주어야 한다.

④ 고객에 관한 사항으로는 고객의 신상 변화, 건강상태 및 고객의 수입원 변화 등은 점검하나 사생활 보호를 위해 가족의 신상 변화에 대한 정보는 점검 사항에 포함하지 않는다.

⑤ 투자 관련에 대한 점검 사항에는 투자상품의 수익률 및 세금 문제, 중도 해지할 경우 수수료, 새로운 투자상품의 특징 및 수익률, 회사별 수수료, 경제상황 및 금융환경 점검 등이 있다.

11 다음 〈보기〉에서 설명하는 기능에 해당하는 거시경제의 주체로 옳은 것은?
★★★

---〈보 기〉---
- 생산물시장에서 기업이 생산하거나 해외에서 수입한 재화와 용역의 수요
- 요소시장에서 생산요소를 공급
- 대부자금시장에서 대부자금의 공급

① 가 계
② 기 업
③ 정 부
④ 해 외
⑤ 중앙은행

12 다음 중 단기 총공급곡선의 좌측 이동 요인으로 옳은 것은?
★★★
① 총수요 증가 예상
② 생산요소가격 하락
③ 기술 향상
④ 환율 상승
⑤ 투자를 통한 자본량 증가

13 다음 중 총수요의 증가 요인으로 옳지 않은 것은?
★★★
① 실질소득의 증가
② 기술의 발전
③ 실질이자율 상승
④ 정부지출 증가
⑤ 환율 상승

14 다음 중 예기치 못한 인플레이션의 문제점에 대한 설명으로 옳지 않은 것은?
★★★
① 가격기구의 기능을 저하시켜 효율적 자원배분을 어렵게 한다.
② 조세체계를 변화시켜 투자에 관한 의사결정을 왜곡시킨다.
③ 현금보유에 따른 기회비용을 줄이기 위한 비용을 발생시킨다.
④ 채무자로부터 채권자에게 부가 재분배된다.
⑤ 자국의 상대적 인플레이션율의 증가와 같은 크기의 환율 상승으로 상쇄되지 않을 경우 국제경쟁력을 약화시킬 수 있다.

15 전체인구가 1,000만명이고, 비노동가능인구 300만명, 비경제활동인구 200만명, 취업자는 400만명이라면 실업률과
★★★ 경제활동참가율은 각각 얼마인가?

	실업률	경제활동참가율
①	10%	50%
②	10%	52.5%
③	20%	62.5%
④	20%	71.4%
⑤	25%	75%

16 다음 중 구축효과에 대한 설명으로 옳은 것은?
★★☆
① 재정흑자가 발생하면 정부는 여유자금을 대부자금 시장에 공급할 수 있게 되어 이자율이 하락하고 가계 소비와
기업의 투자가 증가하여 총수요가 증가하는 것
② 국채를 공개시장에서 매각하여 자금을 조달할 경우 대부자금시장에서 이자율이 상승하여 민간부문의 소비지출과
투자지출이 감소하는 것
③ 재정지출 확대의 재원을 조세를 통해 조달할 경우 가계의 가처분소득이 감소하여 소비가 감소하는 것
④ 국채를 중앙은행이 인수하여 통화공급이 증가하는 것
⑤ 경기확장기에 소득 증가에 따른 세수 증가를 통해 총수요를 억제하는 것

17 다음 중 금융기관유동성(L_f)에 해당하지 않는 것은?
★★☆
① 2년 이상 장기금융상품
② 시장형금융상품
③ 지방채
④ 정기예·적금
⑤ 요구불예금

18 다음 중 통화공급을 감소시키기 위한 중앙은행의 정책으로 옳지 않은 것은?
★★☆
① 지급준비율을 올린다.
② 중앙은행이 보유하고 있는 증권을 매도한다.
③ 통화안정증권을 발행한다.
④ 중앙은행이 금융기관에 빌려주는 자금의 금리를 높인다.
⑤ 외환시장에서 외환을 매입한다.

19 ★★★ 다음 중 환율 하락이 경제에 미치는 영향으로 옳지 않은 것은?

① 수출이 감소한다.

② 수입물가가 하락한다.

③ 외화표시부채의 원리금상환 부담이 줄어든다.

④ 국내물가를 안정시킬 수 있다.

⑤ 수출채산성이 호전된다.

20 ★★☆ 다음 중 재정지출 감소 정책의 효과에 대한 설명으로 옳지 않은 것은?

① 국내 통화량 감소

② 실질GDP 감소

③ 소비 활성화

④ 실업률 증가

⑤ 물가상승 억제

21 ★★☆ 다음 중 경기변동에 대한 설명으로 옳지 않은 것은?

① 총체적인 국민경제의 활동수준이 장기추세선을 따라 상하로 반복적·규칙적·체계적으로 변동하는 것을 의미한다.

② 경기변동은 확장국면, 정점, 수축국면, 저점의 4단계로 구분된다.

③ 정점에서 정점까지 또는 저점에서 저점까지를 주기라고 한다.

④ 정점에서 저점까지를 진폭, 정점과 저점을 경기전환점이라고 한다.

⑤ 경기순환의 전환점이 발생한 구체적인 시점을 기준순환일이라고 한다.

22 ★★☆ 다음 중 경기변동의 일반적 특징에 대한 설명으로 옳지 않은 것은?

① 경기변동은 총생산, 이익, 고용, 물가 등 총체적 변수에 의해 파급되며 이 변수들은 같은 시기에 동일한 방향으로 움직이지만 변동의 크기는 각기 다르다.

② 내구재 산업의 생산과 고용의 진폭은 작고 상대적으로 가격변화는 크다.

③ GDP와 가계 및 정부의 소비지출에 비해 기업투자와 국제교역의 변동성이 크다.

④ 생산성의 변동성은 GDP 변동성과 비슷하며 경기변동에 선행하는 경향이 있다.

⑤ 실업률의 변동성은 GDP 변동성보다 작고 경기변동에 후행한다.

23
★★★

다음 〈보기〉에서 경기순응적 지표를 모두 고른 것은?

─────────────〈보 기〉─────────────

ⓙ 정부이전지출
ⓛ 실질이자율
ⓜ 본원통화
ⓡ 생산자물가지수
ⓤ 실질임금

① ㉠, ㉡, ㉤
② ㉠, ㉢
③ ㉡, ㉣, ㉤
④ ㉢, ㉣, ㉤
⑤ ㉡, ㉢, ㉣, ㉤

24
★★★

다음의 경기종합지수 중 선행지수에 해당하지 않는 것은?

① 수출입물가비율
② 경제심리지수
③ 제조업 재고순환지표
④ 코스피
⑤ 소비재수입액

25
★★★

100개의 기업 중 긍정적 응답을 한 기업은 70개, 부정적 응답을 한 기업은 30개라고 할 때, 기업실사지수를 계산한 값으로 옳은 것은?

① 80
② 100
③ 120
④ 140
⑤ 160

26 ★★★ 다음 중 용익물권에 해당하지 않는 것은?

① 통행지역권

② 지상권

③ 저당권

④ 용수지역권

⑤ 전세권

27 ★★★ 다음 〈보기〉에서 설명하는 채권의 소멸원인으로 옳은 것은?

─── 〈보 기〉 ───

채무의 중요한 부분을 변경함으로써 신채무를 성립시키는 동시에 구채무를 소멸시키는 계약이다.

① 경 개

② 상 계

③ 면 제

④ 변 제

⑤ 혼 동

28 ★★☆ 다음 〈보기〉에서 설명하는 담보물권으로 옳은 것은?

─── 〈보 기〉 ───

일정한 범위에 속하는 불특정의 채권을 일정한 최고액을 한도로 담보하기 위해 설정된다.

① 저당권

② 근저당권

③ 재단저당

④ 동산저당

⑤ 채권담보권

29
★★★

다음 중 현금으로 계좌송금할 경우에 예금계약의 성립시기로 옳은 것은?

① 예금자가 계좌송금의 의사를 표시한 때

② 금전을 송금한 때

③ 은행직원이 예금자가 송금한 금액을 확인한 때

④ 예금원장에 입금의 기록이 된 때

⑤ 예금자가 송금한 금액을 인출한 때

30
★★★

다음 중 대출계약의 성립시기로 옳은 것은?

① 은행의 융자통지가 결정된 때

② 거래처의 소비대차약정서 및 근저당권설정계약서가 작성되어 제출된 때

③ 차주가 금전소비대차약정서를 작성하여 제출하고 은행이 이를 이의 없이 수리한 때

④ 근저당권설정등기가 완료된 때

⑤ 대출금이 지급된 때

31
★★☆

약관의 해석원칙 중 약관의 뜻이 명백하지 아니하여 둘 이상의 해석이 가능한 경우에는 고객에게 유리하게, 은행에게는 불리하게 해석되어야 한다는 원칙으로 옳은 것은?

① 엄격해석의 원칙

② 작성자 불이익의 원칙

③ 객관적 해석의 원칙

④ 신의성실의 원칙

⑤ 개별약정우선의 원칙

32 다음 중 신탁재산에 대한 설명으로 옳지 않은 것은?
★★☆

① 신탁이 성립하기 위해서는 신탁재산이 위탁자로부터 수탁자에게 이전되어야 하므로 신탁재산은 이전 가능한 것이어야 한다.

② 신탁재산은 수탁자의 명의로 소유되고 관리되지만 법률상·형식상으로만 수탁자에게 귀속되는 것이고 경제적·실질적으로는 수익자에게 귀속하는 재산이다.

③ 수탁자가 사망하는 경우 신탁재산은 명의인인 수탁자의 상속재산에 귀속된다.

④ 수탁자는 자신의 고유재산과 신탁재산을 구분하여 관리하여야 한다.

⑤ 신탁재산에서 손실이 발생한 경우에도 이는 모두 수익자에게 귀속하며, 수탁자는 이것을 보전해 주지 않는다.

33 상법상 회사채무에 대해 무한·직접·연대책임을 부담하며, 회사의 업무집행권과 대표권을 가지는 무한책임사원으로 구성된 회사형태는?
★★☆

① 합자회사

② 유한책임회사

③ 합명회사

④ 유한회사

⑤ 주식회사

34 다음 중 누구의 명의로 하든지 타인의 계산으로 금융투자상품의 매도·매수, 그 청약의 권유, 청약, 청약의 승낙 또는 증권의 발행·인수에 대한 청약의 권유, 청약, 청약의 승낙을 영업으로 하는 금융투자업의 종류로 옳은 것은?
★★☆

① 투자매매업

② 투자중개업

③ 집합투자업

④ 투자자문업

⑤ 투자일임업

35 다음 중 신용카드에 대한 설명으로 옳지 않은 것은? (단, 일반적인 통설에 따른다.)
★★★

① 신용카드는 권리 또는 재산권을 표창하는 증권이다.

② 신용카드는 본인의 신청에 의해서만 발급된다.

③ 신용카드의 길거리 모집은 금지된다.

④ 가맹점 모집을 위해서는 신용카드사가 실사업장을 방문하여 개별적인 가맹점계약을 체결해야 한다.

⑤ 가맹점은 신용카드 가맹점수수료를 신용카드회원에게 전가할 수 없다.

36 다음 중 상속의 제1순위로 옳은 것은?
★★★

① 피상속인의 형

② 피상속인의 여동생

③ 피상속인의 딸

④ 피상속인의 손자

⑤ 피상속인의 아버지

37 다음 중 합병의 효력이 발생하는 시기로 옳은 것은?
★★★

① 이사회가 합병결의를 한 때

② 합병대차대조표가 공시된 때

③ 주주총회에서 합병승인을 결의한 때

④ 합병계약서를 작성한 때

⑤ 합병등기를 한 때

38 다음 중 개인회생제도에 대한 설명으로 옳지 않은 것은?
★★☆

① 채무자에게 일정한 수입이 있는 것을 전제로 채무자가 원칙적으로 3년 이내에 원금의 일부를 변제하면 나머지를 면책받을 수 있게 하는 제도이다.

② 파산의 원인이 있거나 그러한 사실이 생길 염려가 있는 자가 신청할 수 있다.

③ 개인회생절차는 채무자만 신청할 수 있고, 채무자 중에서도 법인이 아닌 자연인 개인만이 신청할 수 있다.

④ 무담보채무는 20억원, 담보채무는 25억원 이하인 경우에만 개인회생을 신청할 수 있다.

⑤ 법원은 신청일부터 1월 이내에 개인회생절차의 개시 여부를 결정하여야 한다.

39 다음 중 고객확인제도에 대한 설명으로 옳지 않은 것은?
★★☆

① 금융회사 입장에서 자신의 고객이 누구인지 정확하게 알고 범죄자에게는 금융서비스를 제공하지 않도록 하는 정책이다.

② 전신송금의 경우 15백만원 또는 그에 상당하는 다른 통화로 표시된 금액 이상의 일회성금융거래이면 고객확인대상이 된다.

③ 실제 소유자 확인 대상은 계좌 신규개설, 일회성 금융거래, 자금세탁 등이 의심되는 고객이며, 실제 소유자 확인방법은 개인과 법인으로 구분된다.

④ 금융기관 등은 당해 금융거래가 완료되기 전까지 고객확인의무를 이행하여야 한다.

⑤ 금융기관 등은 고객확인 및 검증을 위한 고객의 정보와 이를 검증하기 위한 문서, 자료 등이 필요하다는 것을 고객에게 공지해야 한다.

40 다음 중 신용정보법에 따른 개인식별정보에 해당하지 않는 것은?
★★☆

① 주 소

② 성 별

③ 국 적

④ 외국인등록번호

⑤ 범죄경력자료

제2과목 세무설계(40문항)

41 다음 중 소득세법상 납세의무자와 납세의무에 대한 설명으로 옳지 않은 것은?
★★★
① 거주자는 국내원천소득과 국외원천소득 모두에 대하여 납세의무가 있다.
② 비거주자는 국내원천소득에 대하여 납세의무가 있다.
③ 세법상 거주자는 국적의 유무와는 관계가 없다.
④ 거주자가 주소의 국외 이전을 위하여 출국하는 날에 비거주자가 된다.
⑤ 비거주자가 국내에 거소를 둔 기간이 183일이 되는 날에 거주자가 된다.

42 다음 중 소득세법상 분류과세되는 소득으로 옳은 것은?
★★★
① 이자소득, 배당소득
② 퇴직소득, 양도소득
③ 근로소득, 사업소득, 기타소득
④ 연금소득, 퇴직소득
⑤ 기타소득, 부동산 임대소득

43 다음 중 근로소득이 있는 거주자가 적용받는 소득공제가 아닌 것은?
★☆☆
① 신용카드 등 사용금액 공제
② 주택마련저축 납입액 공제
③ 주택임차자금차입금의 원리금 상환액 공제
④ 장기주택저당차입금의 이자 상환액 공제
⑤ 주택담보노후연금 이자비용 공제

44 다음 중 신용카드 등 사용금액에 대한 소득공제에 대한 내용으로 옳지 않은 것은?
★☆☆
① 신용카드 등 사용금액에는 현금영수증 사용금액도 포함된다.
② 외국에서 사용한 금액은 제외한다.
③ 공과금을 신용카드로 납부한 경우도 공제대상이다.
④ 대학교 등록금을 신용카드로 납부한 경우 공제대상이 아니다.
⑤ 소득이 없는 직계존비속이 사용한 신용카드 사용금액도 공제대상이다.

45 ★★☆ 다음 중 종합소득세 신고와 납부에 대한 설명으로 옳지 않은 것은?

① 해당 과세기간의 종합소득금액이 있는 거주자는 종합소득 과세표준과 세액을 과세기간의 다음 연도 5월 1일부터 5월 31일까지 관할 세무서장에게 신고하고 납부하여야 한다.

② 거주자가 사망한 경우 상속 개시일이 속하는 달의 말일부터 6개월이 되는 날까지 사망일이 속하는 과세기간에 대한 거주자의 과세표준을 신고하여야 한다.

③ 거주자가 출국하는 경우 출국일이 속하는 과세기간의 과세표준을 출국일 전날까지 신고하여야 한다.

④ 납부할 세액이 1천만원을 초과하는 경우에는 납부할 세액의 일부를 납부기한이 지난 후 3개월 이내에 분할납부할 수 있다.

⑤ 납세지 관할 세무서장은 종합소득이 있는 거주자에 대하여 1월 1일부터 6월 30일까지의 기간을 중간예납기간으로 하여 직전 과세기간의 종합소득에 대한 소득세로서 납부하였거나 납부하여야 할 세액의 50%에 해당하는 금액을 11월 30일까지 징수하여야 한다.

46 ★☆☆ 다음 중 퇴직소득과 퇴직소득의 과세방법에 대한 설명으로 옳지 않은 것은?

① 공적연금 관련법에 따라 받는 일시금은 퇴직소득이다.

② 사용자부담금을 기초로 하여 현실적인 퇴직을 원인으로 수령하는 소득은 퇴직소득이다.

③ 종업원이 임원이 된 경우 퇴직급여를 실제로 받지 않더라도 현실적인 퇴직으로 보아 퇴직소득으로 과세한다.

④ 실제로 퇴직급여를 받지 않았다면 직·간접으로 출자관계에 있는 법인으로의 전출이 이루어진 경우에도 퇴직으로 보지 않는다.

⑤ 퇴직소득 과세표준은 퇴직소득금액에서 근속연수에 따른 공제와 환산급여에 따른 공제를 한 금액으로 한다.

47 ★★☆ 다음 중 종합소득세 절세방안으로 옳지 않은 것은?

① 맞벌이 부부인 경우 소득이 적은 쪽이 인적공제를 받도록 한다.

② 직계존속의 경우 함께 살지 않아도 인적공제를 받을 수 있다.

③ 퇴직금을 일시수령하지 않고 연금수령한다.

④ 연말정산 때 소득공제를 받지 못한 경우 확정신고기간에 신고하여 공제를 받을 수 있다.

⑤ 소규모사업자인 경우 간편장부를 비치하고 복식부기에 따라 기장하면 기장세액공제를 받을 수 있다.

48 ★★☆ 다음 중 보유기간에 대한 이자소득이 과세되는 채권에 해당하지 않는 것은?

① 양도가 가능한 증권

② 상업어음

③ 소득세가 과세된 채권

④ 금융회사가 예금증서를 중도보유하여 만기까지 보유한 경우

⑤ 외국법인이 발행한 채권

49 ★★☆ 다음 중 괄호 안에 들어갈 말로 옳은 것은?

> 위탁자와 수익자가 다른 신탁을 (   )이라고 한다. 이 신탁을 활용하면 금융소득을 분산하여 증여세 부담을 최소화할 수 있다.

① 자익신탁
② 타익신탁
③ 사익신탁
④ 공익신탁
⑤ 금전신탁

50 ★★★ A씨의 연간 소득이 다음과 같을 때 종합과세하는 경우 그로스업 금액은 얼마인가?

> • 근로소득   2억원
> • 정기예금 이자소득   1천만원
> • 그로스업 대상 배당소득   1천만원
> • 그로스업 대상이 아닌 배당소득   5백만원

① 50만원
② 100만원
③ 200만원
④ 500만원
⑤ 1,000만원

51 ★★★ 다음 중 금융소득의 원천징수에 대한 설명으로 옳지 않은 것은?

① 원칙적으로 금융소득을 지급하는 자가 원천징수를 한다.
② 당사자 간의 합의에 의하여 원래의 원천징수의무자로부터 원천징수에 관한 사항을 대리 또는 위임받는 제3자가 원천징수의무자가 될 수 있다.
③ 비영업대금의 이익의 수령자가 법인인 경우와 거주자인 경우의 원천징수세율은 다르다.
④ 원천징수시기와 수입시기가 일치하지 않는 경우 수입시기를 기준으로 종합과세 기준금액 초과여부를 판단한다.
⑤ 집합투자기구로부터의 이익 중 투자신탁의 이익에 대하여는 배당소득이라도 원천징수한다.

52 ★★☆ 다음 중 괄호 안에 들어갈 세율은 몇 %인가?

> 세금우대종합저축에서 발생하는 이자·배당소득에 대한 원천징수세율은 (   )이다.

① 6%
② 7%
③ 8%
④ 9%
⑤ 14%

53 다음 중 임의단체에 대한 과세방법으로 옳지 않은 것은?
★★☆

① 법인으로 보는 단체의 경우 법인세 납세의무가 있다.

② 개인으로 보는 단체가 국내에 주사무소를 둔 경우 1거주자로 본다.

③ 개인으로 보는 단체가 국내에 사업의 실질적 관리장소를 둔 경우 1거주자로 본다.

④ 법인으로 보는 단체 외의 단체 중 수익을 구성원에게 배분하지 않는 단체로서 단체명을 표기하여 금융거래를 하는 단체가 금융회사 등으로부터 받는 금융소득은 금액에 상관없이 종합과세한다.

⑤ 공동사업자로 보는 단체의 경우 구성원별 이익 분배비율에 따라 소득세를 과세한다.

54 다음 중 양도소득세 과세대상인 것은?
★★★

① 건설기계의 양도로 발생하는 소득

② 사업용 고정자산과 별개로 양도하는 영업권의 양도로 발생하는 소득

③ 골동품을 박물관에 양도함으로써 발생하는 소득

④ 조림기간 5년 이상인 임지의 임목만을 양도하여 발생하는 소득

⑤ 아파트 분양권

55 다음 중 조정대상지역과 다주택자의 양도소득세 중과에 대한 설명으로 옳지 않은 것은?
★★☆

① 주택 수를 계산할 때 2021년 1월 1일 이후 취득한 분양권도 포함한다.

② 원칙적으로 2021년 6월 1일 이후 조정대상지역에 있는 주택을 양도하는 경우 양도소득세 중과 대상이 된다.

③ 서울특별시 전역은 조정대상지역이다.

④ 1세대 2주택자보다 1세대 3주택자에게 더 중과한다.

⑤ 조정대상지역 내 보유기간 2년 이상인 주택의 경우 2025년 5월 9일까지 중과 대상에서 한시적으로 배제된다.

56 다음 중 양도시기, 취득시기에 대한 설명으로 옳지 않은 것은?
★★☆

① 아파트 분양권의 취득시기는 분양권 계약일이다.

② 원칙적인 양도시기, 취득시기는 잔금 청산일이다.

③ 자기가 건설하여 취득한 건축물의 취득시기는 사용승인서 교부일이다.

④ 1984년 12월 31일 이전에 취득한 부동산의 취득시기는 1985년 1월 1일이다.

⑤ 잔금 청산일이 불분명한 경우 양도시기, 취득시기는 등기부·등록부·명부 등에 기재된 등기·등록 접수일 또는 명의개서일로 한다.

57 ★★★ 다음 중 일시적인 2주택에 해당하여 양도소득세가 비과세되는 경우가 아닌 것은?

① 종전의 주택을 취득한 날부터 1년이 지난 후 신규 주택을 취득하고 신규 주택을 취득한 날부터 5년 이내에 종전의 주택을 양도하는 경우

② 국내에 상속받은 주택과 일반주택을 각각 1개씩 소유하고 있는 1세대가 일반주택을 상속개시일부터 소급하여 2년 이내에 양도하는 경우

③ 1주택을 보유하고 있는 60세 이상의 직계존속을 동거봉양하는 무주택자가 1주택을 보유하는 자와 혼인함으로써 1세대 2주택이 되는 경우 그 혼인한 날로부터 5년 이내에 먼저 양도하는 주택

④ 1주택을 보유하고 있는 60세 이상의 직계존속을 동거봉양하기 위해 세대를 합침으로써 1세대가 2주택을 보유하게 되는 경우 합친 날부터 10년 이내에 먼저 양도하는 주택

⑤ 국내에 농어촌주택과 일반주택을 각각 1개씩 소유하고 있는 1세대가 일반주택을 양도하는 경우

58 ★☆☆ 다음은 양도소득세 감면의 종합한도에 대한 설명이다. 괄호 안에 들어갈 금액으로 옳은 것은?

> 감면받을 양도소득세의 합계액 중에서 다음 중 큰 금액은 감면하지 않는다.
> 1. 감면받을 양도소득세액의 합계액이 과세기간별로 (ㄱ)을 초과하는 경우 그 초과분
> 2. 5개 과세기간의 합계액으로 계산된 금액으로 다음 중 큰 금액
>   (1) 농지대토로 감면받을 양도소득세액의 합계액이 (ㄱ)을 초과하는 경우 그 초과분
>   (2) 농지대토 외의 감면받을 양도소득세액의 합계액이 (ㄴ)을 초과하는 경우 그 초과분

	(ㄱ)	(ㄴ)
①	1천만원	2천만원
②	1천만원	5천만원
③	1억원	2억원
④	1억원	5억원
⑤	2억원	10억원

59 ★★☆ 다음 중 양도소득세의 세액감면 대상이 아닌 것은?

① 고향주택 취득자에 대한 양도소득세
② 개발제한구역 내 토지 양도로 인한 양도소득세
③ 공익사업용 토지 등에 대한 양도소득세
④ 농어촌주택등 취득자에 대한 양도소득세
⑤ 미등기양도자산에 대한 양도소득세

60 다음 괄호 안에 들어갈 기간으로 옳은 것은?
★☆☆

> 거주자가 양도일부터 소급하여 (   ) 이내에 배우자 또는 직계존비속으로부터 증여받은 부동산, 부동산을 취득할 수 있는 권리, 시설물 이용권을 양도하는 경우 양도차익을 계산할 때 취득가액은 증여자의 취득 당시 실지거래가액으로 한다.

① 5년
② 10년
③ 15년
④ 20년
⑤ 30년

61 다음 중 상속 및 증여에 대한 설명으로 옳지 않은 것은?
★★★

① 민법상 상속은 피상속인의 사망으로 인하여 피상속인의 주소지에서 개시된다.
② 피상속인의 유언에 의하여 유산의 전부 또는 일부를 무상으로 타인에게 주는 행위를 유증이라고 한다.
③ 민법상 증여는 당사자 일방이 무상으로 재산을 상대방에게 수여하는 의사를 표시하고 상대방이 이를 승낙함으로써 그 효력이 생기는 계약을 말한다.
④ 민법상 증여의 개념이 상속세 및 증여세법상 증여의 개념보다 더 폭넓게 규정되어 있다.
⑤ 상속세 및 증여세는 동일한 세율을 적용한다.

62 다음 〈보기〉가 설명하는 상속세 및 증여세의 용어는?
★★☆

> ───── 〈 보 기 〉 ─────
> 이것은 상속재산의 한도 내에서 피상속인의 채무와 유증을 변제할 것을 조건으로 상속하는 것을 말한다.

① 단순승인
② 한정승인
③ 상속의 포기
④ 유류분
⑤ 대습상속

63
★★☆

피상속인 김시대 씨가 '모든 재산을 장애인 복지재단에 기부한다.'는 유언을 남기고 사망하였다. 김시대 씨의 재산상황이 다음과 같은 경우 김시대 씨의 배우자가 유류분 청구를 통해 받을 수 있는 금액은?

• 재산상황

구 분	금 액
상속재산	30,000만원
채 무	3,000만원

• 가족관계

구 분	인 원
배우자	1명
자 녀	3명

① 없 음
② 3,000만원
③ 3,500만원
④ 4,000만원
⑤ 4,500만원

64
★★★

상속개시일 전에 처분한 재산의 금액 중 그 용도가 불분명 금액이 다음과 같을 경우 상속으로 추정되어 상속세 과세가액에 합산되는 금액은?

처분시점	구 분	금 액	용도불분명 금액
상속개시 전 1년 이내	토지 처분	5억원	2억원
	예금 인출	1억원	1억원
상속개시 전 1년 초과 ~ 2년 이내	주식 양도	1억원	1억원
	예금 인출	2억원	1억원

① 없 음
② 1억원
③ 2억원
④ 4억원
⑤ 5억원

65
★☆☆

다음 중 가업상속공제에 대한 설명으로 옳지 않은 것은?

① 가업상속공제란 거주자인 피상속인이 세법에서 정하는 가업의 범위에 속하는 기업을 상속할 경우, 피상속인의 요건과 상속인의 요건을 모두 충족한다면 가업상속 재산가액을 상속세 과세가액에서 공제해 주는 제도이다.
② 가업상속공제에서 가업은 피상속인이 10년 이상 계속 경영한 중소기업 또는 중견기업(직전 3년 평균매출액 5천억원 이상인 기업 제외)을 말한다.
③ 가업상속공제의 최대 공제액은 600억원으로 모든 상속공제 요건을 충족하면서 피상속이 해당 가업을 30년 이상 경영한 경우에 적용된다.
④ 상속인이 상속개시일 현재 18세 이상이어야 가업상속공제를 받을 수 있다.
⑤ 가업상속공제를 받은 후 공제받은 부분에 대한 별도의 세액 추징은 이루어지지 않는다.

66 다음 중 상속인이 비거주자인 경우 받을 수 있는 상속공제는?
★★☆

① 기초공제

② 배우자상속공제

③ 일괄공제

④ 재해손실공제

⑤ 장애인공제

67 피상속인이 거주자이면서 재산상황 및 가족관계가 다음과 같은 경우 받을 수 있는 상속공제 최대액은 얼마인가? (단,
★★☆ 공과금 · 채무 · 장례비용 등 언급이 없는 사항들은 고려하지 않는다.)

• 재산상황

구 분	금 액	비 고
순금융재산가액	5억원	5억원 전액 금융재산상속공제 대상에 부합함
주 택	6억원	해당 주택은 동거주택 상속공제 요건에 모두 부합함

• 가족관계

피상속인과의 관계	인 원	비 고
아 들	1명	상속개시일 현재 성년자로 말기암 투병 중
며느리	1명	상속개시일 현재 피상속인의 아들과 법률혼 관계 유지
손 자	1명	상속개시일 현재 10세로 피상속인과 10년째 동거 중

※ 상속개시일 현재 피상속인의 배우자는 사망한 상태이다.

• 특이사항

피상속인은 자녀의 암투병으로 인하여 본인의 재산이 단기재상속될 것을 걱정하여 자신의 모든 재산을 손자에게 유증
하였으며, 법적 상속인인 자녀도 이에 동의하여 유류분 청구를 하지 않았다.

① 없 음

② 2억원

③ 5억원

④ 7억원

⑤ 11억원

68 ★☆☆ 다음 중 상속세 세액공제 및 징수유예세액에 대한 설명으로 옳지 않은 것은?

① 증여세액공제 : 상속세 과세가액에 가산한 증여재산 중 그 증여재산에 대하여 이미 증여세가 과세된 경우 그 증여세액을 상속세액에서 공제한다. 단, 부과제척기간의 만료로 인하여 증여세가 부과되지 않는 경우와 상속세 과세가액이 5억원 이하인 경우에는 적용하지 않는다.

② 외국납부세액공제 : 피상속인이 거주자인 경우에 그 피상속인의 외국상속재산에 대하여 재산 소재지국과 거주지국에서 각각 상속세를 과세하여 이중과세가 발생하므로 이를 조정하기 위하여 법에서 정하는 금액만큼 상속세액에서 공제한다.

③ 단기재상속세액공제 : 상속개시 후 10년 이내에 상속인 또는 수유자의 사망으로 다시 상속이 개시되는 경우에는 전에 상속세가 부과된 상속재산 중 재상속분에 대한 전의 상속세 상당액을 산출세액에서 공제한다.

④ 신고세액공제 : 상속세 신고기한 이내에 과세표준신고를 하는 경우에는 산출세액의 3%를 공제한다. 단, 신고만 하고 세금납부를 하지 아니한 경우에는 적용하지 않는다.

⑤ 피상속인의 상속재산 중 문화재자료·박물관자료·국가지정문화재 등이 포함되어 있는 경우에는 상속세액 중 그 재산가액에 상당하는 상속세액의 징수를 유예한다.

69 ★★★ 다음과 같이 어머니 B 씨의 사망으로 아들 C 씨가 보험금을 수령한 경우 해당 보험금을 옳게 인식한 것은?

• 생명보험 계약 정보

보험금	보험료	보험계약자	피보험자	보험수익자
10억원	1억원	아버지 A 씨	어머니 B 씨	아들 C 씨

• 추가 정보

보험료 1억원은 전액 아버지 A 씨가 납입하였으며, 보험금 10억원은 어머니 B 씨의 사망으로 아들 C 씨에게 지급되었다.

① 어머니 사망으로 인한 금액이므로 10억원 전액 상속재산가액으로 인식한다.
② 보험금은 전액 보험료 불입자인 아버지의 소득으로 인식한다.
③ 아버지가 수증인인 증여로 보아 증여재산가액 10억원으로 인식한다.
④ 아들이 수증인인 증여로 보아 증여재산가액 10억원으로 인식한다.
⑤ 아버지와 아들이 각각 5억원씩 증여받은 것으로 인식한다.

70
★★★
김시대 씨는 결혼 20주년을 기념하여 본인 소유의 토지 중 일부를 아내에게 증여(관련 채무액 포함)하였다. 증여한 토지가 다음과 같을 경우 수증자인 아내에 대한 증여세 과세가액은 모두 얼마인가?

시 가	취득가액	관련 채무액	보유기간
5억원	3억원	1억원	10년

• 증여 토지 정보

※ 관련 채무액은 전액 해당 토지 취득 시 은행으로부터 차입한 금액이며, 객관적인 서류를 통해 수증자가 채무까지 인수한 것을 입증하였다.

① 5억원
② 4억원
③ 3억원
④ 2억원
⑤ 1억원

71
★★★
김시대 씨가 보유하고 있던 토지를 아들에게 아래와 같이 양도한 경우 증여세 대상이 되는 금액은 얼마인가?

시 가	대 가	거래인 간 관계	보유기간
5억원	3억원	부자지간	10년

• 토지 거래 정보

※ 해당 거래는 공증된 계약서를 통해 진행되었으며 등기이전까지 완료하였다.

① 5억원
② 2억원
③ 1억원
④ 5천만원
⑤ 없 음

72
★☆☆
증여세법상 장애인이 증여받은 재산으로 자익신탁하거나, 타인이 장애인을 위하여 타익신탁을 하는 경우 증여세 신고 기한 이내에 일정 요건을 갖추면 자익신탁한 증여받은 재산가액 및 타익신탁한 원본가액을 증여세 과세가액에 산입하지 않는데 그 과세가액 불산입 한도액는 얼마인가? (단, 신탁재산은 금전, 유가증권, 부동산으로 한정함)

① 5억원
② 4억원
③ 3억원
④ 2억원
⑤ 1억원

73 ★★★ 다음 중 증여재산공제에 대한 설명으로 옳지 않은 것은?

① 증여세의 계산에 있어 증여재산공제는 상속세의 상속재산공제보다 그 공제폭이 작다.

② 친족으로부터 증여받는 경우에만 증여재산공제가 가능하다.

③ 배우자 간의 증여는 수평적인 부의 이전이고 증여자의 재산형성에 수증자가 기여한 점을 고려하여 증여재산공제액 5억원으로 비교적 큰 금액을 공제한다.

④ 증여재산공제액은 10년간 합산하여 2 이상의 증여가 증여시기를 달리하는 경우에는 최초의 증여가액으로부터 순차로 공제한다.

⑤ 동시에 2 이상의 증여가 있는 경우에는 각각의 증여세과세액으로 안분하여 공제액을 계산한다.

74 ★★★ 다음은 피상속인 김시대 씨의 상속재산 중 토지 1곳에 대한 평가액이다. 해당 토지의 시가는 얼마인가?

구 분	금 액	비 고
해당 토지의 매매가	3억원	상속개시일 3개월 후 특수관계인과의 거래
해당 토지의 감정가	30억원	상속개시일 6개월 전 감정기관 1곳의 감정가
해당 토지의 개별공시지가	25억원	상속개시일이 속한 연도의 개별공시지가
유사한 토지의 매매가	35억원	상속개시일 6개월 전 유사한 재산의 매매사례가액

① 3억원

② 25억원

③ 30억원

④ 35억원

⑤ 추정 불가

75 ★★☆ 다음은 상속세 및 증여세법상 코스닥 상작주식을 포함한 상장주식의 평가에 대한 설명이다. 괄호 안에 들어갈 말로 옳은 것은?

> 유가증권시장 및 코스닥시장에서 거래되는 상장법인의 주식 및 출자지분은 평가기준일(평가기준일이 공휴일 등인 경우 그 전일) 이전·이후 각 2개월 동안 공표된 매일의 한국거래소 (   )의 평균액으로 하며 거래실적 유무는 따지지 아니한다.

① 최저시세가액

② 최고시세가액

③ 평균시세가액

④ 최초시세가액

⑤ 최종시세가액

76 ★★☆ 다음 중 상속세 및 증여세의 납부에 대한 설명으로 옳지 않은 것은?

① 상속세 및 증여세의 신고납부세액이 1천만원을 초과하는 경우 2개월 이내에 분납할 수 있으나 연부연납을 신청하는 경우에는 분납할 수 없다.

② 일반상속재산의 연부연납기간은 10년이고 가업상속재산의 연부연납은 20년 또는 10년 거치 후 10년이다.

③ 연부연납의 허가를 받은 자는 각 회분의 분할납부세액에 연부연납가산금을 가산하여 납부하여야 한다.

④ 상속세 및 증여세 모두 납부세액 2천만원 초과 등 일정 요건을 갖추면 물납이 가능하다.

⑤ 상속세 및 증여세의 신고여부와 별개로 기한 내에 세금납부를 하지 않은 경우에는 미납부기간에 따른 납부불성실가산세가 적용된다.

77 ★★★ 취득세 과세물건을 취득한 후 취득세를 신고하지 아니하고 그 과세물건을 매각한 경우 미납부한 취득세의 몇 %를 가산한 금액을 징수하게 되는가?

① 50%

② 60%

③ 70%

④ 80%

⑤ 90%

78 ★★★ 다음 중 재산세에 대한 설명으로 옳지 않은 것은?

① 재산세의 과세기준일은 매년 6월 1일이다.

② 재산세 과세대상은 토지, 건축물, 주택, 항공기 및 선박이다.

③ 재산세 납세의무자는 과세기준일 현재 재산세 과세대상을 사실상 소유하고 있는 자이다.

④ 재산세는 납세의무자의 주소지를 관할하는 지방자치단체에서 부과한다.

⑤ 재산세는 동일 재산에 대한 재산세액이 일정 비율을 초과하여 증가하지 않도록 세부담 상한선을 설정하고 있다.

79 다음은 종합부동산세에 대한 설명이다. 괄호 안에 들어가기 옳은 것끼리 짝지어진 것은?
★☆☆

> 종합부동산세는 과세기준일인 매년 6월 1일 현재 국내에 소재한 재산세 과세대상인 주택 및 토지를 유형별로 구분하여 인별로 합산한 결과, 그 공시가격 합계액이 다음의 각 유형별 공제금액을 초과하는 경우 그 초과분에 대하여 각 유형별로 과세되는 세금이다.
>
> | 유형별 과세대상 | 공제금액 |
> | --- | --- |
> | 주 택 | (㉠)원[단독명의 1세대 1주택자 (㉡)원] |
> | 종합합산토지 | (㉢)원 |
> | 별도합산토지 | (㉣)원 |
>
> ※ 법인주택분은 종합부동산세 기본공제에서 배제된다.

	㉠	㉡	㉢	㉣
①	6억원	9억원	10억원	60억원
②	6억원	9억원	5억원	80억원
③	9억원	12억원	10억원	60억원
④	9억원	12억원	5억원	80억원
⑤	9억원	12억원	10억원	80억원

80 과세기준일 현재 단독명의 1세대 1주택자인 주택분 종합부동산세 납세의무자가 70세 이상의 고령자이면서 해당 주택
★★☆ 을 15년 이상 보유한 경우 받을 수 있는 주택분 종합부동산세 세액공제율은 최대 몇 %인가?

① 50%

② 60%

③ 70%

④ 80%

⑤ 90%

제3과목 보험 및 은퇴설계(20문항)

81 위험의 구분 중 치명적 위험에 해당하지 않는 것은?
★★☆

① 조기사망
② 장기생존
③ 실 업
④ 배상책임위험
⑤ 주택의 화재

82 다음 중 보험료의 구성 원리에 대한 설명으로 옳은 것은?
★★★

① 순보험료에는 위험보험료와 부가보험료가 있다.
② 부가보험료는 예정위험률과 예정이율을 기초로 계산된 보험료이다.
③ 보험기간이 짧을수록, 납입기간이 길수록 보험료 변동폭이 크다.
④ 순수보장형이 만기환급형보다 보험료 변동폭이 크다.
⑤ 예정사업비율이 낮아지면 보험료는 낮아지게 된다.

83 다음 중 보험계약법에 대한 설명으로 옳지 않은 것은?
★☆☆

① 보험계약법은 독립된 법으로 존재하는 것이 아니라 상법의 일부를 이루고 있다.
② 보험계약법상 보험은 크게 손해보험과 인보험으로 나누어진다.
③ 보험계약자 등의 불이익변경금지 원칙이란 보험계약자 또는 피보험자나 보험수익자에게 보험약관을 불리하게 변경하지 못하게 하는 것이다.
④ 보험계약자에게 불리하게 변경한 보험약관이 있을 경우 계약 자체가 무효가 된다.
⑤ 보험계약법의 상대적 강행법성은 가계보험에만 적용되는 것으로, 기업보험에는 적용되지 않는다.

84 다음 중 일반보험과 변액보험의 비교 내용으로 옳지 않은 것은?
★★☆

	구 분	일반보험상품	변액보험상품
①	보험금	보험가입금액	투자실적에 따라 변동
②	예금자보호	예금자보호법 적용대상	최저보증만 적용
③	투자위험부담	보험계약자	보험회사
④	자산운용	일반계정	특별계정
⑤	적용이율	공시이율(예정이율)	실적배당률

85 다음 중 제3보험에 대한 설명으로 옳은 것은?
★★★

① 생명보험과 손해보험의 고유영역을 포함하여 상해보험·질병보험·간병보험으로 구분한다.

② 피보험이익은 금전으로 산정할 수 있어야 하고, 그 존재여부와 귀속이 보험사고 후에 확정되어야 한다.

③ 생명보험의 실손보상적 특성과 손해보험의 정액보상적 특성을 동시에 갖는 보험이다.

④ 제3보험의 보험종목은 모두 사람의 생명 또는 신체에 관한 사고가 발생하였을 때 보험회사의 보상책임이 발생한다.

⑤ 특정 보험종목에 대해서만 보험업의 허가를 받은 단종보험회사의 경우 제3보험업의 영위가 가능하다.

86 다음 중 상해보험의 상해사고 요건과 주요내용에 대한 설명으로 옳은 것은?
★★☆

① 우연성이란 신체 상해의 원인에서 결과에 이르는 과정이 외부적 요인에 기인하는 것으로, 자해행위로 인한 상해는 보험사고가 아니다.

② 외래성이란 원인 또는 결과의 발생이 예견되지 않는 상태를 말한다.

③ 급격성은 결과의 발생을 피할 수 없을 정도의 급박한 상태를 의미하므로, 신체허약이나 질병은 상해에 포함된다.

④ 손해보험은 주보험에 일반사망을 부가할 수 없고, 특약을 통해서만 질병사망을 보장할 수 있다.

⑤ 생명보험에서는 상해의 개념을 '재해'로 표현하며, 포괄주의 방식을 적용한다.

87 다음 중 장기손해보험의 특징에 대한 설명으로 옳지 않은 것은?
★★☆

① 보험기간은 15년 이내로 하되 보장성보험의 경우에는 15년 이상으로 할 수 있다.

② 보장기능과 저축기능을 겸하는 장점을 지니고 있다.

③ 분할지급, 거치지급 등 만기환급금의 지급방법을 다양화하고 있다.

④ 납입최고기간 안에 발생한 사고는 보상을 받을 수 없다.

⑤ 1회의 사고로 지급되는 보험금이 보험가입금액의 80% 미만이면 몇 번의 사고가 발생하더라도 보험가입금액은 감액되지 않는다.

88 다음 중 산업재해보상보험에 대한 설명으로 옳지 않은 것은?
★★★

① 산재근로자는 사업주의 고의 또는 과실 여부와 상관없이 사업주로부터 재해보상을 받을 수 있다.

② 산재보험료는 원칙적으로 사업주가 전액 부담한다.

③ 산재근로자가 산업재해보상법에 따라 보험급여를 받았을지라도 보험가입자는 동일한 사유에 대해 근로기준법에 따른 재해보상 책임을 질 수 있다.

④ 업무상 부상 또는 질병이 3일 이내의 요양으로 치유 가능하면 요양급여는 지급하지 않는다.

⑤ 근로자가 업무상의 사유로 사망한 경우, 평균임금의 120일분에 상당하는 금액을 장제를 지낸 유족에게 지급해야 한다.

89 ★★☆ 다음 중 자동차손해배상보장법에 대한 설명으로 옳지 않은 것은?

① 배상책임의 주체를 운행자(자기를 위하여 자동차를 운행하는 자)로 규정한다.

② 운행자는 면책 요건을 입증해야 하고, 이를 입증하지 못하면 배상책임을 면하지 못한다.

③ 피해자는 피보험자의 도움 없이 보험회사에 책임보험금을 직접 청구할 수 있다.

④ 운전자에게 과실이 없으면 손해배상청구권이 인정되지 않는다.

⑤ 자동차를 운행하고자 하는 자는 의무보험에 강제가입하도록 되어 있다.

90 ★★☆ 다음 〈보기〉에서 설명하는 계약체결기법은?

───── 〈보 기〉 ─────

고객님께서 가입하지 않는 경우는 세 가지밖에 없습니다. 하나는 가족을 보호하는 것에 관심이 없을 때인데, 물론 그러한 일은 없을 것입니다. 두 번째로는 고객님에게 경제적인 여유가 없기 때문인데, 그것도 맞지 않습니다. 세 번째는 건강에 문제가 있어 보험에 가입할 자격이 없을 경우인데 그것은 건강진단을 받아보시면 곧 확인하실 수 있습니다.

① 승낙추정법

② 양자택일법

③ 행동유도법

④ 요점화법

⑤ 투사화법

91 ★★☆ 다음 중 은퇴환경 변화와 은퇴설계에 대한 설명으로 옳지 않은 것은?

① 행복한 노후를 위해 재무적인 요소와 비재무적인 요소의 균형이 중요하다.

② 자신의 수명보다 돈의 수명을 더 짧게 설계해야 한다.

③ 은퇴설계의 3가지 기본 축은 경제, 건강, 삶의 보람이다.

④ 은퇴설계는 특정 시점이 아닌 전 생애에 걸쳐 이루어진다고 볼 수 있다.

⑤ 기대여명이란 현재 특정 연령에 있는 사람이 향후 얼마나 더 생존할 것인가 기대되는 연수이다.

92 ★★☆ 다음 노인빈곤율과 관련하여 괄호 안에 들어갈 말로 옳은 것은?

> 노인빈곤율은 2022년 기준 39.7%에 달하며 OECD 국가 중 상당히 높은 수준에 달한다. 노인빈곤율은 소득이 중위소득의 (   ) 미만에 해당하는 노인가구의 비율을 말한다. 이러한 높은 노인빈곤율은 고령층의 높은 자살률로 이어지고 있다.

① 30%

② 40%

③ 50%

④ 60%

⑤ 70%

93 ★★☆ 다음 중 은퇴자금 설계의 주요 포인트에 대한 설명으로 옳지 않은 것은?

① 이벤트 순서대로 재무목표를 정해 하나씩 해결하는 것이 바람직하다.

② 노후자금 준비를 위해서는 연령에 관계없이 빨리 시작하는 것이 중요하다.

③ 인출 시기는 최대한 늦추어 장수 리스크에 대비해야 한다.

④ 부동산을 노후자금으로 활용하기 위해서는 여러 가지 리스크에 대비해야 한다.

⑤ 은퇴 크레바스란 은퇴 후 연금을 받기 전까지 생기는 소득 공백기간을 말한다.

94 ★★☆ 다음 중 장애나 연령 등에 관계없이 제품이나 서비스 등을 편리하고 안전하게 이용할 수 있도록 하는 설계기법은 무엇인가?

① 유니버설 디자인

② 배리어 프리

③ 웰다잉

④ 리모델링

⑤ 액티브 에이징

95
★★★

다음 중 국민연금 가입 대상과 가입자 유형에 대한 설명으로 옳지 않은 것은?

① 만 18세 이상 만 60세 미만 국민이 가입대상이다.

② 최소 가입기간은 10년이다.

③ 사업장 가입자는 국민연금에 가입한 사업장의 사용자와 근로자이다.

④ 임의가입자는 사업장 가입자와 지역 가입자가 될 수 없는 사람 중에 60세 이전에 본인 희망에 따라 가입신청을 한 자이다.

⑤ 국내에 거주하는 외국인은 지역가입자가 될 수 없다.

96
★★☆

공무원연금 급여 중 10년 이상 재직 후 퇴직한 공무원이 10년을 초과하는 재직기간 중 일부기간을 일시금으로 지급받고자 할 때 받는 연금 급여는?

① 퇴직연금

② 퇴직연금일시금

③ 퇴직연금공제일시금

④ 퇴직일시금

⑤ 퇴직수당

97
★★☆

퇴직연금 중 확정급여형(DB형)에 대한 설명으로 옳은 것은?

① 기업이 부담할 기여금 수준을 노사가 사전에 확정한다.

② 근로자가 적립금 운용방법을 결정한다.

③ 근로자는 일정연령에 도달하면 운용결과에 따라 퇴직급여를 수령한다.

④ 직장이동이 빈번한 근로자에게 유리하다.

⑤ 퇴직연금사업자는 기업의 부담금이 최소수준을 상회하는지 매년 재정건전성 검증을 실시해야 한다.

98 다음 중 주택연금에 대한 설명으로 옳지 않은 것은?
★★★

① 부부 중 한 명이 사망해도 연금 감액 없이 동일 금액을 배우자에게 지급한다.

② 부부가 모두 사망 후 주택을 처분하여 정산했을 시 연금수령액이 집값을 초과하면 상속인에게 초과분을 청구한다.

③ 부부가 모두 사망 후 주택을 처분하여 정산했을 시 잔금이 있으면 상속인에게 돌아간다.

④ 부부 중 한 명이라도 만 55세 이상이면 가입이 가능하다.

⑤ 다주택 보유자의 경우 보유주택 합산 공시가격이 12억원 이하이면 가입이 가능하다.

99 다음 중 은퇴설계 프로세스 1단계 고객과 관계정립 및 정보수집에 해당하는 것은?
★★☆

① 은퇴설계용 라이프 이벤트 표를 작성하여 재무목표를 구체화한다.

② 현재 현금흐름표와 노후자금 준비 현황을 작성하고 문제점을 분석한다.

③ 보험상품의 가입현황을 분석한다.

④ 문제 해결을 위한 대안을 가능한 많이 검토해본다.

⑤ 제안서를 고객에게 제시한다.

100 다음 중 연금저축계좌에 대한 설명으로 옳지 않은 것은?
★★☆

① 가입 대상의 제한이 없다.

② 연금저축신탁은 2017년까지 가입한 경우에 원금이 보장된다.

③ 연금저축펀드는 원금이 보장되지 않는다.

④ 연금저축보험은 예금자보호를 받을 수 있다.

⑤ 연금저축보험의 연금 수령기간은 손보사의 경우 종신지급이 가능하다.